低成長時代の経済学

20年を振り返って

久留米大学経済学部20周年記念誌編集委員会 編

九州大学出版会

経済学部 20 周年記念論文集の発刊にあたって

山田　和敏

　1994 年 4 月 1 日に，商学部経済学科を母体として産声を上げた経済学部は，関係各位の御支援の下，2014 年 4 月 1 日に無事に創立 20 周年を迎えることができました。今回ここに 20 周年の記念誌を発行するにあたり，10 本の論文と 4 本の「思い出」に関する原稿を寄稿していただきましたことに，衷心より御礼申し上げます。

　創立以来，20 年の間には少なからぬ社会の変化があり，経済学部もこの変化に対応できるよう形を変えながら改革を行ってまいりました。学部発足時には，経済学科 1 学科，1 学年入学定員 250 名でのスタートでしたが，現在は 2 学科，1 学年入学定員は 259 名（留学生定員 9 名を含む）であり，この他にも編入学定員（3 年生，4 年生）10 名を有しています。

　一口に 20 年と言っても，試行錯誤の連続でした。20 年目の節目に，創立前夜から現在に至るまでの変遷を振り返り記録に留めたいと思います。

　久留米大学において「経済学」が本格的に認知されたのは，栗村雄吉商学部長時代の 1972 年に商学部の中に経済学コースが設けられたことに始まります。その後，1975 年，高松卯喜路商学部長のときに経済学科の設置が当時の文部省から認可され，正式に商学部の中で「経済学」が市民権を得ることになりました。そして，木下悦二九州大学名誉教授を初代学部長に迎え，1994 年 4 月に経済学部が誕生しました。商学部経済学科から経済学部誕生までの 19 年間（1975 〜 1993 年度）を合わせると，既に「経済学」は久留米大学において 40 年近い教育・研究の歴史を持っていることになり，論語

で言うところの「四十にして惑わず」という時期にあたります。しかしながら，40年を経た今でも学部の舵取りに大いに戸惑うことが多々あり，やはり，素直に「成人式（経済学部創設20周年）」を迎えたばかりと言った方が現状に合った表現であろうと思います。

　さて，1993年11月の「久留米大学経済学部設置認可申請に係わる補正申請書」（以下，「補正申請書」と記す）の記載内容を見ると，商学部から経済学部への改組転換の必要性として，以下の記述が見られます。

　すなわち，「商学・経済学を一つの学部で教育することは，社会現象のうち広義の経済活動を分析の対象とする共通性のため，一面で教育のメリットは認められる。しかしながら，両学問領域がそれぞれ深化・発展を遂げた現状に則して教育を行うことは，もはや不適切となっている。今回商学部から経済学部を独立させる主要な目的は，この点を改めそれぞれの学部の教育の充実を図るところにある。

　一方，経済の発展と変化はあらゆる分野に画期的変貌をもたらしたが，反面社会的歪みをもたらしつつある。国家間の相互依存が急激に進み，国際的な摩擦も生まれるに至っている。このような世界的な構造の変革の時代に，21世紀を迎えようとしている今日，我々に求められているのは，国際的な関係への新たな対応，地域における政治的・経済・社会的な要因を含めた関係への新たな対応，そして科学技術の進歩・通信技術の発展がもたらすインパクトへの新たな対応である。このことに鑑み，新経済学部は，国際間の相互理解と協力に関する知的で専門的な訓練を受けた人材，地域的，社会的にも適切に対応し得る教養，知識を備えた人材，経済・社会活動に関する優れた経済分析の手法を習得するとともに，新しい情報処理技術を活用し，経済社会の調査・分析・企画等の分野で活躍できる人材の養成に努める」と述べています。

　このような認識の下，「補正申請書」では，時代が求める人材像として，
　　①広く国際的視野を備え，国際的経済活動に従事できる人材，
　　②広い視野に立ち，地域の特性を正しく認識し，地域経済の発展に取り組める人材，
　　③経済・地域活動に関する企画・調査・分析の重要性に鑑み，経済分析

手法と情報処理技術を併せて習得し活用できる人材，の3点を掲げています．さらに，時代と地域の要請にいっそう沿った教育を行い，学生の卒業後の進路を重視して，国際経済コース，社会経済コース，経済工学コースの3コースの設置を提唱しています．現在の学部理念の中心に据えられている「地域社会・国際社会への貢献」や「総合的・文化的視点を持った実践的人材の育成」などは，「補正申請書」の人材育成の考え方を表現を変えて述べたものとなっています．

コースの変遷は，発足時には上述の3コース（国際経済コース，社会経済コース，経済工学コース）が実際に設置され，1998年に1コース（文化経済コース）が追加されて4コース体制となっています．そして，2002年の文化経済学科増設時に，経済学科（定員160名）は経済理論・情報コースと国際・社会経済コースを，文化経済学科（定員100名）は文化・ネットワークコースと観光・環境経済コースを設けました．さらに，カリキュラムの大幅な見直しを行った2007年に，経済学科には経済理論・政策コース，国際比較経済コース，金融・情報コースの3コースを，文化経済学科には地域創造コース，環境・ツーリズムコースの2コースを設置して，現在に至っています（年表参照）．

経済学部の教員組織について言えば，「補正申請書」には18名の専任教員の名前が見られますが，現在の教員数は22名（定員23名）となっています（教員名簿一覧参照）．"年年歳歳花相似，歳歳年年人不同"で，知らず知らずのうちに世代交代が進み，発足時から居る教員はいつの間にか9名となり，20年間で半数が定年や転出で交代したことになります．教育の質の向上はもちろん，教員の年齢構成も考慮した教員人事を実施するよう心掛け，新しい「感覚」，新しい「視点」を持った人材の確保に努めております．その結果，現在の教員組織はバランスの取れたものとなっていると自負しているところです．

以上のような変遷過程を経て現在の経済学部が存在しております．これまで各方面で学部の発展に御尽力いただいた皆様に，厚く御礼申し上げます．経済学部は，これからも時代に適合するように形を変えながら，30周年，40周年……と継続的に拡大発展していくことができる組織体であると確信

しております．今後とも，皆様方の御協力と御指導を仰ぎ，人材育成のために邁進していきたいと願っております．

(経済学部長)

参考文献

久留米大学商学部『久留米大学商学部　五十周年記念誌』，商学部五十周年記念誌編集委員会，2000 年 9 月 16 日．

久留米大学八十年史編集委員会『久留米大学八十年史』，久留米大学八十年史編集委員会，2008 年 8 月 20 日．

学校法人久留米大学「久留米大学経済学部設置認可申請に係わる補正申請書」，1993 年 11 月 1 日．

【年表】

1972 年	商学部に経済学コースを設置．
1975 年	商学部に経済学科を設置．
1994 年	商学部経済学科を改組転換して，経済学部（経済学科 1 学科，1 学年定員 250 名）を設立． （国際経済コース，社会経済コース，経済工学コースの 3 コース． 1998 年に文化経済コースを追加し 4 コースとなる．）
2002 年	経済学部に文化経済学科を増設し，2 学科体制となる． （経済学科：経済理論・情報コース，国際・社会経済コース 文化経済学科：文化・ネットワークコース，観光・環境経済コース）
2007 年	カリキュラムの大幅見直しを実施． （経済学科：経済理論・政策コース，国際比較経済コース，金融・情報コース 文化経済学科：地域創造コース，環境・ツーリズムコース）

教員名簿一覧（2014 年 12 月現在）

氏 名	在職期間(年度)	氏 名	在職期間(年度)
駄田井　正	1970 〜 2013	世利洋介 *	1994 〜
松永俊雄	1981 〜 1997	山下純一 *	1994 〜
原田康平 *	1981 〜	森　正直	1998 〜 2007
鶴田善彦	1983 〜 2006	伊佐　淳	1998 〜
井上伊知郎	1984 〜 1998	山崎　晋	1999 〜
浅見良露 *	1984 〜	西川芳昭	1999 〜 2004
清木場　東	1985 〜 2012	譚　康融	1999 〜
秋本耕二 *	1986 〜	朴　光淳	2002 〜 2005
宮松浩憲 *	1987 〜	高畑雄嗣	2003 〜
冨元國光	1988 〜 1997	藤田八暉	2003 〜
鈴木岑二	1988 〜 2000	松石達彦	2004 〜
櫻井　浩	1989 〜 2002	葉山アツコ	2006 〜
松尾　匡	1992 〜 2007	伊豆　久	2007 〜
江藤彰彦 *	1992 〜	畠中昌教	2007 〜
木下悦二	1993 〜 1997	境　和彦	2008 〜
山田和敏 *	1993 〜	池田太郎	2011 〜
陳　建安	1994 〜 1997	岩本洋一	2012 〜
篠崎靖志	1994 〜 2009	小原江里香	2014 〜
大矢野栄次 *	1994 〜		

（注）1．特任教授期間を含む。
　　　2．兼務教員は除く。
　　　3．* は，創立時から現在まで在職中の教員。

久留米大学経済学部創設の経緯を振り返って

木下　悦二

　平成4年5月に秀村選三さん（当時久留米大学比較文化研究所教授）から「久留米大学は商学部から法学部と文学部を独立させたが，さらに経済学部を独立させたい。ついては協力してほしい」との申し入れを受けた。秀村さんとは九州大学経済学部時代に改組問題で共に苦労した上に，私が他の大学で対文部省交渉を経験していたことも考慮して，私に白羽の矢がたったのだろうが，当時秀村さんが大学院比較文化研究科の充実に奔走しておられたことも重なっていたと推測している。
　身辺の整理をした上で，協力することになり，纐纈学長にお会いし，商学部経済学科の駄田井さんや鶴田さんにお会いして，大学の状況や経済学科の実情をお聞きし，それを踏まえて新しい経済学部の構想に取り組むことにした。正式には同年11月に学長より，平成6年3月末期限の経済学部設置担当教授の辞令を頂いた。初めに取り組んだのは文部省の審査に向けた新学部の学生指導の基本構想と教員充足だった。
　久留米大学商学部は発足以来，「実学を重んじ，地域に密着した教育・研究を標榜して，少人数の全人教育に努めてきた」という，この伝統を尊重し継承する。その一方で，商学部経済学科では系統的履修指導の観点から経済政策・国際経済コース，経済史コース，情報・計量経済コースの3コースを設けていたが，これを改め，経済学部では社会と時代の要請に即応した人材の養成に力を入れる観点から新たに3コースを設け，学生が卒業後活躍する分野に対応して，系統的に学習するよう指導を強化することにした。3コー

スは国際化に対応できる人材を養成する「国際経済コース」，本学の伝統である地域に密着して地域の発展に貢献する人材養成に努める「社会経済コース」，加えて，情報化時代に対応して新しい情報処理能力を身につけ経営領域に応用できる人材を養成する「経済工学コース」である。

　また，入試についてはセンター試験に参加すると共に，極端な得意不得意の科目を持つ学生にも入学の機会を与える配慮を生かすため，採点方法に工夫を加えるなどした。さらに社会人，留学生，編入学について入学定員枠を設けることとした。こうして構想自体を固める一方で，学部開設に伴う教員の充足に努めたが，教員の担当科目の業績審査，必置科目の専任教授確保に関しては著しく難航した。国際経済コースについては，国際交流の視点から見てとりわけ中国との交流の重要性を考え，中国のトップクラスの大学である上海の復旦大学の陳建安さんに短期ながら専任教員として学部創設に協力してもらおうと考えた。陳さんご自身は協力を約して下さったが，復旦大にとっても重要な人材のため難航し，結局創設1年後から2ヶ年協力して頂くこととなった。この件に関しては，本学縫縅学長および文部省の理解を得て実現できた。

　平成5年7月に駄田井さんと事務の古賀さん同伴で文部省に申請を行ったが，審査の結果は相当厳しいもので，とりわけ教員審査で様々なクレームがつき対策に追われた。同年10月に大学設置審議会のヒアリングがあり，「転換のイメージ，創造性が漠然としている」との評に対し，学生の個性を生かす教育を実現する上で，入試から卒業後までを見据えた方策を採ろうとしている，それに対応する上で，置かれた現状から考え，予想以上に充実した人材を集め得たと自負していると反論できた。

　12月に正式認可の運びとなった。平成6年4月の経済学部発足に当たって，入試定員確保はほぼ順調に実現でき，翌年にはさらに受験生が増えて経済学部としての地位を確立できた。

　ここでまず，久留米大学経済学部が他大学と比較して特に目立った成果を二点指摘しておく。

　一つは，経済学部発足時において大学院（比較文化研究科）が設置されていたことである。通常大学院を創るには学部の完成年次を迎えて後に修士課

程，博士課程と積み上げてゆくのだが，久留米大学経済学部は文系学部全体を包摂する大学院比較文化研究科が設置されていたお陰で，学部発足と同時に大学院を備えるという他に類を見ない幸運を得た。

　今一つは，国際交流，特に中国との関係が他の大学と比較して格段に深く広く発展できた点である。この件に関しては中心となって尽力した駄田井さんから詳しく報告されるだろうが，ここで少しく触れておくと，学部創設に陳さんの協力を得たのもその一つだが，留学生の確保にも努めた。平成7年春に王守海さん（元中国社会科学院世界政治経済研究所長）と協議したことを契機に久留米大学経済学部と中国社会科学院世界政治経済研究所との共催で中国と日本で交互に社会経済国際シンポジウムを開催する運びになり，平成8年夏に第1回会合を北京で，翌年には久留米で開催し，若干の組織上の変化もあったが今日まで連綿と続いている。これに関連して特に注目される点は，中国でシンポジウムが行われる際には現地の準備，報告の翻訳・通訳をはじめ，会の運営の裏方までの一切が，本学の留学生とかつて本学に学んだ人たちの手で進められたことである。留学生たちは，加えて，かれらの留学生活を支援してくれている久留米市民たちをもこの機会に母国に招いたのである。こうした行事を通じて中国人卒業生の組織化が進み，王橋さん（王守海さん息女，現中国社会科学院人口労働経済研究所教授）のご尽力もあって，北京に久留米大学の事務所が設けられ，卒業生が運営するまでになっている。全く他に類を見ない成果である。

　完成後の課題となった点に触れておくと，3コースを設定して少人数教育を目指したものの，経済学部創設後——構想時点で予測しておくべきだったが——社会経済コース志望者が圧倒的に多く，少人数教育重視の原則から見てその措置に困った。それは当然改組問題に繋がった。さしあたり産業関連講義の拡充で凌ぎ，学部完成と共に従来のコースに加えて「文化経済コース」を設け，さらに改組して文化経済学科の創設に進むこととなった。

　最後に，経済学部発足最初の入学式で入学生諸君に次のように訴えた。

　　知性豊かな経済人をめざせ！
　　世界に通用する見識を育てよ！

質の高い情報を選ぶ能力を身につけよ！
人間の質が問われる時代に備えよ！
顧みて悔いのない大学生活を！

経済学部の学生諸君へのこの願いは今も変わらない。

（初代経済学部長）

目　次

あいさつ
経済学部 20 周年記念論文集の発刊にあたって ………… 山田和敏　i
久留米大学経済学部創設の経緯を振り返って ………… 木下悦二　vii

論文編
経済学の系譜とその再生──新しい経済学を求めて──…… 秋本耕二　3
　はじめに　3
　1. 経済学の系譜　4
　2. スミスの経済学　8
　3. リカーディアンの経済学　14
　4. ケインズとシュンペーター　22
　5. 新しい経済学の構築の試み　32
　　──リカード，ケインズおよびシュンペーターの理論の統合の試み──
　むすび　37

Asymmetric preferences of monetary policy in the central and eastern
　European contries ……………………………………… 池田太郎　41
　1. Introduction　41
　2. Literature review　43
　3. The model　44
　4. Results of estimations　46
　5. Conclusions　54

日本銀行の「出口戦略」を考える ………………………… 伊豆　久　57
　　はじめに　57
　　1.「出口戦略」と日本銀行の損失　58
　　2. 量的緩和（2001〜2006年）からの「出口」の場合　66
　　3. 中央銀行の債務超過　69
　　おわりに——「出口」に向かえない場合　75

日中における文化産業集積の現状と課題
　　　　………………………岩本洋一・浦川康弘・王　彦風　79
　　はじめに　79
　　1. 文化産業の定義と分類　81
　　2. 日本の文化産業集積　84
　　3. 中国の文化産業集積　92
　　おわりに　105

日本の経済成長と産業構造の変容——「失われた20年」を考える——
　　　　………………………………………………………… 原田康平　115
　　はじめに　115
　　1. 対象と方法　116
　　2. 分析結果　119
　　3. 議　論　138
　　おわりに　141

自然の証券化とその通貨 …………………………………… 山下純一　145
　　1. 環境オフセットとはなにか？　145
　　2. オフセットのヒエラルキーと通貨の数学的表現　153
　　3. 自然の証券化の残された課題　165
　　まとめ　168

産業連関表による中国産業構造の分析 ──製造業を中心として──
　………………………………………………… 山田和敏・曹　峙偉　175

　はじめに　175
　1. 産業連関モデル　176
　2. 産業構造の概要　178
　3. DPG分析について　186
　4. 5要因分解　192
　おわりに　196

日本的雇用の変化と今後の労働市場の在り方 ……… 高畑雄嗣　199

　はじめに　199
　1. 日本的雇用の変化　200
　2. 日本的雇用の経済合理性と変化　206
　3. 雇用状況の変化と法制度　209
　4. 雇用状況改善のための対策　211
　結　語　217

欧州金融危機の一視角 ──米国金融危機の波及の視点から──
　…………………………………………………………… 木下悦二　221

　はじめに　221
　1. 欧州銀行と米国金融危機　221
　2. 欧州における金融危機展開の三類型　224
　3. 危機対策と欧州統合　233
　4. 欧州不況について一言　235

日本の家事労働者における雇用関係の変化
　──清水美知子の研究を中心に ……………………………… 江　虹　239

　はじめに　239
　1. 戦前期の「女中」　240
　2. 両大戦間期中の「派出婦」　241

3. 戦後の「家政婦」　243
 4. 60年代からの「ホームヘルパー」　244
 5. 家事労働者の消失　246
 6. 家事労働者における雇用関係変化の意義　247
 おわりに　248

回想編

韓国全州大学校との交流が始まった頃……………………………… 櫻井　浩　253

隣国・ロシアを勉強しよう ――シベリア鉄道漫遊記―― …… 鶴田善彦　259

久留米大学経済学部時代を振り返る……………………………… 冨元國光　297

経済学部とともに駆け抜けた日々………………………………… 松尾　匡　303

論文編

経済学の系譜とその再生

―― 新しい経済学を求めて ――

秋本　耕二

はじめに

　本章は，経済学の系譜すなわち経済学を創り上げてきた巨星たちの思想，その問題意識およびそれらの相互関係を考察することを目的とする。このような作業は多くの研究者により行われてきており，数多くの，そしてさまざまな接近法による業績が存在する。ただし，ここでは，ただ単にその系譜を記述するという作業ではなく，「新しい経済学を構築する」という目標を設定し（これは本章最終節で考察される），この目標に接近するという立場より経済学の系譜を鳥瞰する。この作業は「経済学の再生の試み」とも表現できるが，それは一種の温故知新と言えよう。この試みの第一段は，すでに拙稿：Akimoto（2014）に収められている。この具体的な内容は最終節でその本質を論じるが，2012年の拙稿より，解決しなくてはならない問題が明確に浮かび上がってきた。本章では，解決すべき問題の提示を，経済学の系譜を通して，論理的に推敲することを目的とする。

　ところで，経済学の系譜を読み解く作業は，経済学の巨星たちの内面的な葛藤を理解しようとする試みでもある。その葛藤は彼（あるいは彼女）たちが置かれていた社会的状況およびそれに対応して進化してきた経済学的状況を映し出すスクリーンであるとも言える。この葛藤は経済学の巨星たちがお互いに凌ぎを削ってきた歴史そのものであり，さらには，彼（あるいは彼女）

たちの後継者のその後の激しい戦いをも浮かび上がらせる。したがって，本章では，例えば「ケインズ vs. 古典派」，「シュンペーター vs. マルクス」，「ケインズ vs. シュンペーター」という視点が設定され，さらには巨星たちの後継者たちの戦いを「リカーディアン」，「ケインジアン」，「シュンペーテリアン」という視点で記述する。このような視座は，温故知新による経済学の再生には不可欠であろう。では，以下具体的に論を進めよう。

なお，本章は単に学究的目的だけでなく，経済学を志す学徒に経済学の偉大な遺産と最新の経済理論を紹介するという教育的目的も持っている。したがって，学究的であることを追求しながらも，教育的配慮よりできるだけ平易に記述することに心がけた。限られた紙面のなかで経済学の巨星たちの思想とその相互関係を十分に記述するのは不可能であるが，本章を通して経済学を志す学徒たちが経済学の本質に少しでも迫ることができ，一研究者の経済学への接近の試みを理解していただければと願う。

1．経済学の系譜[1]

経済学の出発をどこに置くのか，この点については多様な意見がある。そもそも出発点を定義しようとすること自体が無意味であるかもしれない。なぜなら，人間が構成する経済社会を研究することは人間そのものを研究することであり，したがって，哲学の系譜が経済学の系譜に大きく関与しているからである。ただし，その一方で，18世紀に偉大な足跡を示したアダム・スミスを「経済学の父」とよぶ慣習が存在することも事実である。それは，スミスが生きた時代はまさに資本主義の黎明期であり，スミスが資本主義を考察した最初の人物であったからである。事実，国富論の最初の章は分業ではじまり，固定資本および流動資本など，資本主義の分析に欠かせない概念が登場する。そこで本章では，このスミスを起点に話を始めることとする。ただし前述のように，「新しい経済学の構築」という視点より経済学を鳥瞰

---

[1] 経済学者の氏名の原語での表記は図1で行っている。本文では，氏名はカタカナでの表記にとどめる。

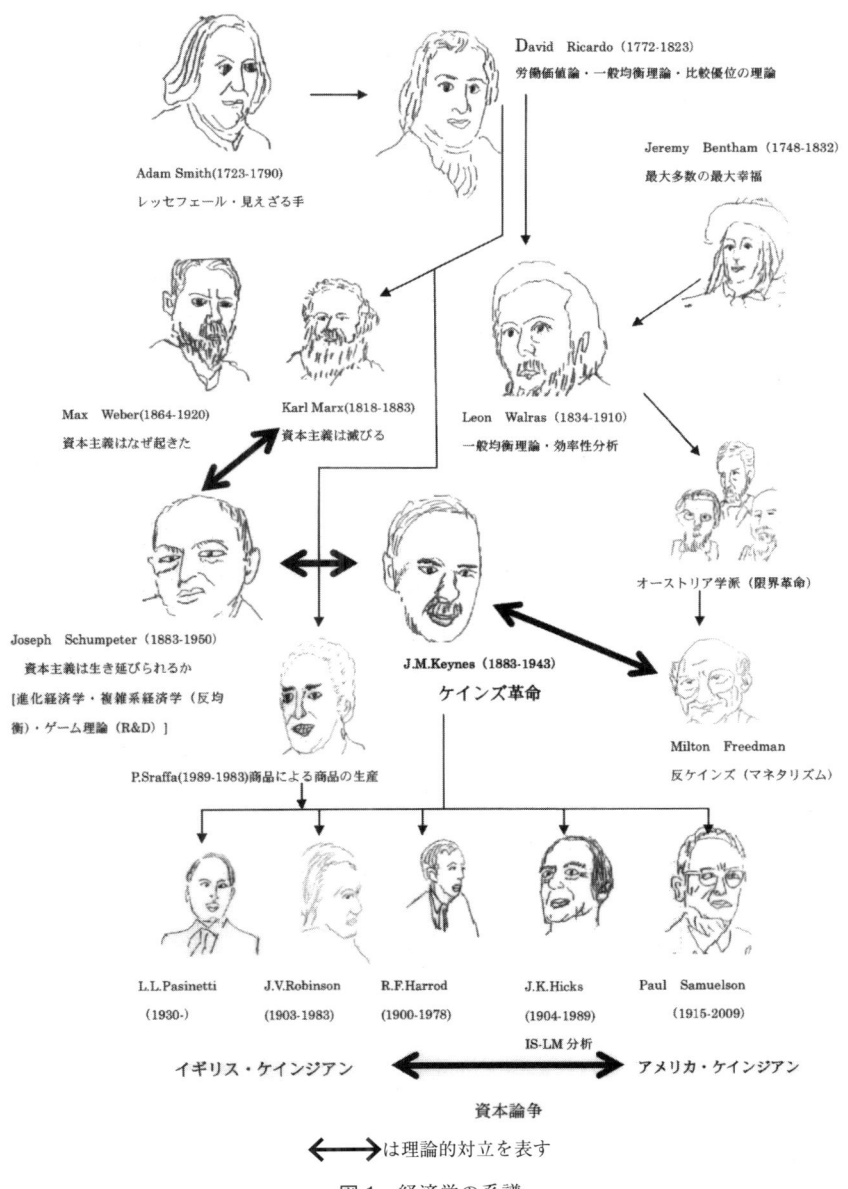

図1　経済学の系譜

するという立場を確認しておく。

　図1を用いて経済学の系譜を鳥瞰しよう。「レッセフェール」あるいは「見えざる手」で知られるスミスは『道徳的感情論』および『国富論』という2つの大著を世に残した。その内容は第2節でのべるとして，これらの著作は，デイビッド・リカードを経済学の路に触発する。このリカードに関しては，彼が経済学を築いたとする見解もある。この天才が残した代表的偉業は「労働価値説の構築」，「一般均衡理論の基礎の確立」，「価値と分配の理論の確立」および「比較優位の理論の発見」である。このうち，労働価値説はマルクスに受け継がれ，「資本主義は滅びる」という命題が構築される。ここで，この労働価値論をめぐっては次の2つのことに注目しなくてはならない。1つ目は，「資本主義は滅びる」としたマルクスがオーストリアの経済学者シュンペーターを刺激した点である。彼が挑戦した命題は「資本主義は生き延びられるか」であった。この点に関しては第4節で考察するが，このようなシュンペーターの問題意識は当然社会経済を分析するにあたってその歴史的視点を要求する。そして，ここで確認したいのは，この歴史的視座が，後に短期のマクロ経済理論を誕生させたケインズへの批判を生み出し，「ケインズ vs. シュンペーター」という構図が形成されたという点である。この点に関する考察も第4節で行う。ここでやや話が逸れるが，マルクスなどに見る歴史観は，たとえばウェーバーの資本主義分析にも大きな影響を与えていると考えられる。資本主義における「合目的的精神」あるいは「資本主義はなぜ発生したか」の命題は，経済学における歴史観の重要性を示唆する。ただし，この点は本章の本線から逸脱するので，これ以上はふれないこととしよう。

　労働価値論をめぐるもう1つの注目すべき点は，リカーディアンの形成である。特に，イタリアの経済学者スラッファはリカードが悩み，解けなかった問題を解決した。ケンブリッジで活躍したスラッファは，いわゆるイギリス・ケインジアンに大きな影響を与えることとなる。スラッファの偉業は第3節で考察するが，ここではスラッファ理論が労働価値論とケインズ経済学統合の可能性を示唆するパシネッティの垂直的統合分析に継承された点を確認したい。パシネッティはスラッファと同じくイタリア出身でケンブリッジ

において活躍した経済学者であるが，のちにアメリカ・ケインジアンであるサミュエルソンやソローと激しい論争を繰り広げることになる。このアメリカ・ケインジアンの理論が均衡理論の土台の上に構築されているのは周知のとおりである。労働価値論の系譜を維持しようとしたイギリス・ケインジアン，かたや均衡理論を土台とするアメリカ・ケインジアン，いずれもが同じリカードが生み出した理論であり，のちに資本論争とよばれる激しい戦いを演じたのは経済学の運命であったと言えよう。

さて，リカードが残した第2の遺産「一般均衡理論の基礎の確立」は限界理論の発見とともに，のちのワルラスやパレート，およびオーストリア学派とよばれる経済学者たちに受け継がれていったのは周知のとおりである。ここでは，分析の主眼は経済効率性に向けられる。ただし，効率性概念は「何をもって効率的とするか？」「効率性の基準は何であるか？」などの課題を生み出すことになる。その背後には，例えばベンサムの「最大多数の，最大幸福」という功利主義の概念が見え隠れする。

さて，スミスを源流としリカードによって構築されたこの世界はいわゆる「古典派」という学派を形成する。ただし，はじめから「古典派」という呼称が存在していたわけではない。それは，ケインズ革命により生み出された経済学派との対立の構図を表す学派として命名された。

スミスおよびリカードが産み落とした「レッセフェール・見えざる手」の理論は，いわゆる「供給が需要を生み出す」とするセイ法則に依拠してその理論を進化させてきた。しかし，1929年のウォール街での株価大暴落に端を発する世界大恐慌は，古典派経済学の無力さを露呈する。そして，古典派経済学およびセイ法則からの脱却を目指し登場したのがケインズであった。「需要が供給を決定する」。これに加え，「不確実性」という新たな概念も導入してマクロ経済学を誕生させたのがケインズであった。この点に関しては第4節で考察する。

さて，ケインズの後継者たちが，イギリス・ケインジアンとアメリカ・ケインジアンの系譜を確立していったことは前にものべたが，古典派経済学もさまざまな形を残しつつ進化してきた点を認識することは重要である。その代表選手はシカゴのフリードマンである。マネタリストの名前で知られるこ

の学派は，経済学の発展の歴史が「ケインズ vs. 古典派」という対立軸のなかで展開してきたことを意味している。この点を認識することも重要である。

　以上，図1を用いて経済学の系譜を簡単に鳥瞰してきたが，以下，各節において経済学の巨星たちの問題意識および相互関係をやや深く考察していこう。

2．スミスの経済学

2.1　道徳的感情論と国富論

　アダム・スミス（1723-1790）はイギリス，スコットランドに生まれた経済学者，哲学者，神学者である。スミスが「経済学の父」とよばれるのは周知の通りである。なぜ，スミスが経済学の父と呼ばれるようになったのか。それは，前述のように，彼が資本主義を分析し始めた最初の人物であったことからである[2]。すなわち，スミスが成長した時代はまさに産業革命の黎明期であった。しかし，赴任したグラスゴー大学において彼が倫理学および道徳哲学の教授として迎えられたという事実はもっと重要である。その成果が著作『道徳的感情論』に収められていることは言うまでもない。この著作では，人間が科学され，さらには人間の本質が社会を構成していく過程が科学されている。人間が形成するシステムが経済であることを考えると，『道徳的感情論』を出発点とし，その理解の上で大著『国富論』（あるいは『諸国民の富』）を分析すべきである。それはいまや学会の通説となっている。たとえば，スミスを語るキーワードとして

　　同感　公平な観察者，正義と慈恵，見えざる手，レッセフェール，支配
　　労働と投下労働（労働価値論）

などを挙げることができるが，これらのキーワードとその相互関係を考察することはスミスを理解する上で必須となろう。これらの用語を必要としたスミスの社会観および経済観とはいかなるものであったのか。以下これらのキーワードを手掛かりに，スミスの経済学を考察することにしよう。

　2）たとえば，小室（2004）p.29 を参照せよ。

『道徳的感情論』の第1部第1編は「同感について」で始まる。まず，スミスが力説するのはこの同感は単なる「同胞感情」ではないという点である[3]。同感はすべての注意深い観察者の胸の中に起こるとする[4]。平たく言えば，同感は仲間感情から起こるのではなく，すべての人のなかに内在する観察者を通して起こりえた事象に対し観念形成をする[5]。「すべての人はこの観察者を自らの中に形成している」というのがスミスの人間分析および社会分析の前提となる。この観察者を通して，われわれは，目にする事象に関し，悲観，歓喜，哀れみ，憤慨などの同感を引き起こす。

『道徳的感情論』は人間を科学した道徳哲学を記した著作である。しかし，ここで指摘しなくてはならないのは，『道徳的感情論』は単に人間を科学したものではなく，人間社会を科学した著作であるという点である。たとえば，第1部第1編の同感を締めくくる死者への同感の一説を紹介すると，次のようである。

「われわれは，死者にさえも同感する。……（中略）……そしてそこから，人間本性におけるもっとも重要な諸原理のひとつである死への恐怖が生じる。それは，幸福にたいする大きな毒であるが，人類の不正にたいする大きな抑制であって，個人を悩ませると同時に，他方では社会を防衛し保護するのである」[6]。すなわち，スミスは死者への同感が，最終的に社会を構成するうえで不可欠であると結論する。

道徳的感情論が一種の社会学であるという査証は，次の文にも読みとれる。「人間社会の全構成員は，相互の援助を必要としているし，同時に相互の侵害にさらされている。その必要な援助が，愛情から，感謝から，友情と尊敬から，相互に提供される場合は，その社会は繁栄し，そして幸福である」[7]。そして，人間個人が持つ慈恵と正義については，「慈恵は正義よりも，社会の存在にとって，不可欠ではない。……それは建物を支える土台ではな

---

3) Smith, A. (1759)，邦訳『道徳的感情論』上（水田洋訳）pp.21-23.
4) *Ibid.*, p.28.
5) *Ibid.*, p.24.
6) アダム・スミス『道徳的感情論』上（水田洋訳）pp.33-35.
7) *Ibid.*, p.222.

く，…（中略）けっしておしつける必要はないのである。反対に，正義は，大建築の全体を支持する支柱である。もし，それが除去されるならば，人間社会の偉大で巨大な組織が，一瞬にして諸原子になるにちがいない」[8]。『道徳的感情論』の中で明らかにしようとしたのが良き人間社会を築きあげようとする人間の本性であるとすれば，それはまさに経済学の土台を築きあげようとする試みであったと言える。

　以上，『道徳的感情論』について触れてきたが，『道徳的感情論』が人間および人間社会を科学した著作であるのに対し，スミスのもう1つの大著『国富論』はまさに「経済」を科学した著作であった。経済が，人間が織りなす人間社会の文様であることを考えると，『国富論』が『道徳的感情論』を土台として書かれた著作である点は間違いない。ただし，『国富論』の目次を一見してわかるようにここでは徹底して経済および政治に関する分析がなされている。すなわち，『国富論』において『道徳的感情論』の痕跡を直接的に見出すことは，一見不可能に思える。しかし，たとえば，堂目卓生著『アダム・スミス』では，両者が表裏一帯の著作であることが明快に分析されている。この著作は，道徳的感情論における同感，公平な観察者，お世話，正義と慈恵といった概念を正確かつ平易に説明したのちに，市場が生成される根本要因を描き出している。堂目卓生氏が記す「市場は競争の場ではなく，互恵の場である」という名句は，道徳的生物である人間が生み出す経済社会の根源的かつ理想的世界を描き出している[9]。

　このように，『道徳的感情論』と『国富論』が表裏一帯の著作であるとわかれば，経済学の根幹を形成してきた所謂「価値論」すなわち「労働価値論」も道徳的感情論を通して分析される必要があることがわかる。

　人間が労働をする。この単純ではあるが，多様な要素を含む行為をいかにとらえるか。なぜ働く。生きるために。食物（これも生き物）を食らうという現象。何のために，……生きるために。誰のために，……自分のために，家族のために。この事象は重たい。ただし，この推論は一見正しく，本質的であるかもしれないが，それだけでは，経済に生きつつ，遂行される労働を

---

8) *Ibid.*, pp.223-224.
9) 堂目卓生『アダム・スミス』p.164.

正確に表現しているとは言い難い。スミスによれば，人間は誰しも観察者をもち，しかも正義と慈恵を徳という概念で内包している。たとえば，現代，目覚ましい展開を見せる技術革新は「単に生きるための事象」ととらえるべきであろうか。労働が含む本質を研究し，それが経済を貫徹する要素を見出すこと，それがスミスの根本的な問題意識であったように筆者は理解する。

　スミスの労働価値論，それが投下労働価値説であろうが支配労働価値説であろうが，それは，人間の正義そして慈恵の結果としてとらえるべきであろう。ゆえに，労働価値論が貫徹する経済を研究し，それを阻害する要因を洗い出す作業を実行しなくてはならない。

　では，労働価値論が貫徹される事象は存在するのか。筆者は，それはスミスが提唱した「自然価格」に求めることができると考える。スミス自身は，『国富論』の第1編第7章で，自然価格を定義し，市場価格がこの自然価格を求心力として変動するとした[10]。この命題は経済に存在する諸力を説明する1つの要素として受け入れることにしよう。しかし，自然価格体系のもつ重要性は，それが労働価値論を貫徹する可能性を持っているという点である。それは，後にリカードを信奉するリカーディアンたちによって精緻な理論体系として構築されていく。この点については次節で述べることとして，ここでは，このスミスの自然価格体系について考察しよう。

　スミスはまず自然価格について分析する。曰く，「あらゆる社会またはその近隣には，労働や資材のさまざまな用途ごとに，賃金，利潤の双方について通常率または平均率というものがある。……同様に，あらゆる社会またはその近隣には，地代の通常率または平均率というものがある。……これらの通常率または平均率は……自然率とよんでさしつかえないであろう。……ある商品の価格が，それを産出し，調整し，またそれを市場へもたらすために使用された土地の地代と，労働の賃金と資材の利潤とを，それらの自然率にしたがって支払うのに十分で過不足がないばあい，このときの商品は，その自然価格とよんでさしつかえないもので売られるのである」[11]。

　さて，問題はこの自然価格が含意する経済学的意義である。なぜスミスが

---

10) Smith, A. (1776), 邦訳『諸国民の富』（大内・竹川訳）pp.143-156.
11) *Ibid.*, pp.143-144.

分析の始点として自然価格に言及したのかという点である。それは，第1に，唯一国の富を生み出すことができるのは労働の価値であり，自然価格はそれを含意しているからである。そして，第2に，自然価格が，労働価値論を起点として富の分配理論を記述しているからである。曰く，「労働の生産物は，労働の自然的報酬つまり自然的賃金率を構成する。……そして，地主の地代は，土地に使用される労働の生産物からの第1の控除をなす。……そして，利潤が土地に使用される労働の生産物からの第2の控除をなすのである」[12]。この文節は，価値を生み出すのは労働のみであり，その労働により生み出された価値が，利潤，地代，賃金へと分配されていくと主張している。スミスは，自然価格体系を基軸として，価値と分配の理論を構築した初めての経済学者であった。

　スミスの考察はこの自然価格を起点として，分業あるいは資本蓄積と経済発展など多岐にわたる。ただし，これらをのべる紙面は許されていない。自然価格は分析の起点であることを確認して，この自然価格が現代経済においてもつ意義について考察しよう。

2.2　スミスの経済学の現代的意義

　ところで，このように価値と分配の理論を推論していくと，「地代，賃金，および利潤の自然率がいかに決定されるのか」という問題に直面する。もちろん，スミスは第1編第8章で労働の賃金について，第9章で資材の利潤について，第11章で土地の地代についてそれぞれ考察しており，いわばミクロ経済的視点よりその理論を構築している。しかし，スミスの分析にはマクロ経済構造の視点が欠如している点は指摘しなくてはならない。資本主義の本質的構造すなわち労働が生産した価値が国民に分配され，その一部が貯蓄という形態を経由して生産過程に投資という形で還元していく構造である。したがって，市場価格の中心として存在する自然価格が，マクロ経済構造の中で，いかに実現され，機能していくのか。この分析が無ければ，労働価値論がマクロ経済構造の中で機能する保障は存在しない。しかも，現代の経済

---

12)　*Ibid.*, pp.157-159.

はスミスの時代と比べて比較にならないほど複雑化し、多様化している。価値論は貫徹されるのか。この点は最終節で考察するが、時代がいかに急激に変化しても、経済は人々の生活の営みの中で発生するという事実は不変であり、そのことは、スミスの経済学がわれわれに残す強烈なメッセージとも受け止められよう。「人間社会を分析する上で、価値論のない理論は議論をする価値さえない」と。

　スミスの経済学を語るとき、もう1つ指摘しなくてはならない点がある。それは、科学が異常な速度で発達した現代経済は、スミスが生きた資本主義黎明期の経済とは様相を全くその様相を異にしているという点である。特に、技術革新がもたらす経済社会の変化は、まさに技術革新が資本主義経済の根源的要素であるとしたシュンペーターの世界であろう。では、スミスの価値論を現代経済の中でいかに見出し、その根源的要素（価値論）が貫徹されているのか。この点が本章のテーマであり、その分析の可能性は最終節で考察したい。繰り返しになるが、複雑さ、激変ゆえに価値論が棄却される理由はどこにもない。

　さて、本章の目的とはやや外れることになるが、スミスを考察した最後に指摘しておかなくてはならない点がある。それは、現代経済のねじれ、ひずみ、あるいは矛盾と表現できる。2008 年、国連大学に一本の論文が提出された。Davies, J. B., Sandstrom, S., Shorrocks, A., and E. N. Wolff（2008）である。この論文の詳細に触れることはできないが、それは世界の金融資産（世界のGDP の 3.5 〜 4 倍と計算される）の分配状況を分析したものである。巨額の金融資産を僅か一握りの人間が支配する状況を正当な経済状況とする理由は全く存在しない。それは、スミスが主張する市場経済とはほど遠いものである。「市場は競争の場ではなく、互恵の場である」という堂目卓生氏（2008）の名句は完全に空転している。「市場は略奪の場と化している」。スミスの経済観が完全に破壊された現代経済に生き延びる余地はないように思われる。ただし、このような主張は alternative（他にとってかわるべき策）を提示しなくては無意味であることも確かである。alternative を提示する試みは、本章の最終節で述べるとして、ここでは、労働価値論を探究する重要性を強調するにとどめよう。

最後に，本節を締めくくるにあたって，スミスの自然価格を含む自然経済が含意する2つの重要な役割を強調しておきたい．その1つは，自然経済が経済の骨組みを形成しており，したがって自然経済を分析することは経済に含まれ法則を考察することと同義であるという点であり，2つ目は，われわれは，この自然経済から大きく逸脱して経済をコントロールすることはできないという点である．特に，この2番目の点は，経済の人為的コントロールに重い警鐘を鳴らす．この点に関しては，Akimoto（2014）で理論的かつ実証的に分析されているが，たとえば，ユーロ地域が直面する金融危機およびデフレの脅威は，単にギリシャ危機に端を発する経済危機ではなく，自然経済からの大きな逸脱と理解されなくてはならない．

3．リカーディアンの経済学

3.1　リカードの経済学

　スミスの『国富論』に触発されて経済学の道に分け入ったのがリカードである．リカードが残した業績は理論経済学の領域では，一般均衡理論の構築，労働価値論の確立および比較優位理論の発見であろう．このうち，一般均衡理論において，限界概念の創出を源流としてのちのワルラス，パレートあるいはオーストリア学派などによる一般均衡理論の大河が形成されていったのは周知の通りであり，さらに，労働価値論はマルクスによりその理論が陶冶されていったことも付け加えなくてはならない．

　このように，リカードはスミスとともに所謂古典派経済学の源流を形成していったが，古典派経済学がケインズ革命を誘発し，その一方で，労働価値論をめぐるマルクスの資本主義分析がシュンペーターの経済発展論の形成に関与していったことを考えると，「近代の経済学の始祖はリカードである」という主張はあながち的をはずれていない．

　さて，リカードが編み出した限界概念であるが，それは富の分配を分析した最初の科学的手法であった．もちろん，スミスも価格体系における賃金，地代および利潤の決定に言及している．しかし，スミスの自然価格体系では，賃金率あるいは利潤率などのいわゆる「自然の率」に関しては，経済的・社

会的状況で決定されると言うに留まっている。これに対し，リカードの差額地代に関する理論はより科学的に富の分配について論じている。土地の生産性に関する限界地が地代を生み出す分配理論は大学の講義でも頻繁に紹介される。そして，さらに重要な点は，この限界理論が2つの重要な理論的帰結をもたらしているという点である。1つは，限界理論を組み込んだ一般均衡理論の基礎の構築であり，2つ目は「資本主義における利潤率がいずれゼロになる」と分析した帰結である。

まず，前者すなわちリカードの一般均衡モデルに関しては，紙面の都合上あるいは本章の論理的構成上ここではこれに触れることができない。しかし，この点に関しては，日本が生み出した経済学の巨星森嶋道夫氏の労作『リカードの経済学』を無視するわけにはいかない[13]。限界理論を通したリカードの経済観が，ここでは経済モデルを通して的確に記述されている。一分の隙もない，まさに，「達人の筆」である。一方，この2つ目の帰結に関しては，これが，労働価値論とともに，（その論理および分析手法はリカードと異なるものの）後のマルクスの結論「資本主義は崩壊する」に多大な影響を与えたことは言うまでもない。

さて，リカードの幾多の業績の中で，本章では彼が構築した労働価値論に注目したい。それは，本章の最終節で考察される新しい経済学の構築に不可欠であると考えるからである。そして，ここでは，リカードの労働価値論体系を数学的に陶冶し，ケンブリッジで活躍したイタリア人スラッファとパシネッティの業績に注目することにする。

3.2 スラッファ：商品による商品の生産

スミスおよびリカードの価値論を現代の複雑な生産構造の中で再生し，強化しようとしたのがスラッファである。現在，リカーディアンという名前で呼ばれる学派は，スラッファの理論を何らかのかたちで経由しているといってもいいであろう。スラッファが活躍した時代，価格理論の構築において労

---

[13] Morishima, M. (1989), 邦訳,『リカードの経済学』（高増明，堂目卓生，吉田雅明訳，岩波書店, 2003.)

働価値論と限界理論は激しく対立していた。ともにリカードをその祖とする労働価値論と限界理論は，その後，継承者たちの論争の場となり，経済学の発展に貢献してきたのである。スラッファもその戦いの渦中にあった。スラッファは，生産構造に依拠した価格理論を構築しようとしていた。もちろん，限界理論にこの視座は無い。ただし，生産構造に依拠した価格理論には，リカードが悩み解くことができなかった循環論が存在していた。スラッファはこの循環論を解決し，限界理論に対抗する価格理論を構築したのであった。この価格理論が，リカード労働価値論の強化に結び付いていったことは経済学史において重要な事件であったと筆者は認識している。ここでは，そのスラッファの理論体系を簡単に紹介しよう[14]。

いま，n 個の産業と家計から成る経済を考えよう。n 個の産業を第1部門，……，第 n 部門と呼び，家計は第0部門で表す。そして，この経済に関する次のような価格体系と数量体系を考える。

$$p = (1+\pi)(pA + a_0 w), \tag{3.1}$$
$$q = (1+g)Aq + \gamma c_0. \tag{3.2}$$

ここで，$A = [a_{ij}]$ は $n \times n$ の投入係数行列，$a_0 = [a_{01}, a_{02}, \ldots, a_{0n}]$ は労働投入係数ベクトルである。また，$p = (p_1, p_2, \ldots, p_n)$ は価格ベクトルを，$q = (q_1, q_2, \ldots, q_n)^t$ は産出量ベクトルを表す。ここで，p_i, q_i はそれぞれ第 i 部門の生産物の価格および産出量を表す。また，ベクトルに付けられた記号（$'$）は転置を表す。w は賃金率，π は利潤率で，g は各部門の産出量に関する均一成長率である。w, π および g は正の定数である。さらに，列ベクトル c_0 は1人当たりの平均消費ベクトルで，正の定数 γ はその大きさを表す。

まず（3.1）より，
$$p = a_0 [I - (1+\pi)A]^{-1} w \tag{3.3}$$
を得る。ここで，（3.2）および（3.3）をめぐって，以下のような循環論が発生する。

---

[14] ここでの考察は，Pasinetti, L. L. (1977), 邦訳『生産理論』（菱山泉，山下博，山谷恵俊，瀬地山敏訳）pp.87-144 による。

いま，産出量 q が生産されたとする。このとき，この生産に供された投入物の価値は pAq であり，経済には純生産物 $p(I-A)q$ が供給されている。したがって，純生産物 $p(I-A)q$ のうち賃金として配分される率を θ で表すと，利潤率 π は，

$$\pi = (1-\theta)\frac{p(I-A)q}{pAq} \tag{3.4}$$

と表される。(3.4) の右辺において，価格 p は分子と分母に登場する。そして，利潤率が産業連関の網の目を通して決定されるため，分子と分母にある価格 p は約すことができない。したがって，(3.4) において利潤率 π が計算されるためには価格 p があらかじめ決定されていなくてはならない。ところが，価格体系 (3.3) より，価格 p は利潤率 π が定まらないと決定しないことがわかる。したがって，ここでは，価格 p と利潤率 π の決定について循環論が発生する。このような問題は，各産業が複雑な産業連関のもとで生産活動を行っている経済では必然的に発生する。

前述のように，この問題は労働価値論を提唱するリカードを悩ませていた問題であったが，スラッファは以下に説明する標準商品（standard commodity）の発見でこの問題を解決した。ここでは，この標準商品に関する詳細な考察は避けるが，その概略を示すと以下のようになる。

まず，Q_i をおよび R_i をそれぞれ第 i 部門の産出量と剰余率と定義して，$Q = (Q_1, Q_2, \cdots\cdots, Q_n)^t$, $R_1 = R_2 = \cdots\cdots = R_n = R$ とする $(i = 1, \cdots\cdots, n)$。R はすべての部門で同じ剰余率である。そして，問題を，

$$AQ = \frac{1}{1+R}Q \tag{3.5}$$

と設定する。すなわち，問題はすべての部門に共通する余剰率とその余剰率を生み出す各部門の産出量比率を求めることに帰着する。行列 A は非負行列であるので，フロベニウスの定理より，(3.5) は非負の実固有値をもち，最大非負固有値に対する非負固有ベクトルが存在する。いま，この最大実固有値を λ^* とし，λ^* に対応する非負固有ベクトルを $Q^* = (Q_1^*, Q_2^*, \cdots\cdots, Q_n^*)$ で表すと，λ^* に対応する剰余率 R^* は，

$$R^* = \frac{1}{\lambda^*} - 1 \tag{3.6}$$

とも求められる。すなわち，部門 i が生産量 Q_i^* を産出するとき，あるいは（もっと一般的に）各部門が固有ベクトル Q^* の各要素が持つ比率を崩さないような生産量を産出したとき，すべての部門で剰余率 R^* が達成されることになる。スラッファは，このような体系を**標準体系**とよび，生産物ベクトル Q^* を**標準生産物**，剰余率 R^* を**標準比率**と名付けた。

この標準生産物を用いて，価格体系を閉じるニューメレールを適切に選択する。すなわち，賃金率を Q^* で計り，純生産物 $(I-A)Q^*$ の価値を1と置くと，(3.4)は，

$$\pi = \Pi\,(1-w) \tag{3.7}$$

となる[15]。ただし，$\Pi = R$ である。(3.7)は利潤率 π と賃金率 w の線形関係を表し，w が決定されれば(3.7)にしたがって π が定まる。これで，(3.4)をめぐって発生した循環論を回避することができた。

前述のように，この循環論の解決は労働価値論の強化に大きく寄与したが，さらにスラッファ理論の登場は，技術革新による生産構造の変化を含むより一般的な経済理論の構築にその路を拓いた。次に，この点について考察しよう。

3.3 パシネッティの垂直的統合分析[16]

スラッファが残した偉業は，ケンブリッジで活躍したイタリアの経済学者パシネッティがさらに進化させていった。本節のタイトルはリカーディアンの経済学であるが，パシネッティがリカーディアンであるかどうかは議論の余地がある。すなわち，彼がリカードの経済学に傾倒していたことは間違いないものの，同時に彼は疑う余地もなくケインジアンであるからである。

ここで，パシネッティが，スラッファ理論を内包しつつも，その視野を超えてリカードの経済学を現代に通用する経済学に再構築しようとした点は重

---

15) (3.7)の詳細な証明は秋本（2001）pp.251-255 を参照せよ。
16) ここでの考察は Pasinetti, L. L.（1973），（1981）による。

要である。現代に通用する経済学とは何か。それは，激しい技術革新による経済構造の変化に耐え，なおかつその中に内在する価値の法則を正確に記述する経済学である。スラッファの理論を内包しつつも，激しい技術革新による経済構造の変化を描写する理論，それはパシネッティが構築した垂直的統合モデルである。ここではこの垂直的統合分析および垂直的統合部門を紹介しよう。

まず，このような経済を記述するために使用される記号を示す。$A^C = [a^c_{ij}]$, $A^F = [a^F_{ij}]$ はそれぞれ $n \times n$ の投入係数行列および固定資本係数行列で $(i, j = 1, \ldots, n)$，$A = A^C + A^F$ とおく。そして，$A^*; A^C + A^F \sigma$ を定義する。σ は各部門の資本減耗率を対角要素にもつ対角行列である。さらに，a_{lj} を第 j 部門の労働投入係数（$j = 1, \ldots, n$）として，$a_l = (a_{l1}, \ldots, a_{ln})$ とおく。

垂直的統合部門はそれぞれの最終生産物に対して定義された部門である。たとえば，産出量 X から得られる純生産物 Y とすると，$(I - A^*)X = Y$ なる関係が成立する。したがって，純生産物 Y を得るために経済全体で生産しなくてはならない産出量 X は，$X = (I - A^*)^{-1} Y$ と求められる。ここで，$(I - A^*)^{-1}$ はレオンティエフの逆行列である。このとき，第 j 部門が生産する第 j 生産物に着目して $Y = e_j = (0, \ldots, 1, \ldots 0)^t$（第 j 要素が1の列ベクトル）とする。ただし，ベクトルに添えられた記号 t はベクトルの転置を表す。このとき第 j 生産物1単位を生産するために経済全体で雇用される雇用量が与えられる。いま，これを v_j で表そう。すなわち，

$$v_j = a_l (I - A^*)^{-1} e_j, \quad (j = 1, \ldots, n)$$

である。さらに，ベクトル h_j を，

$$h_j = A(I - A^*)^{-1} e_j \quad (j = 1, \ldots, n)$$

で定義する。$(I - A^*)^{-1} e_j$ は，第 j 生産物1単位を生産するために経済全体で生産されなくてはならない産出量を示す。そして，この生産に対して経済全体で準備されなくてはならない資本ストックは $h_j = A(I - A^*)^{-1} e_j$ と求められる。

v_j と h_j は，いずれも第 j 生産物に対して定義されており，それぞれ，第 j 生産物1単位を生産するために経済全体で必要となる労働量および資本ストック量を表している。パシネッティはこのような集計で得られた v_j と h_j

を1つの単位と考え，v_j を垂直的に統合された労働投入係数，h_j を垂直的に統合された生産能力単位と名付けた。そして，この新たな単位 v_j と h_j を持つ部門を第 j 生産物に対する**垂直的に統合された部門**（ここでは，これを第 j 垂直的統合部門とよぶ）を定義した。

このように第 j 生産物に対し固有の物的単位 h_j が定義できるが，物的単位として採用されたこの合成商品 h_j 自身もまた生産された財であるという点に注意しよう。すなわち，合成商品 h_j を生産するためにすでに資本ストックと労働が投入されているはずである。そこで，合成商品 h_j を1つの生産物と考えると，合成商品 h_j に対し垂直的に統合された部門が定義される。当然，この部門もそれ固有の合成商品で定義された生産設備能力（あるいは資本ストック）と（垂直的に統合された）労働投入係数を持つことになる。ところが，この生産設備能力もまた生産された財であり，それに対してさらに垂直的統合部門を構成することができる。そして，このような連鎖は無限に続くことになる。そこで，連鎖的に発生する垂直的統合部門を正確に定義しよう。

まず，第 j 生産物に対し，h_j と v_j で定義された垂直的統合部門を第 k_j^1 部門とよび，$h_j^1 = h_j$，$v_j^1 = v_j$ とおく（$j = 1, \ldots, n$）。そして，合成商品 h_j^1 の生産に必要な資本ストックと労働投入量をそれぞれ h_j^2, v_j^2 で表すと，h_j^2, v_j^2 はそれぞれ，$h_j^2 = A(I - A^*)^{-1} h_j^1 = H^2 e_j$，$v_j^2 = a_l (I - A^*)^{-1} h_j^1 = vHe_j$ で与えられる。合成商品 h_j^1 に対し，h_j^2, v_j^2 で定義される垂直的統合部門を第 k_j^2 部門とよぶ（$j = 1, \ldots, n$）。さらに，合成商品 h_j^2 を生産する部門を考えよう。合成商品 h_j^2 を生産するために必要な資本ストックと労働投入量をそれぞれ h_j^3, v_j^3 で表すと，h_j^3, v_j^3 はそれぞれ，$h_j^3 = A(I - A^*)^{-1} h_j^2 = H^3 e_j$，$v_j^3 = a_l (I - A^*)^{-1} h_j^2 = vH^2 e_j$ で与えられる。そして，この h_j^3, v_j^3 で定まる部門を第 k_j^3 部門とよぶ（$j = 1, \ldots, n$）。

以下，同じ演算を繰り返していけばよい。明らかに，第 k_j^s 部門は合成商品 h_j^{s-1} に対して定義される。それは，$h_j^s = H^s e_j$，$v_j^s = vH^{s-1} e_j$ で定まる垂直的統合部門である（$j = 1, \ldots, n ; s = 1, 2, \ldots$）。このような部門を高次の垂直的統合部門とよび，$s > 1$ のとき，この部門を s 次の垂直的統合部門という。

さて，垂直的統合分析の部門を用いて，多部門モデルを再構築する。いま，

垂直的統合部門による価格体系と示せば，それぞれ以下のようになる．

$$\begin{cases} p^i = \left[\sum_{s=1}^{m-1} \left\{ \left(\prod_{k=1}^{s} (\sigma^k + \pi I_n) \right) a^{s+1} \right\} + a^i \right] w, (i = 0, 1, \cdots, m-1) \\ p^m = a^m w \end{cases}$$ (3.8)

ここで，p_j^0（$j=1, \cdots, n$）は第 j 消費財の価格で，$p^0 = (p_1^0, \cdots, p_n^0)^t$ とおく．また，p_j^i（$i=1, 2, \cdots, m; j=1, \cdots, n$）は第 k_j^i 部門の生産物価格で，$p^i = (p_1^i, \cdots, p_n^i)^t$（$i=1, 2, \cdots, m$）とおく．$a_j^0$ は第 j 部門の垂直的に統合された労働投入係数で，$a^0 = (a_1^0, a_2^0, \cdots, a_n^0)$ とし，さらに a_j^i は第 k_j^i 部門の垂直的に統合された労働投入係数で，$a^i = (a_1^i, a_2^i, \cdots, a_n^i)$ とおく．σ_j^0 および σ_j^i（$i=1, 2, \cdots; j=1, \cdots, n$）はそれぞれ第 j 部門および第 k_j^i 部門において 1 単位の消費財を生産するとき，資本ストック 1 単位に対し発生する資本減耗率を表す．そして，σ^0 および σ^i をそれぞれ，σ_j^0 および σ_j^i を対角にもつ対角行列とする（$i=1, 2, \cdots$）．また，π および w はそれぞれ利潤率および賃金率である．さらに，ここでは，m 次の垂直的に統合された部門が存在すると仮定している（必要なときは，$m \to \infty$ とすればよい）．

(3.8) は，各高次の垂直的統合部門における資本ストックが生産されるために m 次の垂直的に統合された部門にまでさかのぼって投下労働量を集計したものである．すなわち，各生産物の価格は生産のために直接的・間接的に投下される労働量と資本財の使用に対して要求される利潤に賃金率を掛けて決定される．すなわち，パシネッティが指摘するように，(3.8) は"労働等価物とよびうるものに基づく価値論を表している"[17]．

この価格体系 (3.8) をめぐっていくつかの重要な議論を展開することができる．それを，紹介すると次のようにまとめられる．

(1) 投下労働量が垂直的に統合された労働投入係数で測られている．したがって，複雑な技術革新（工程イノベーション）が発生したとき，それを a^i（$i=0, 1, \cdots, m$）の減少として記述することができる[18]．すなわち，

---

17) Pasinetti (1981)，邦訳『構造変化と経済成長』(大塚・渡会訳) p.49 を参照せよ．
18) *Ibid.*, pp.95-146.

技術革新による構造変化が理論的に分析可能となる。
(2)　複雑な産業構造の中で起こる多様な構造変化に対し**垂直的超統合係数**を定義し[19]，これを用いて**動学的標準生産物**を定義できる[20]。これは，スラッファの標準生産物の動学版と解釈される。
(3)　以上の概念を用いて，構造変化をともない成長する経済に対し，自然価格，自然数量，自然利潤率の概念を定義できる[21]。すなわち，構造変化をともない成長する経済に対し，労働価値論を貫徹させることができる。

以上，価格体系 (3.8) に関する議論を紹介したが，パシネッティのモデルは，産出体系とともに，完全雇用条件あるいは適正需要条件を正確に記述することができる[22]。このことは，垂直的統合モデルが，リカード，ケインズおよびシュンペーター理論を統合する可能性を有していることを意味する。この点については，最終節で紹介する。

4．ケインズとシュンペーター

今世紀を代表する，というより，経済学そのものを構築してきたといってよいケインズとシュンペーターは，ともに1883年の生まれである。この2人の巨星が生まれた年，マルクスが没しているというのは有名な話である（図1を参照せよ）。激動の時代を生きてきた2人の経済学者はそれぞれが置かれた学究的環境により，全く異なる問題意識をもって経済学に向き合うことになる。ケンブリッジで活躍していたケインズは，その師マーシャルもどっぷりと漬かっていた古典派との格闘・決別に精力を注ぎ，現代のマクロ経済学を創り上げた。ケインズの問題意識が大恐慌で発生した膨大な失業者群に向けられていたことは言うまでもない。一方の，シュンペーターはオー

---

19)　*Ibid.*, p.118.
20)　*Ibid.*, pp.118-122.
21)　*Ibid.*, pp.149-158.
22)　秋本 (2001) pp.232-243 を参照せよ。

ストリア生まれ。ウィーンを中心に社会が退廃的あるいは官能的爛熟を醸し出す環境の中で，「資本主義は滅びる」と解析したマルクスに危機感を募らせていた。シュンペーターの問題意識は「資本主義は生き延びられるか」であった。

　このシュンペーターが厳しくケインズを批判していたのも有名な話である。しかし，この2人の巨星がともに資本主義社会の本質に迫り，その将来を切り拓こうとしたのは間違いない。したがって，問題意識も視点も異なる両雄を比較分析する試みはいくつか行われている。しかし，前節で述べた経済学の原点である「価値論」を支柱として両雄の理論統合を図ることができれば，ある意味，新たな経済学を提示できるかもしれない。本章の背後にある筆者の目的はこの点にある。その試みの可能性は次節で述べるとして，本節では，その準備として両者の理論の特質を考察する。

4.1　古典派 vs. ケインズ

　ケインズの一般理論の登場とともにマクロ経済学が誕生した。それは，同時にそれまでの伝統的経済学との決別でもあった。これを境に，ケインズ以前の学派は古典派とよばれ，ケインズの経済学を継承する学派はケインジアンと総称されるようになる。したがって，現代の経済学は「古典派 vs. ケインジアン」という図式の中で，理論的変遷を生み出してきたとも解釈される。もちろん，古典派も所謂マネタリズムと呼ばれる学派の中で，さまざまな理論を生み出し，ケインジアンも「アメリカ・ケインジアン vs. イギリス・ケインジアン」という対立軸を形成し，今日に至っている。その理論的展開を述べることは本章の本論より逸れることになるので，ここでは深くはこれに触れないが，ケインズ経済学の本質を考察する際に，古典派との相違点を分析することは不可欠である。以下，古典派の経済学と比較分析しながら説明していこう。

　ケインズ経済学を一言でいえばどうなる？　よく聞かれる質問である。しかし，ケインズの理論は多様な要素を含んでいる上，難解であり，これを一言で済ますことなどできはしない。しかし，それでも敢えて一言と要求されるならば，それは「不確実性」と答えざるを得ない。この不確実性の導入は，

「金利の解釈」を経由して「セイ法則との決別」を含意していた。まず，この点から説明しよう。

不確実性は，資本主義の心臓部分である金融現象に関わる。いわゆる，株や債券などの金融商品に対し，その不確実性ゆえに人々の心理の中に形成される「期待」を経済学に導入したのがケインズであった。この不確実性により形成された期待は，富の獲得手段として，貨幣を需要するのか，あるいは（たとえば）債券を需要するのか，その間の選択に関する意思決定を要求する。この意思決定により人々は貨幣を需要するが，この不確実性はリスクを発生させ，リスクに対する代価として金利を要求するようになる。すなわち，高いリスクをとれば，それだけ高い金利を得ることになる。簡単に言えば，「虎穴に入らずんば，虎児を得ず」ということになる。この「リスクの代価としての金利」という概念の導入は，単に金利の解釈論にとどまらず，マクロ経済の構造全体に深く関与してくることになる。

では，一方の古典派は金利をどのように考えていたのか。それは，古典派の消費関数（したがって貯蓄関数）に求めることができる。すなわち，ケインズが「貯蓄は所得の関数である」と考えていたのに関し，古典派は「貯蓄関数は金利の関数である」と考えていた。簡単に言えば，金利が高いと多くを貯蓄し，低いと貯蓄を控えるということになるが，それは，古典派が金利を「時間の値段」と考えていた査証でもある。還元すれば，金利とは，消費を我慢して将来の消費に備えようとする「その我慢」に対する代価であるとも解釈されよう。しかし，この解釈が重要な意味を持つのは，これがマクロ経済構造の中に組み込まれたときである。すなわち，マクロ経済で登場する「投資＝貯蓄」において，投資は将来財の供給を表し，貯蓄は将来財の需要を表していると解釈される。それは，同時に，貯蓄が投資に向かう金融システムにおける資金の需給関係を通して金利が決定されることを意味している。そして，時間という概念を内包しているという点において，古典派は長期の理論であると解釈されるようにもなる。

このように推論すれば，逆にケインズの経済理論は短期の理論であるということがわかる。リスクという概念を導入した事実はケインズの理論が短期理論であることの裏付けでもあるが，それは財市場の均衡条件「投資＝貯蓄」

の解釈にも読み取ることができる。すなわち，I>Sは，古典派のように資金需要の超過ではなく，意図せざる在庫の増加を表し，I<Sは，古典派のように資金供給の超過ではなく，意図せざる在庫の減少と解釈される。そして，このようなケインズ経済学の短期性に関しては，のちに多くの彼の後継者により克服される試みがなされてきたのは周知のとおりである。

4.2 ケインズ vs. シュンペーター

ケインズ経済学の長期理論の構築の試みは，その動学モデルという形で展開していく。教科書的には，ソロー＝スワン・モデルやハロッド＝ドーマー・モデルを，やや中級レベルでは，微分方程式系による安定性分析を挙げることができよう。これらはいずれも均衡分析を基調とするが，これに対抗するかのように不均衡動学も研究されるようになる。

ところで，ケインズ経済学の短期性を克服しようとする長期理論構築の試みは，シュンペーターの経済的視座と鋭く対立することとなる。それは，前述のソロー・スワン＝モデルやハロッド＝ドーマー・モデルからも読み解くことができる。すなわち，前者は資本労働比率の可変性を，後者はその硬直性を主張するが，どちらのモデルも，不変の生産関数を前提とした均衡理論であった。それは，ケインズの長期理論の中に技術革新や構造変化が欠落していることを意味する。さらに，前述の不均衡動学においてさえも，不均衡動学自体が均衡理論の修正版であり，いわんや技術革新や経済構造の変化を含んでいないことは明白である。前述のように，シュンペーターはケインズを批判していたが，それは，ケインズ経済学には歴史的視点が欠落しており，その結果，彼の経済学は均衡理論から脱却できないとシュンペーターが感じていたからに他ならない。

この問題は，ケインズ経済学の土台であるGDP概念にも顕著に表れる。たとえば，長期視点において経済成長を分析する場合，その指標は経済成長率すなわちGDPの成長率が重要かつ中心的な指標となる。このGDP概念は産業連関の構造を経由して国民経済計算を形成しているが，問題はこの産業連関構造自体が長期において（あるいは短期においてさえ）破壊され，構造変化をするという点である。しかも，この構造変化は産業連関分析におい

て，第一波，第二波，第三波，……と無限の変化を誘発する。しかし，国民経済計算は第一波の構造変化さえ記述することができない。さらに，技術革新が産業連関の構造を徹底的に破壊し，投入係数行列を破壊した場合，産業連関分析の核心を形成するレオンティエフの逆行列の構造変化を分析することは不可能である。もちろん，これを国民経済計算に取り組むことなどできはしない。したがって，国民経済計算による経済成長の算出は，経済成長の背後に存在する構造変化を算出することはできない。それは，同時にケインズ経済学が構造変化を記述できないことを意味する。

一方，シュンペーターの経済学はいわゆるシュンペーテリアンにより多様な理論展開を示すこととなる。その過程は経済学の外にその視点を置けば，生物学あるいは複雑系理論などの経済理論への導入の過程であるとも言える。その進化は，ケインズの後継者たちが残したそれとはまったく趣を異にする。では，当のシュンペーターはいかなる問題意識をもっていたのか。それは，彼の著作『資本主義・社会主義・民主主義』の第2部のタイトルに読み取ることができる。すなわち，「資本主義は生き延びられるか」という命題であった。もちろん，そこには「資本主義は滅びる」と解析したマルクスの存在があったことは言うまでもない。資本主義の生き残りを模索したシュンペーターは，資本主義の本質は，技術革新によってもたらされるダイナミックかつ進化的激動であると認識していた。曰く「資本主義のエンジンを据え付け，それを動かし続ける根本的な衝撃は，資本主義的企業が創出する新消費財，生産あるいは輸送の新方式，新市場そして産業組織である」[23]。したがって，シュンペーターにとり，この技術革新が発生する必然性が資本主義経済の中に存在するか否かが大きな問題であった。そして，その根源的要因を人すなわちアントレプレノイヤー（企業家）に求めた。ここで，注意しなくてはならないのは，企業家とは企業の経営者を意味するものではないという点である。技術革新とは何か。それは，単に新製品や新技術の開発・発見ではない。それは，人間社会において「時間と空間」の概念を転覆させるほどのエネルギーを持った社会的革新を意味している。蒸気機関，鉄道，

---

23) Schumpeter (1954) p.83.

航空機，IT技術などはその代表である。このような革新を起こす人物，それをシュンペーターは企業家と呼んだ。

このように考えると，この企業家がどのようにして登場するのかが問題となる。それは明らかに，ある種の「精神」を持った人物である。このような人物が登場する必然性が資本主義に存在するのか。この点に関し，シュンペーターは極めて悲観的であった。「資本主義がその欠点故に滅びる」としたマルクスに対し，「資本主義はその成功故に滅びる」としたシュンペーターはまさに彗眼の持ち主であった[24]。すなわち，資本主義はその成功故に，企業家は官僚化し，真の企業家が登場しなくなる。

技術革新を資本主義の心臓ととらえたシュンペーターは，その動学的展開も的確に記述している。キーワードは研究開発投資および新結合である。以下，この点を考察してみよう。研究開発努力の結晶である技術革新は，生産過程を大きく変革するような新技術を創造してきたが，その一方では，これまでに市場に存在しなかった全く新しい製品を経済に提供してきた。これらの研究開発は，もちろん，企業家の絶えざる努力によって支えられているのであり，シュンペーターが指摘するように，それは経済発展の根源的な原動力となっている[25]。そして，研究開発された新技術や新製品は，絶えず産業の構造に変化を与えてきたが，さらに，それらは産業間に存在していた既存の連関を破壊して新たな結合関係を形成し，新たな産業連関をもたらしてきた。

このようないわゆる新結合（New Combination）[26]が進行するとき，新結合は"ある旧結合から必要な生産手段を奪い取らなくてはならない"[27]。その過程では市場における自らのシェアーを確保するために，企業家たちは熾烈な競合を展開する。そして，このような過程を経て，ある均衡状態が成立する。ただし，シュンペーターも述べているように，このような均衡状態は一時的にしか維持されない。すなわち，企業家は，たとえ彼が独占者であって

---

24) 小室（2004）p.170 より引用。
25) Schumpeter（1934），Ⅱ（塩野谷祐一，中山伊知郎，東畑精一訳第2章）を参照せよ。
26) Schumpeter（1934），Ⅱ（塩野谷祐一，中山伊知郎，東畑精一訳第2章）を参照せよ。
27) *Ibid.*, p.68.

も，他の企業家の研究開発努力により常にその存在自体が威嚇されており，事実，定常的な状態が存在するときは，いつでもそれは，新技術や新製品の登場により破壊されるのである[28]。経済は，このように，新技術や新製品の登場とそれにともなう激しい市場の争奪戦，その結果達成される均衡状態への収束，そして絶えざるその均衡状態の破壊という過程を形成しているのである。そして，このような過程を図式化すれば，次のようになろう。

　①均衡状態の成立（背後で絶えざる研究開発投資）
→②新技術・新製品の登場による均衡状態の破壊
→③新技術・新製品の普及（既存技術・既存製品との激しい競合）
→①（新たな）均衡状態の成立（背後で絶えざる研究開発投資）
→②均衡状態の破壊
→③　→　→　→。

これらの各過程の中で，ケインズ経済学を含め多くの研究の焦点は，①の均衡状態の解析に向けられている。そこでは旧均衡の破壊に始まり新均衡の性質を形成する③の過程は注目されて来なかった。しかし，シュンペーターが問題としたのはまさにこの過程であり，彼にとってこの過程が経済そのものであった。

4.3　さまざまなシュンペーテリアン

このようなシュンペーターの視座は，彼の後継者たちすなわちシュンペーテリアンにも色濃く反映されている。そこで，彼の経済学がその後どのような展開を見せたのかを概観しよう。

まず，ミクロ経済学的視座よりシュンペーテリアンの業績に接近してみる。ここでは，企業の研究開発投資に対するインセンティブや新技術・新製品の普及を問題としなければならない。キーワードは，「研究開発投資」，「新技術・新製品の普及」および「市場の構造」である。ここで第1に挙げられるのが，市場の構造と企業の研究開発投資に対するインセンティブの強さ，市場の構造およびと研究開発投資の社会的効率性に関する業績であ

---

28) Schumpeter（1954），Ⅶ（中山伊知郎，東畑精一訳第2部第7章）を参照せよ。

る。ここでは，先駆的業績として Dasgupta and Stiglitz (1980), Loury (1979), Lee and Wilde (1980) および Reinganum (1981) をあげなくてはならない。これらはいずれも研究開発投資に関する重要かつ基本的研究である。まず，Dasgupta and Stiglitz (1980) は市場の構造と研究開発投資の強さおよびその社会的効率性を分析する上での最も基礎的な視点を与える。Loury (1979), Lee and Wilde (1980) および Reinganum (1981) は寡占市場における研究開発投資を問題としている。これらの研究はいずれもゲーム理論的分析を試みたものであるが，これらの業績を総括して得られる新たな点は，「企業の規模が大きいほど，研究開発投資が進む」とするいわゆるシュンペーター仮説が退けられ，「研究開発の性質および市場構造が技術革新に深く関与している」という点である。

ところで，研究開発投資は大きく分類すると新技術への研究開発投資と新製品への研究開発投資に分類できる。新技術および新製品の普及の分析に対しては多くの接近方法が存在するが，大別するとゲーム理論的接近と進化経済学的接近に分類できよう。前者の代表的かつ先駆的業績は Reinganum (1981) である。ただし，Reinganum (1981) は1つの新技術の普及に関するモデルである。しかし，現実的には，生産過程に導入されている複数の技術に対し，絶えざる新技術の研究開発が行われている。したがって，複数の新技術を持つスーパーゲームを構成することができる。この分析は秋本 (2001) に収められている。

次に，新製品の普及に関する業績を探査しよう。新製品の普及を分析する際，最も問題とされる現象の1つが製品の寿命いわゆる製品のライフ・サイクルである。実際，ある1つの製品に注目した場合，現実にはさまざまなタイプの製品が市場に存在している。所謂製品のライフ・サイクルである。この業績の特徴は，均衡の連続として，新製品の普及を記述している点にある。これに対し，均衡過程から均衡過程への移行を取り扱ったのが進化経済学からの接近である。前者では，Segerstrom, Anant and Dinopoulos (1990) を，後者では Iwai (1984) を代表的かつ先駆的な業績として挙げることができる。この Iwai (1984) はさらにこれを改良して，新技術の普及に関するモデルに応用することができる。もちろん，モデルは進化経済学的要素を含む。

前述のように，新技術の普及についてはゲーム理論的業績が主流を占めるが，その一方で，たとえばIwai（1984）はこれを新技術普及モデルへと応用できる（秋本（2001）pp.131-138を参照）。さらには，進化経済学的接近では，生物学における「種の相互依存モデル」を改良したモデルを応用して，寡占市場における新消費財の普及とその後どのような市場（寡占か独占か）が形成されるのかを分析することができる。これらのモデルは，本質的に進化経済学的モデルである。したがって，シュンペーテリアンの立場からすると，新技術の普及についてはゲーム理論的接近と進化経済学的接近を統合する試みが望まれる。

次にマクロ経済に分析の焦点を当てよう。ここでは多部門モデルで記述される経済の構造が問題とされよう。キーワードは「技術構造」，「経済構造」および「技術革新」である。前述の新技術や新製品の研究開発をマクロ経済的視点より眺めると，技術革新の過程は，産業の構造を変革し，産業間に存在していた既存の連関を破壊して，新たな結合関係すなわち新たな産業連関を生成する過程ととらえることができる。このような過程はシュンペーターの新結合が進行する過程と考えることができる。そして，重要なのは，新結合が進展するとき，新結合は"ある旧結合から必要な生産手段を奪い取らなくてはならない"という点である[29]。このとき，産業構造および産業間の構造が大きく変化することは言うまでもない。多部門モデルの言葉を借りれば，それは，投入係数行列が再編されることを意味し，さらに技術革新が劇的なものであれば，産業連関構造が破壊され，再形成されることを意味する。したがって，技術革新がもたらすマクロ経済への影響を分析するためには，多部門モデル分析における投入係数行列に関する分析を行うことが必要となる。

ところで，多部門モデルは，言うまでもなく，それは固有の技術構造を持っている。そして，このような経済が技術構造に規定される特有の経済問題を含んでいるという点は強調されてよい。これらの点は今までさまざまな視点から考察されてきた。たとえば，技術構造と経済変動に関わる問題，動学レオンティエフモデルにおける双対的安定性の問題，ノイマン・モデルお

---

29) Schumpeter（1934）p.68.

よび技術選択に関する問題，スラッファ（1960）を応用した技術構造と所得分配に関する問題等，多くの問題があげられる。したがって，技術構造に関する問題は最も重要な研究課題であり，また多部門モデルを分析する上で避けることができない問題でもある。

　ここでは，まず第3節で紹介したパシネッティ（1973，1981）の垂直的統合分析を取り上げなくてはならない。前述のように，経済は技術革新を含みながら進化し，多部門モデルは常にこの技術革新の波にさらされている。したがって，理論的視点からすれば，多部門モデルを分析する際には技術革新による変革に強い構造を持った部門分割を導入することが必要となる。パシネッティの垂直的統合分析はこのような部門分割を提供するが，彼のモデルはこれを応用していわゆるケインズ経済学的な完全雇用条件および適正需要条件を記述することができる点も重要である。したがって，技術革新による構造変化の分析に強いパシネッティのモデルは，シュンペーターとケインズの経済学を統合する可能性を含んでいる。この点には関しては最終節で具体的に述べる。

　ところで前述のスラッファ（1960）の問題意識は技術革新を含む経済に向けられていたわけではないが，この問題意識は後にグッドウィン（Goodwin, R. M.）およびパシネッティにより引き継がれ，技術革新を含むモデルに応用されている。この2つの分析は，モデルの構成や分析手法においていくつかの共通の土壌を持つ。もちろん，それはスラッファ（1960）による。両者の理論的土台は多部門から成る経済が本質的に含む問題を示唆するが，その一方で，グッドウィン（1985）とパシネッティ（1981）は経済に対する問題意識において少なからぬ相違点を持つ。しかし，この相違点はお互いの理論が持つ死角をそれぞれ補完し合っているという側面を持つ。したがってこのような両者の特質と関係に注目しつつ，技術革新がマクロ経済にもたらす経済学的帰結を考察することが重要となる。

　以上，シュンペーテリアンの経済モデルを鳥瞰してきたが，ここでの分析の視座はシュンペーターのその後の理論をケインズ経済学との対比でこれを読み解くという点にある。それは単にケインズ経済学の長期理論を補完するという安易な視座ではなく，新たな経済学構築の可能性の模索を含意する。

5. 新しい経済学の構築の試み
―― リカード,ケインズおよびシュンペーターの理論の統合の試み ――

　以上,スミスに始まり,リカード,ケインズ,シュンペーターと論を進めてきた。各巨星が築きあげてきた経済学は,それ自体強烈な閃光を放ちながらも,互いの問題意識の対立を浮かび上がらせている。しかしながら,第2節の最後でも述べたように,現代の経済は各巨星たちが描き出してきた経済の本質とはかけ離れた様相を呈している。それは,ひとえにケインズ経済学の限界を意味するが,20世紀経済学の本流を形成してきたケインズ経済学が終焉を迎えているとすると,われわれはその alternatives を提示しなくてはならない。本章はこのような問題意識のもとで作成されてきた。この作業を進めるために,各巨星たちが構築した重要概念をキーワードとして以下に挙げてみよう。

正義　慈恵　同感（スミス）
労働価値論および価値と分配の理論（スミス・リカード）
全雇用命題および適正需要命題（ケインズ）
技術革新と構造変化（シュンペーター）

そして,これらのキーワードをめぐる考察を整理すると以下のようになろう。
　第2節でスミスを考察したとき,われわれに届いたのは「価値論のない理論は議論をする価値さえない」という強いメッセージであったと筆者は理解している。その強いメッセージはリカードに受けつがれている。したがって,リカードの経済学の現代経済学への復活が大きな課題となる。これを第一の課題としよう。
　一方,その古典派から脱皮したケインズはセイ法則を否定し,マクロ経済学という新分野を開拓した。有効需要の理論と不確実性概念の導入は,その後の経済学の本流を形成していった。しかし,そのケインズの経済学も,その問題意識故に,はからずも長期理論の視点を失い,後継であるケインジアンたちも,長期理論の象徴である「技術革新と経済構造の変化」という課題に明確に取り組むことはできなかった。それゆえに,技術革新が引き起こす動態的変化を資本主義の本質であると説いたシュンペーターはケインズ経

済学と鋭く対立することとなる。したがって，第2の課題として，「ケインズとシュンペーターの統合」という命題が浮かび上がる。

一方，技術革新が資本主義経済の根源的要素であるとしたシュンペーターの世界は，均衡理論からの接近を拒み，激動する進化過程によってのみこれを記述することができる。「このシュンペーター的な世界において，スミスおよびリカードの価値論は，果たして貫徹されるのか」という命題に直面する。したがって，第1の課題の具体的表現は，労働価値論と技術革新により進化する経済学の統合，すなわち，リカードとシュンペーターの統合という命題となる。

このような複雑かつ多様な問題意識をどのように解決するのか。その手掛

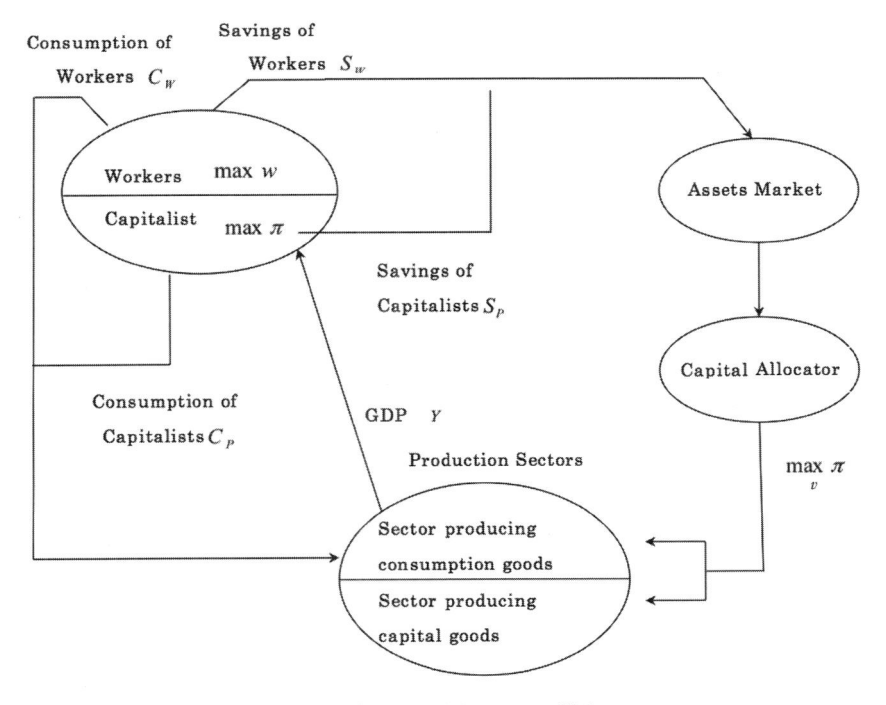

図2 資本の還流とゲームの構造

かりを求めようとするのが本章の目的であった。課題を一言でまとめれば，「リカード，ケインズおよびシュンペーター理論の統合」となる。

筆者は，近年この課題に取り組んできた。その道半ばの成果は，Akimoto（2012）に収められている。拙稿は 2012 年のイタリア経済学会の年次大会で発表された論文であるが，まだ印刷・公表という段階に至っていない。ただし，イタリア経済学会のホームページに掲載されているので，そのアドレスおよび検索法を参考文献に記す。

以下，Akimoto（2012）を要約しよう。図2はモデルの構造を示している。モデルを構成する上で重要なポイントは3点ある。その第1点は，マクロ経済構造を正確に含んでいることである。具体的には，ケインズ経済学を描写するカルドアの基本方程式を導入している点である。そして，第2点はモデルをゲーム理論で構成することである。なぜなら，経済は人間の諸行動で形成されており，諸行動の相互依存関係を分析しようとすれば，ゲーム理論が不可欠となるからである。そして，最後の第3点は，労働価値論を記述できる価格体系を導入することである。

図2のマクロ経済図は改めて説明する必要はないであろう。この経済のゲームのプレイヤーは，資本家（Capitalists），労働者（Workers）および資本の分配過程を担う資産市場を擬人化した資本分配者（Capital Allocator）である。図中の w および π はそれぞれ賃金率，利潤率を表す。それぞれのプレイヤーの問題は図中に示されている。

モデルの詳細な分析は，秋本（2012）に譲るとして，このゲーム・モデルで得られる結論は，以下の命題となる。

命題（ナッシュ均衡，自然経済および斉一経済成長に関する命題）[30]
図2で示されるマクロ経済ゲームには唯一つのナッシュ均衡解が存在し，それはスミスの自然経済と斉一経済成長を達成する。

この命題のポイントは，スミスが描いた単純な経済ではなく（事実，『国

---

[30] Akimoto（2012）p.18.

富論』の中にマクロ経済構造は存在しない），ケインズ的な複雑なマクロ経済構造のもとで自然経済と斉一経済成長が達成されるという点である。

しかし，斉一経済成長は，当然労働制約に直面する。このとき，ゲームに何が発生するのか。それを以下の命題に収める。

命題（経済の飽和崩壊の命題）[31]
経済が完全雇用に達すると，資本市場が消滅し，資本主義経済は崩壊する。

では，この命題に示される経済の崩壊をどのように回避できるのかが問題となる。この問いに対するキーワードは研究開発投資と技術革新である。秋本(2012) は，パシネッティの垂直的統合モデルを経由して，労働価値論を維持しつつ，ゲーム・モデルに研究開発投資と技術革新を注入している。すなわち，リカードとシュンペーターの統合である。得られた結論は，次の命題である。

命題（技術革新による安定化装置の生成）[32]
ゲームには工程イノベーションと製品イノベーションの間に均衡 R&D ルールと呼ばれる均衡条件が存在する。この均衡 R&D ルールの下で成立するナッシュ均衡解は，斉一経済成長経路を実現するとともに，需要の創出による失業の減少と完全雇用時の経済の飽和崩壊を回避する自動安定化装置を内包する。その装置は，R&D に絶対的制約条件および相対的制約条件（均衡 R&D ルール）を維持しつつ，工程イノベーションと製品イノベーションの相対的大小関係を相互に交代させる波動を形成する。その経路は Dynamically Complex Balanced Growth Pass を形成する。

この命題が示すように，均衡 R&D ルールは失業の改善と経済の飽和崩壊を回避する安定化装置として機能する可能性をもつ。資本主義が生き残ること

---

31) *Ibid.*, p.22.
32) *Ibid.*, p.49, pp.56-57.

ができるとすれば，それは R&D が適切に実行されるメカニズムが経済に存在しているか否かに依存する。しかし，われわれが想定しているモデルにおいて，このようなメカニズムは存在しない。特に，資本分配者は均衡 R&D ルールを維持しようとするインセンティブをもたない。しかし，資本分配者が彼の問題の背後に，経済の維持および資本主義の崩壊の回避を問題意識として保有すれば，危機は回避できるであろう。それは，シュンペーターの言葉を借りれば，企業家精神が経済に存在するか否かに依存する。ただし，シュンペーターはこのような精神が維持される機能を資本主義が持っていないことを指摘する。

さて，均衡 R&D ルールが維持される保証が経済に存在しないとすると，均衡 R&D ルールを維持することは政策にゆだねられる。この点を以下の命題にまとめる。

命題（R&D 版ケインズ的政策）
ナッシュ均衡に支えられた斉一経済成長経路を達成するためには，均衡 R&D ルールを政策的に維持しなくてはならない。均衡 R&D ルールを維持する政策的誘導手段は，R&D に関する財政政策しか他にない。

以上，秋本（2012）を概観したが，このゲーム・モデルでは，労働価値論を貫徹しつつ，技術革新により進化する経済と R&D について分析することができる。ただし，この結論に至った段階で，大きな理論的壁に直面してしまった。それは，イタリアでの発表を締めくくる最後のパワーポイントの頁に収められている。以下，それを示す。

Most important approach in this paper is the theory of labor. However, our definition is theoretically fragile. We cannot treat physical labor and intellectual labor in the same dimension. Therefore, we must construct a common measure. Firstly a common measure should be defined in the dimension of microeconomics and in the next stage we should construct the macroeconomic theory, keeping logical consistency and theoretical compatibility with micro-definition[33].

　筆者は現在の問題を解決する試みを行っているが，それは，現存する経済学の概念を超え，生物学，測度論あるいは複雑系からの接近を不可欠とする一方で，正義および慈恵の経済学的表出である価値論を含まなくてはならない。問題解決への路は遠い。しかし，解くべき問題は微かにではあるが見えている。

むすび

　以上，アダム・スミスより現代の経済学に関する系譜を，新たな経済学を構築するという観点より鳥瞰してきた。新たな経済学構築の試みを完成するためには，上の英文において示した問題を解決しなくてはならないが，そのことは，新たな経済システムを模索するということに他ならない。新たな経済システムとは何か。この点も興味ある問題であり，さらに考察を推し進めたいところである。しかし，久留米大学経済学部の創設20周年を記念するこの論文集において，筆者に割り当てられた紙面はすでに大幅に超えてしまっている。そこで，本章を締めくくるにあたり，1928年に *The Economic Journal* に残したシュンペーターの以下の言葉を記す。

> Capitalism is, on the contrary, in so obvious a process of transformation into something else ――. ―― Capitalism, whilst economically stable, and even gaining in stability, creates, by rationalising the human mind, a mentality and a style of life incompatible with its own fundamental conditions, motives and social institutions, and will be changed, although not by economic necessity and probably even at some sacrifice of economic welfare, into an order of things which it will be merely matter of taste and terminology to call Socialism

---

33) Akimoto (2012) pp.60-61.
34) Schumpeter (1928) pp.385-386.

or not[34]。

シュンペーターがこの論文を残した 1928 年からは 86 年が過ぎた。歴史はこの間それが Socialism ではないことを証明したが，われわれは，何かに向けての移行期にあることは間違いない。

参考文献

秋本耕二（2001），『技術革新と経済構造』九州大学出版会。

Akimoto, K. (2012), "Dynamically Complex Balanced Economic Growth with Innovation ; —A Synthesis of the Theories of Ricardo, Keynes and Schumpeter," on the homepage of Italian Economic Association, http://www.siecon.org/online/en/
本稿はまだ学会誌等での印刷・発表に至っていない。本稿を検索するには，http://www.siecon.org/online/en/ において Italiano（イタリア語）を選択し（English ではタイトルのみ表記），convegni より 2012-53RSA Matera を選択するとよい。

Akimoto, K. (2014) "A Fundamental Cause of Economic Crisis—A Macro-economic Game between the Real Economic Sector and Monetary Sector," *International Journal of Economic Sciences,* Vol. III, No. 4, pp.1-37.（本論文は，http://www.iises.net/current-issue.html において見ることができる。）

Dasgupta, P., and J. Stiglitz (1980), "Uncertainty, Industrial Structure, and the Speed of R&D," *Bell Journal Economics,* Vol.11, pp.1-28.

Davies, J. B., Sandstrom, S., Shorrocks, A., and E. N. Wolff (2008), "The World Distribution of Household Wealth," United Nations University, UNU-WIDER, World Institute for Development Economics Research, Discussion Paper No.2008/03.

Goodwin, R. M. (1983), *Essays in Linear Economic Structures*, Macmillan, London.（有賀裕二，荒木勝啓，浅田統一郎，坂直樹訳（1988）『線型経済学と動学理論』日本経済評論社）

Goodwin, R. M. (1986), "Swinging along Autostrada, Cyclical Fluctuation along the von Neuman Ray," in *Competition, Instability, and Nonlinear Cycle*, Semmler, M. (ed.), Springer-Verlag.

堂目卓生（2008），『アダム・スミス』中公新書。

Iwai, K. (1984a), "Schumpeterian Dynamics; An Evolutionary Model of Innovation and Imitation," *Journal of Economic Behavior and Organization*, Vol.5, pp.159-190.

Iwai, K. (1984b), " Schumpeterian Dynamics, Part II; Technological Progress, Firm Growth and 'Economic Selection'," *Journal of Economic Behavior and Organization*, Vol.5, pp.321-351.

小室直樹（2004），『経済学をめぐる巨匠たち』ダイヤモンド社。

Lee, T. and L. L. Wilde (1980), "Market Structure and Innovation; a reformulation," *Quarterly Journal of Economics*, Vol.94, pp.429-436.

Loury, G. C. (1979), "Market Structure and Innovation," *Quarterly Journal of Economics*, Vol.93, pp.395-410.

Morishima, M. (1989), *Ricardo's Economics*, Cambridge University Press, Cambridge.（高増明，堂目卓生，吉田雅明訳（2003）『リカードの経済学』岩波書店）

Pasinetti, L. L. (1973), "Vertical Integration in Economic Analysis," *Metroeconomica*, Vol.25, pp.1-29.

Pasinetti, L. L. (1977), *Lectures on the Theory of Production*, Columbia University Press.（菱山泉，山下博，山谷恵俊，瀬地山敏訳（1979）『生産理論』東洋経済新報社）

Pasinetti, L. L. (1981), *Structural Change and Economic Growth; a theoretical essay on the dynamics of the wealth of Nation*, Cambridge University Press.（大塚勇一郎，渡会勝義訳（1983）『構造変化と経済成長』日本評論社）

Pasinetti, L. L. (1990), "Normalised General Coordinates and Vertically Integrated Sectors in a Simple Case," in *Nonlinear and Multisectoral Macrodynamics*, K. Velupillai (ed.), The Macmillan Press.

Reinganum, J. F. (1981), "Dynamic Games of Innovation," *Journal of Economic Theory*, Vol.25, pp.21-41

Ricardo, D. (1819), *The Principles of Political Economy and Taxation*, in *The Works and Correspondence of David Ricardo* Vol.1, Sraffa, P. and M. H. Dobb eds. Cambridge University Press, 1981.（羽鳥卓也，吉澤芳樹訳（1987）『経済学および課税の原理』上・下，岩波書店）

Schumpeter, J. A. (1928), "The Instability of Capitalism", *The Economic Journal*, pp.361-386.

Schumpeter, J. A. (1934), *The Theory of Economic Development*, Cambridge, Massachusetts: Harvard University Press. (塩野谷祐一, 中山伊知郎, 東畑精一訳 (1977)『経済発展の理論』上・下, 岩波書店)

Schumpeter, J. A. (1954), *Capitalism, Socialism and Democracy*, fourth edition, London, George Allen & Unwin: first edition New York, Harper & Row, 1942. (中山伊知郎, 東畑精一訳 (1962)『資本主義・社会主義・民主主義』上・中・下, 東洋経済新報社)

Segerstrom, P. S., Anant, T. C. A. and E. Dinopoulos (1990), "A Schumpeterian Model of the Product Life Cycle," *The American Economic Review*, Vol.80, pp.1077-1091.

Smith, A. (1776), *An inquiry into the nature and causes of the wealth of nations'*, edited, with an introduction, notes, marginal summary and enlarged index by Edwin Cannan, M. A., LL. D., professor of political economy in the University of London, 6th edition, 2 vols., London, 1950. (大内兵衛・松川七郎訳 (1969)『諸国民の富』I, II, 岩波書店)

Smith, A.(1759), *The Theory of Moral Sentiments*: Printed for A. Millar, in the Strand; And A. Kincaid and J. Bell, in Edinburgh, MDCCLIX [1759]. (水田洋訳 (2003)『道徳的感情論』上・下, 岩波書店)

Sraffa, P. (1960), *Production of Commodities by Means of Commodities*, Cambridge University Press. (菱山泉, 山下博訳 (1962)『商品による商品の生産』有斐閣)

Asymmetric preferences of monetary policy in the central and eastern European countries[*]

Taro Ikeda[†‡]

Abstract

Asymmetric preferences express precautions for over- or under-prediction in agents' decision. This paper implements a formal hypothesis testing for asymmetries of the central and eastern European Countries. We extend Surico's (2008) model to adjust for small open economies and estimate the asymmetries with individual and panel data sets. All results show that the asymmetries for exchange rate depreciation are robust over the samples.

JEL Classification: E52, E58
Keywords: Asymmetric preferences, optimal monetary policy, panel data

1. Introduction

This paper examines asymmetric preferences (asymmetries) of monetary policy in the central and eastern European Countries (CEECs). The asymmetric preferences include symmetric (i.e. quadratic) objective as a special case. The

---

[*] The author acknowledges the generous support of Masahiko Yoshii and Akihiko Eto.
[†] Lecturer, Faculty of Economics, Kurume University, 1635 Mii, Kurume, Fukuoka, Japan
[‡] Research Fellow, Graduate School of Economics, Kobe University, 2-1 Rokko-dai, Nada, Kobe, Hyogo, Japan

wider interpretation of policymakers' preferences provides more realistic insight for the monetary policy of the CEECs since reaction functions with asymmetry, as a reduced form of optimization problem, are applicable to a large economic fluctuation as actually observed in the CEECs. Figure 1 exhibits the recent large fluctuations of inflations for these countries.

Motivated by these aspects, we extend Surico's (2008) model to adjust for a small open economy. In Surico's analysis, the linex (linear exponential) loss function is specified as an objective of monetary policy. The linex loss is allowed—but not required—to swing asymmetrically around the origin stipulated by the asymmetric preference, and reduces to symmetric loss when the asymmetric preferences tend to zero. In this sense, the linex loss is the generalization of a quadratic loss function. Especially, we incorporate an exchange rate asymmetry with Surico's model of closed economy. Also, we estimate asymmetries not only with individual samples,

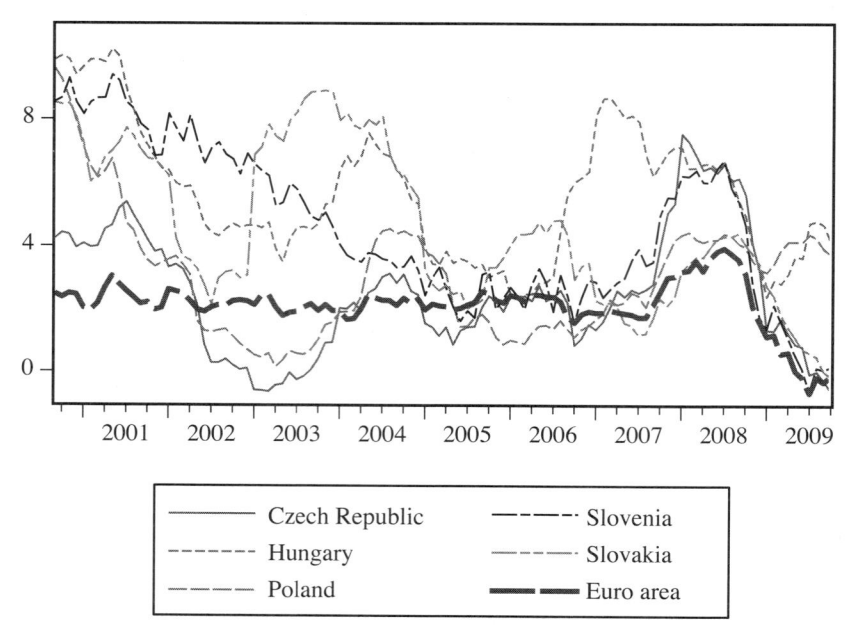

Figure 1. Inflation for the CEECs and the euro area

but also with panel data[1].

This paper proceeds as follows. Section 2 surveys related literatures. Section 3 extends Surico's model to a small open economy. Section 4 presents results of estimations. Section 5 concludes.

2. Literature review

This section introduces related literatures. The monetary policy rule in the CEECs has been investigated to assess the central bank behavior in terms of several systematic aspects such as inflation targeting or exchange rate regime. Although several studies on these assessments conflict each other, a consensus is apparent. The monetary policy reaction functions in the CEECs should include the exchange rate.

Maria-Dolores (2005) examined the Taylor rule (Taylor, 1993) in the Czech Republic, Hungary, Poland, and Slovakia (Visegrad countries) in earlier 2000s. She indicated that Poland, Hungary, and the Czech Republic adhered to the rule as countries targeting inflation. Slovakia, as an exception, exhibited an expansionary policy toward the euro area.

Several Taylor-type rules in the Visegrad countries were investigated by Paez-Farrell (2007) during period from 2001 to 2006. He reported that a policy rule with the exchange rate showed better performance in all countries except for the Czech Republic, in which the speed limit policy indicated by Walsh (2003) was the best policy rule.

Ghatak and Moore (2008) estimated the Taylor rule and the MacCallum rule for the CEECs' policy. It is often stressed that the developing countries target a monetary base rather than market interest rate, and as such, they considered the MacCallum rule as a monetary base rule . They reported that the MacCallum rule was appropriate for the inflation-targeting countries, while the Taylor rule was suitable for the fixed exchange rate regime countries. They also suspected the use of

---

1) The recent financial turmoil is out of focus of this paper.

the Taylor rule in developing countries.

The importance of the exchange rate is also emphasized by Frömmel et al. (2009). They showed that the CEECs' policy depended on their exchange rate regime, that is, the countries in a rigid exchange rate regime targeted the exchange rate.

3. The model

The asymmetric preference can be recovered through estimations for the reaction function of optimal monetary policy. The coefficients of the reaction function become convolutions of parameters for central banker's preferences and underlying economic structures. In this sense, observed pass for inflation reaction contains information of the preference parameters.

In Surico's (2008) model, the central banker discretionally minimizes the objective function of asymmetries regarding inflation and output as follows:

$$L = \sum_{t=1}^{\infty} \delta^t L_t$$

$$L_t = \lambda_\pi \left[\frac{e^{\alpha(\pi_t - \bar{\pi})} - \alpha(\pi_t - \bar{\pi}) - 1}{\alpha^2} \right] + \lambda_y \left[\frac{e^{\gamma y_t} - \gamma y_t - 1}{\gamma^2} \right], \qquad (1)$$

where δ is a discount rate; π_t and y_t are inflation and output gap; $\bar{\pi}$ is a policy-target rate of inflation; and λ_π and λ_y are weight parameters between the inflation and output objectives respectively. This type of the functional form is called as the linex loss function, which consists of the exponential and linear terms. The shape of the linex loss function is stipulated by the parameters α and γ called asymmetry parameters and reduced to the quadratic form when the parameters tend to zero. If the inflation asymmetry α takes a positive value, the loss inclines to left suggesting that the bank disfavors positive inflation deviations. The negative α corresponds to the opposite case.

We add the asymmetry of the exchange rate to (1), therefore the objective becomes as:

$$L_t = \lambda_\pi \left[\frac{e^{\alpha(\pi_t - \bar{\pi})} - \alpha(\pi_t - \bar{\pi}) - 1}{\alpha^2} \right] + \lambda_y \left[\frac{e^{\gamma y_t} - \gamma y_t - 1}{\gamma^2} \right] + \lambda_s \left[\frac{e^{\chi \Delta s_t} - \chi \Delta s_t - 1}{\chi^2} \right], \quad (2)$$

where Δs_t denotes exchange rate differences and χ is the asymmetry in the exchange rate. Calvo and Reinhart (2002) and Reinhart and Rogoff (2004) justified the monetary policy preferences for exchange rate.

Regarding the economic structures, we assume the expectations-augmented Phillips curve as in Surico (2008):

$$y_t = \theta(\pi_t - \pi^e) + u_t, \quad (3)$$

where θ is slope of the Phillips curve and u_t is i.i.d. normal disturbance. This assumption corresponds to the one used in Kydland and Prescott (1977) and Barro and Gordon (1983). Moreover, we assume the Purchasing Power Parity (PPP) as follows:

$$\Delta s_t = \pi_t - \pi_t^f, \quad (4)$$

where π_t^f is inflation of foreign country.

The central banker, given these structures, discretionally minimizes the loss function (2). The first-order condition is obtained as follows:

$$\lambda_\pi E_{t-1}\left[\frac{e^{\alpha(\pi_t - \bar{\pi})} - 1}{\alpha} \right] + \theta \lambda_y E_{t-1}\left[\frac{e^{\gamma y_t} - 1}{\gamma} \right] + \lambda_s E_{t-1}\left[\frac{e^{\chi \Delta s_t} - 1}{\chi} \right] = 0. \quad (5)$$

This reduced form, however, cannot be utilized directly for the identification of preference parameters. The second-order Taylor expansion yields estimable form of the first-order condition as:

$$\lambda_\pi E_{t-1}\left[(\pi_t - \bar{\pi}) + \frac{\alpha}{2}(\pi_t - \bar{\pi})^2 \right] + \theta \lambda_y E_{t-1}\left[y_t + \frac{\gamma}{2} y_t^2 \right] + \lambda_s E_{t-1}\left[\Delta s_t + \frac{\chi}{2} \Delta s_t^2 \right] + o_t = 0, \quad (6)$$

where o_t is the remainder of the approximation. Accordingly, estimation equation is obtained as:

$$\pi_t = \beta_0 + \beta_1 y_t + \beta_2 y_t^2 + \beta_3 \Delta s_t + \beta_4 \Delta s_t^2 + \beta_5 \pi_t^2 + e_t, \tag{7}$$

where

$$\beta_0 = \frac{(1-\alpha\bar{\pi}/2)\bar{\pi}}{1-\alpha\bar{\pi}}, \quad \beta_1 = \frac{\theta\lambda_y}{\lambda_\pi(1-\alpha\bar{\pi})}, \quad \beta_2 = \frac{\theta\lambda_y\gamma}{2\lambda_\pi(1-\alpha\bar{\pi})}, \quad \beta_3 = \frac{\lambda_s}{\lambda_\pi(1-\alpha\bar{\pi})},$$

$$\beta_4 = \frac{\lambda_s\chi}{2\lambda_\pi(1-\alpha\bar{\pi})}, \quad \beta_5 = \frac{\alpha}{2(1-\alpha\bar{\pi})}.$$

Here e_t contains prediction error, and therefore the endogeneity to be dealt with orthogonal instrument sets arises.

In this model, the asymmetries of the output gap and the exchange rate are recovered as $\gamma=2\beta_2/\beta_1$ and $\chi=2\beta_4/\beta_3$, though the inflation asymmetry cannot be identified exactly in this formulation.

Note that the interest rate reaction function is also a possible specification for identifying the asymmetries, however for the purpose of preserving a balanced data sets, we restrict our interest within the inflation reaction since available sample of interest rates diverges over the countries.

4. Results of estimations

This section presents the estimation results. The data used comprises monthly frequency, a balanced set from September 2000 to October 2009 including the five CEECs: the Czech Republic, Hungary, Poland, Slovenia, and Slovakia. All data is obtained from the Eurostat. The inflation is measured as an annual percentage change of harmonized index of the consumer prices, and industrial production is quasi-detrended as suggested by Orphanides and van Norden (2002). In the Generalized Method of Moments (GMM) estimation, we use the Heteroskedasticity and Autocorrelation Consistent (HAC) covariance matrix to obtain a consistent estimator toward a possible serial correlation. The main instrument set (called "*set 1*") includes two and four lags of inflation, output gap, squared output gap, inflation difference between the domestic and the euro area's rates as the exchange rate, squared inflation difference, and three-month market interest of the euro area, which is the same for all estimations throughout the study. In addition, we also examine another instrument set (called "*set 2*") for checking the robustness of the results, which includes two and three lags of the same variables used in set 1.[2]

First, we estimate the equation (7) for the individual countries, and then the panel data estimates are implemented with fixed individual effects. To check the robustness of estimations, the two estimations are applied to subsample divided by May 2004, at which point the countries entered the EU. Lastly, the rolling estimations of the panel data are examined in order to consider the possible structural break and obtain the time-varying asymmetries of the monetary policy in these countries. The size of the rolling window is thirty, but a sufficient number of observations for GMM is reserved since the individual countries are included in the window (each estimation has 150 (30×5) observations). Throughout this procedure, the main focus is the asymmetry of the monetary policies in the CEECs.

4.1 Estimations for individual countries

Table 1 shows the results for the individual estimations on the full sample. Note that the asymmetries for the exchange rate are negative-significant for all countries. Even though Slovenia in the instrument set 2 shows insignificant asymmetry, the exchange rate of the country is also negative in other estimations. The results indicate that the individual CEECs have a preference for exchange rate depreciation toward the euro area. Their policy prefers higher inflation rate than in the euro area. Oppositely, the asymmetries of output gap are not significant, and various signs are observed. This variation is difficult to interpret with the economic systems of these countries, such as the adoption of inflation targeting or the exchange rate regime. Overall, the nonlinear inflation response can explain the monetary policy response of the CEECs. The exchange rate, its squared term and the squared inflation are strongly significant

---

2) In the first stage regression of all estimations, most of the F-values far exceed 10 and the weak instrument problem seems to be avoided.

Table 1. Full sample estimations for the individual countries

Asymmetries

Countries	Czech Republic		Hungary		Poland		Slovenia		Slovakia	
Instrument	set 1	set 2	set 1	set 2	set 1	set 2	set 1	set 2	set 1	set 2
γ	-0.06	-0.05	-3.22	2.32	10.80	1.21	0.00	0.16 ***	0.35	0.11 *
	(0.04)	(0.08)	(10.68)	(6.65)	(164.43)	(1.97)	(0.10)	(0.01)	(0.43)	(0.06)
χ	-0.40 ***	-0.56 ***	-0.24 ***	-0.26 ***	-0.32 ***	-0.31 ***	-0.33 ***	-1.82	-0.96 ***	-0.62 ***
	(0.08)	(0.17)	(0.01)	(0.01)	(0.01)	(0.01)	(0.03)	(3.48)	(0.24)	(0.19)

Inflation reaction functions

Countries	Czech Republic		Hungary		Poland		Slovenia		Slovakia	
Instrument	set 1	set 2	set 1	set 2	set 1	set 2	set 1	set 2	set 1	set 2
β_0	1.58 ***	1.58 ***	1.88 ***	1.86 ***	1.76 ***	1.77 ***	1.70 ***	0.60 ***	1.53 ***	1.76 ***
	(0.06)	(0.08)	(0.05)	(0.06)	(0.02)	(0.03)	(0.08)	(0.19)	(0.10)	(0.13)
β_1	0.02 ***	0.01 **	0.00	0.00	0.00	0.00	0.03 *	0.36 ***	0.00	-0.01
	(0.00)	(0.01)	(0.01)	(0.01)	(0.01)	(0.01)	(0.02)	(0.05)	(0.01)	(0.01)
β_2	0.00	0.00	0.00 ***	0.00 ***	0.00 ***	0.00 ***	0.00	0.03 ***	0.00	0.00
	(0.00)	(0.00)	(0.00)	(0.00)	(0.00)	(0.00)	(0.00)	(0.01)	(0.00)	(0.00)
β_3	0.54 ***	0.52 ***	0.64 ***	0.62 ***	0.60 ***	0.59 ***	0.58 ***	0.16	0.26 ***	0.31 ***
	(0.04)	(0.07)	(0.03)	(0.03)	(0.02)	(0.02)	(0.05)	(0.30)	(0.06)	(0.08)
β_4	-0.11 ***	-0.15 ***	-0.08 ***	-0.08 ***	-0.10 ***	-0.09 ***	-0.09 ***	-0.14 ***	-0.12 ***	-0.10 ***
	(0.01)	(0.03)	(0.00)	(0.00)	(0.00)	(0.00)	(0.01)	(0.04)	(0.01)	(0.02)
β_5	0.11 ***	0.12 ***	0.08 ***	0.08 ***	0.09 ***	0.09 ***	0.10 ***	0.18 ***	0.15 ***	0.12 ***
	(0.01)	(0.01)	(0.00)	(0.00)	(0.00)	(0.00)	(0.01)	(0.03)	(0.01)	(0.01)
p-chi	0.17	0.71	0.16	0.35	0.33	0.70	0.42	0.78	0.28	0.69

Notes: (1) *, **, and *** denote the significance at the 10%, 5%, and 1% levels respectively.

(2) "*p-chi*" denotes the p-value for Hansen's overidentifying restrictions.

over the countries. The results justify our modification of Surico's (2008) model.

Tables 2 and 3 are the subsample estimations before and after the entry into the EU. Not surprisingly, the results of the exchange rate asymmetry exhibit entirely the same tendency over the samples. The exchange rate asymmetry for depreciation is robust. Also, the variations of output asymmetry by country are interesting; while most of the asymmetry is not significant before the entry, the tendency seems to be reversed in Hungary and Poland in the latter subsample, which implies that the central banks becomes more cautious for the output expansion after the entry to the EU, though the Czech Republic shows the adverse tendency in the asymmetry of the output toward the two.

In sum, the individual estimations provide a certain evidence for the exchange rate asymmetry. The next step is to examine whether the tendency is altered when we analyze the CEECs' policy as a panel data set.

Asymmetric preferences of monetary policy in the central and eastern European countries 49

Table 2. Before entry into the EU

Asymmetries

Countries	Czech Republic		Hungary		Poland		Slovenia		Slovakia	
Instrument	set 1	set 2	set 1	set 2	set 1	set 2	set 1	set 2	set 1	set 2
γ	-0.18 ***	0.07	-0.01	7.61	0.23	0.20	-2.04	-0.68	-0.27	-0.99
	(0.02)	(0.25)	(0.08)	(101.10)	(0.34)	(0.75)	(2.03)	(8.75)	(1.45)	(1.51)
χ	-0.64 ***	-0.76 ***	-0.19 ***	-0.17 ***	-0.29 ***	-0.32 ***	-0.15 ***	-0.20 ***	-0.18 ***	-0.18 ***
	(0.10)	(0.28)	(0.01)	(0.03)	(0.04)	(0.07)	(0.00)	(0.01)	(0.00)	(0.01)

Inflation reaction functions

Countries	Czech Republic		Hungary		Poland		Slovenia		Slovakia	
Instrument	set 1	set 2	set 1	set 2	set 1	set 2	set 1	set 2	set 1	set 2
β_0	1.22 ***	1.43 ***	1.96 ***	2.00 ***	1.80 ***	1.79 ***	1.79 ***	1.06 ***	1.92 ***	1.91 ***
	(0.06)	(0.11)	(0.06)	(0.12)	(0.05)	(0.08)	(0.07)	(0.20)	(0.01)	(0.04)
β_1	-0.02 ***	-0.01	-0.01 ***	0.00	-0.01	-0.01	0.00	0.00	0.00	0.00
	(0.00)	(0.00)	(0.00)	(0.01)	(0.01)	(0.03)	(0.00)	(0.01)	(0.00)	(0.00)
β_2	0.00 ***	0.00	0.00	0.00	0.00	0.00	0.00 ***	0.00	0.00	0.00
	(0.00)	(0.00)	(0.00)	(0.00)	(0.00)	(0.00)	(0.00)	(0.00)	(0.00)	(0.00)
β_3	0.32 ***	0.37 ***	0.67 ***	0.67 ***	0.61 ***	0.59 ***	0.79 ***	1.02 ***	0.68 ***	0.68 ***
	(0.03)	(0.08)	(0.02)	(0.05)	(0.04)	(0.04)	(0.03)	(0.08)	(0.01)	(0.03)
β_4	-0.10 ***	-0.14 ***	-0.06 ***	-0.06 ***	-0.09 ***	-0.10 ***	-0.06 ***	-0.10 ***	-0.06 ***	-0.06 ***
	(0.01)	(0.02)	(0.01)	(0.01)	(0.01)	(0.02)	(0.00)	(0.01)	(0.00)	(0.00)
β_5	0.15 ***	0.15 ***	0.07 ***	0.06 ***	0.09 ***	0.09 ***	0.06 ***	0.07 ***	0.06 ***	0.07 ***
	(0.01)	(0.02)	(0.00)	(0.01)	(0.01)	(0.01)	(0.00)	(0.00)	(0.00)	(0.00)
p-chi	0.28	0.67	0.27	0.78	0.20	0.63	0.43	0.66	0.48	0.77

Notes: (1) *, **, and *** denote the significance at the 10%, 5%, and 1% levels respectively.
(2) "*p-chi*" denotes the p-value for Hansen's overidentifying restrictions.

Table 3. After entry into the EU

Asymmetries

Countries	Czech Republic		Hungary		Poland		Slovenia		Slovakia	
Instrument	set 1	set 2	set 1	set 2	set 1	set 2	set 1	set 2	set 1	set 2
γ	-0.06 **	-0.06 *	0.39 ***	0.34 ***	0.16 ***	0.24 ***	-0.07	0.02	-0.13	0.17 ***
	(0.03)	(0.03)	(0.09)	(0.08)	(0.04)	(0.08)	(0.18)	(0.12)	(0.17)	(0.04)
χ	-0.46 ***	-0.45 *	-0.27 ***	-0.28 ***	-0.44 ***	-0.39 ***	-0.79 ***	-0.90 ***	-2.74 *	-4.68
	(0.13)	(0.24)	(0.01)	(0.01)	(0.02)	(0.01)	(0.15)	(0.24)	(1.45)	(3.53)

Inflation reaction functions

Countries	Czech Republic		Hungary		Poland		Slovenia		Slovakia	
	set 1	set 2	set 1	set 2	set 1	set 2	set 1	set 2	set 1	set 2
β_0	1.51 ***	1.52 ***	1.98 ***	2.00 ***	1.37 ***	1.36 ***	1.53 ***	1.50 ***	1.15 ***	1.02 ***
	(0.05)	(0.06)	(0.03)	(0.04)	(0.03)	(0.04)	(0.08)	(0.14)	(0.11)	(0.07)
β_1	0.03 ***	0.03 ***	-0.01 ***	-0.02 ***	-0.01 ***	-0.01	0.02	0.03	0.02 ***	0.02 **
	(0.00)	(0.00)	(0.01)	(0.01)	(0.01)	(0.01)	(0.01)	(0.02)	(0.01)	(0.01)
β_2	0.00 **	0.00 *	0.00 ***	0.00 ***	0.00 **	0.00	0.00	0.00	0.00	0.00 ***
	(0.00)	(0.00)	(0.00)	(0.00)	(0.00)	(0.00)	(0.00)	(0.00)	(0.00)	(0.00)
β_3	0.49 ***	0.48 ***	0.51 ***	0.46 ***	0.26 ***	0.26 ***	0.50 ***	0.56 ***	0.15 *	0.09
	(0.08)	(0.09)	(0.02)	(0.03)	(0.02)	(0.02)	(0.04)	(0.12)	(0.08)	(0.07)
β_4	-0.11 ***	-0.11 **	-0.07 ***	-0.06 ***	-0.06 ***	-0.05 ***	-0.20 ***	-0.25 ***	-0.20 ***	-0.22 ***
	(0.03)	(0.05)	(0.00)	(0.00)	(0.00)	(0.00)	(0.04)	(0.09)	(0.01)	(0.02)
β_5	0.11 ***	0.11 ***	0.09 ***	0.09 ***	0.15 ***	0.15 ***	0.13 ***	0.13 ***	0.20 ***	0.21 ***
	(0.01)	(0.01)	(0.00)	(0.00)	(0.00)	(0.00)	(0.01)	(0.02)	(0.01)	(0.01)
p-chi	0.27	0.46	0.23	0.45	0.51	0.87	0.39	0.86	0.28	0.55

Notes: (1) *, **, and *** denote the significance at the 10%, 5%, and 1% levels respectively.
(2) "*p-chi*" denotes the p-value for Hansen's overidentifying restrictions.

Table 4. Panel estimations

Asymmetries

Samples	Full		Before entry		After entry	
Instrument	set 1	set 2	set 1	set 2	set 1	set 2
γ	0.03	0.03	-0.11	-0.18 **	0.10 ***	0.10 ***
	(0.03)	(0.03)	(0.09)	(0.08)	(0.02)	(0.02)
χ	-0.58 ***	-0.58 ***	-0.25 ***	-0.25 ***	-0.64 *	-0.69
	(0.20)	(0.20)	(0.05)	(0.04)	(0.35)	(0.44)

Inflation reaction functions

Samples	Full		Before entry		After entry	
Instrument	set 1	set 2	set 1	set 2	set 1	set 2
β_0	1.40 ***	1.40 ***	1.76 ***	1.76 ***	1.35 ***	1.34 ***
	(0.10)	(0.11)	(0.04)	(0.03)	(0.11)	(0.12)
β_1	0.03 ***	0.03 ***	-0.01 *	-0.01	0.04 ***	0.04 ***
	(0.01)	(0.01)	(0.01)	(0.01)	(0.01)	(0.01)
β_2	0.00	0.00	0.00	0.00	0.00 ***	0.00 ***
	(0.00)	(0.00)	(0.00)	(0.00)	(0.00)	(0.00)
β_3	0.46 ***	0.46 ***	0.67 ***	0.68 ***	0.35 *	0.32
	(0.11)	(0.11)	(0.05)	(0.05)	(0.18)	(0.20)
β_4	-0.13 ***	-0.13 ***	-0.09 ***	-0.08 ***	-0.11 ***	-0.11 ***
	(0.01)	(0.01)	(0.01)	(0.01)	(0.01)	(0.01)
β_5	0.13 ***	0.13 ***	0.08 ***	0.08 ***	0.14 ***	0.14 ***
	(0.02)	(0.02)	(0.01)	(0.01)	(0.02)	(0.02)
p-chi	0.99	0.99	0.99	0.99	0.99	0.99

Notes: (1) *, **, and *** denote the significance at 10%, 5%, and 1% levels respectively.
(2) "p-chi" denotes the p-value for Hansen's overidentifying restrictions.

4.2 Estimations for Panel data

Table 4 provides the results of the panel data estimations. The same tendency holds even though we use the panel data set. The exchange rate asymmetry is negative and significant over the estimations. The central banks in the CEECs seem to implicitly protect a benefit of the domestic export firms since the currency depreciation enhances their exports toward the euro area. On the other hand, this observation also holds regarding the output asymmetry. The earlier subsample shows insignificant asymmetry of the output, while the later reveals the positive, strongly significant asymmetry. There are two possible interpretations to the reversion. First, their policy is stipulated by the Maastricht criteria to facilitate the adoption of the euro, and thus a tight policy is implemented in the countries after the entry. Second, as identified by Orphanides and Wilcox (2002), the central banks in the CEECs behave as an opportunistic central banker; the bank responds to the output aggressively after the inflation surges and exceeds its tolerance level.

The upper panel of Figure 2 depicts the coefficients corresponding to each rolling window, suggesting our findings are intact. The exchange rate asymmetry for depreciation is invariant overtime. More concretely, the exchange rate asymmetry

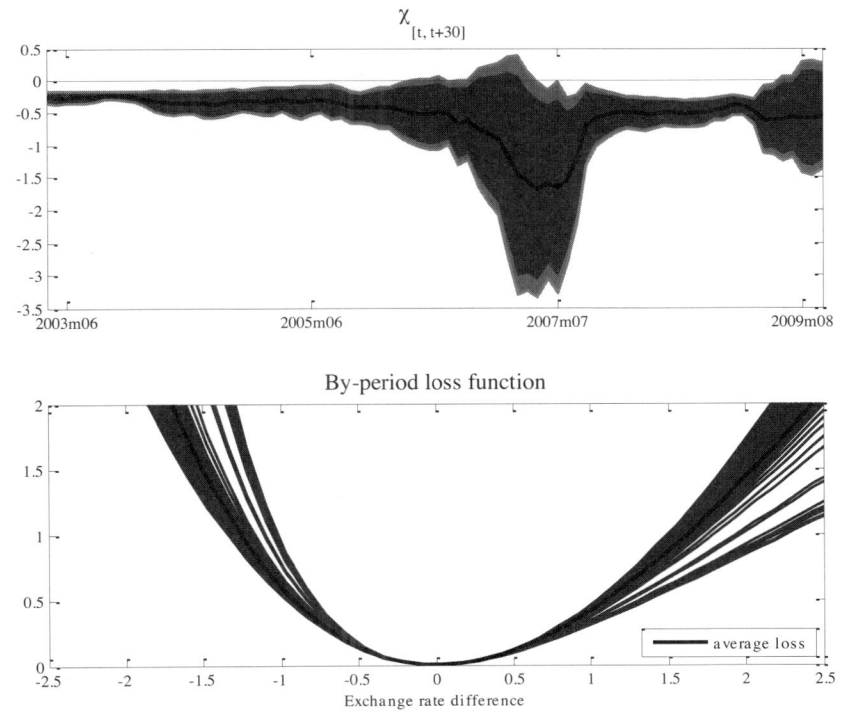

Notes: the wider band denotes the 5% confidence interval and the narrower one corresponds to the 10% interval.

Figure 2. Time-varying asymmetries for exchange rate by rolling windows and corresponding losses

is exposed to a large uncertainty in the period after the entry to the EU. It seems to reflect a difficulty to forecast the exchange rate policy of the CEECs. Although the asymmetry is uncertain at the point, the tendency of the preference is the same over the period. The lower panel of Figure 2 shows the by-period loss function replicated by each asymmetry for the exchange rate. The shape of the loss is tightly inclined to the right, which indicates the CEECs policies strongly prefer the exchange depreciation.

Figure 3 shows the time-varying asymmetries for output gap. The output asymmetry is difficult to interpret clearly, unlike the case of exchange rate. The short-lived spike often occurs in estimations. These results might suggest the serve structural change on the output in the CEECs.

In Figure 4, the time-varying coefficients of the reaction function are shown. All the coefficients are significant even at the 5% confidence interval, such that the model seems to be appropriate for the inflation dynamics in the CEECs, even though we consider the time-variant feature of the economy. Unfortunately, we could not identify the inflation asymmetry, but the coefficient of the squared inflation, β_5, is positive-significant throughout the estimations, which may suggest the existence of inflation asymmetry.

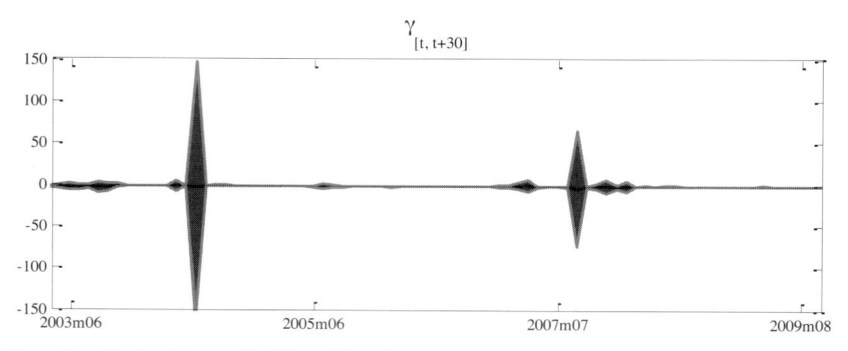

Notes: the wider band denotes the 5% confidence interval and the narrower one corresponds to the 10% interval.

Figure 3. Time-varying asymmetries for output gap

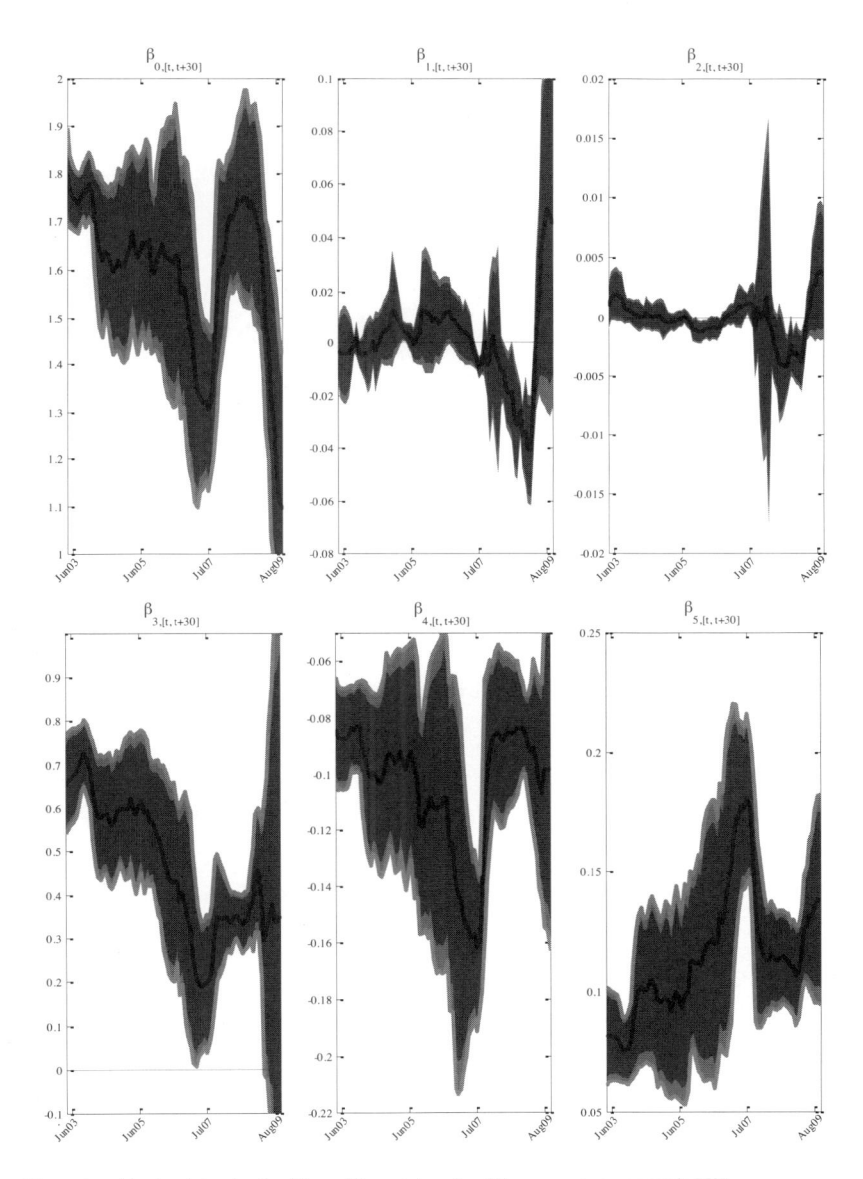

Notes: the wider band denotes the 5% confidence interval and the narrower corresponds 10%.

Figure 4. Time-varying coefficients by rolling windows

5. Conclusions

We extend the model of Surico (2008) to a small open economy to adjust for the CEECs' economy. The estimated asymmetries suggest that the exchange rate asymmetry in depreciation toward the euro area is evident over the countries, sample periods, and estimation methods. On the other hand, the output asymmetry is fragile. Moreover, the inflation asymmetry is likely to exist though the parameter is not exactly identified by the model.

References
[1] Barro, R.J. & Gordon, D.B. (1983). Rules, discretion and reputation in a model of monetary policy. *Journal of Monetary Economics,* 12, 101–121.

[2] Calvo, G.A. & Reinhart C.M. (2002). Fear of floating. *The Quarterly Journal of Economics,* 117, 379–408.

[3] Frömmel, M., Garabedian, G., & Schobert, F. (2009). Monetary Policy Rules in Central and Eastern European Countries: Does the Exchange Rate Matter? Working Papers of Faculty of Economics and Business Administration, Ghent University, Belgium 09/611, Ghent University, Faculty of Economics and Business Administration.

[4] Kydland, F.E. & Prescott, E.C. (1977). Rules rather than discretion: the inconsistency of optimal plans. *Journal of Political Economy,* 85, 473–491.

[5] Maria-Dolores, R. (2005). Monetary policy rules in accession countries to EU: is the Taylor rule a pattern? *Economics Bulletin,* 5, 1–16.

[6] Paez-Farrell, J. (2007). Understanding monetary policy in Central European countries using Taylor-type rules: the case of the Visegrad four. *Economics Bulletin,* 5, 1–11.

[7] Orphanides, A. & Wilcox, D.W. (2002). The opportunistic approach to disinflation. *International Finance,* 5, 47–71.

[8] Orphanides, A. & van Norden, S. (2002). The unreliability of output-gap estimates in real time. *The Review of Economics and Statistics,* 84, 569–583.

[9] Reinhart, C.M. & Rogoff, K.S. (2004). The modern history of exchange rate arrangements: a

reinterpretation. *The Quarterly Journal of Economics,* 119, 1–48.

[10] Surico, P. (2008). Measuring the time inconsistency of US monetary policy. *Economica,* 75, 22–38.

[11] Taylor, J.B. (1993). Discretion versus policy rules in practice. *Carnegie-Rochester Conference Series on Public Policy, 39,* 195–214.

[12] Walsh, C. (2003). Speed limit policies: the output gap and optimal monetary policy. *American Economic Review,* 93, 265–278.

日本銀行の「出口戦略」を考える

伊豆　久

は じ め に

　日本銀行が，2013年4月に「量的質的金融緩和」を開始してから1年余りが経過した[1]。それは，インフレ率2％を「2年程度の期間を念頭に置いて，できるだけ早期に実現する」ことを目標としており，黒田東彦日銀総裁は，直近（2014年6月）の講演でも，「2014年度から16年度までの見通し期間の中盤頃，すなわち15年度を中心とする期間に，『物価安定の目標』である2％程度に達する可能性が高い」と，目標達成への自信を示している（黒田（2014））。

　日銀に残された時間は，1年ほどとなったわけであるが，目標達成後に必要となる通常の金融政策体制への復帰，いわゆる「出口戦略」[2]が具体的に検討されることはこれまであまり多くなかったように思われる[3]。

---

[1] 本稿は，執筆時点（2014年6月）までの情報にもとづく。
[2] 「出口戦略（Exit Strategy）」とは，従来，買収ファンドがターゲット企業を買収し，事業・経営を再編した後に実施する，①再上場，②別の投資家等への転売，③清算，などの資金回収のための戦略を指す言葉であったが，2008年のリーマン・ショック以降，先進各国の中央銀行が非伝統的な危機対策・不況対策に乗り出すなか，それを終了し通常の金融政策に戻るための戦略を指す言葉としても使われるようになった。
[3] 日銀の出口戦略を検討した例として，翁（2013），久後（2013）参照。また，米国FRBの出口戦略案については伊豆（2010）参照。

その理由は，日銀としては，（インフレ率が十分上昇する前の早い段階での）出口戦略の提示は高まりつつあるインフレ期待を抑制しかねないと考えるからであろう。「量的質的金融緩和」では，効果の波及経路において市場のインフレ期待への働きかけが重視されており，早い段階で出口戦略すなわち引締政策への転換に言及することは，その効果を殺ぐことになると懸念されているものと思われる。他方，市場関係者の多くは，インフレ率2％の達成は難しく，したがって追加の緩和はあっても，「出口」への移行は当面ありえないと考えているようである。

　確かにこれまでのインフレ率の上昇は，円安に由来する食料・エネルギー価格の上昇によるところが大きかったが，直近（2014年4月時点）のコアCPI（前年同月比）は（消費税引上げの影響を差し引いて）1.5％まで上昇している。また雇用状況を見ても（2014年5月時点），完全失業率（総務省発表）は3.5％，有効求人倍率（厚生労働省発表）も1.09倍と，いずれも16年ぶり，22年ぶりという水準まで改善している。

　可能性は低いとしても，出口戦略の内容とその影響について考えておくことは無駄ではないであろう。

　その際の論点の一つは，引締政策に転換した際に予想される日銀の巨額損失をどう考えるかである。損失は，債務超過に陥るほどの額になる可能性もあると思われる。中央銀行の巨額損失，債務超過はどのような意味をもっているのだろうか。それは〈中央銀行ひいては通貨の信認を揺るがす危険な事態〉とする見方もあれば，〈中央銀行に債務不履行はありえず債務超過に陥っても何の問題もない〉という考え方もあろう。

　日銀の出口戦略を考えるところから，中央銀行の損益，自己資本の意味，さらにはその独立性の意義についても検討してみたい。

1．「出口戦略」と日本銀行の損失

　日銀は，予定通り進めば今年（2014年）末の時点で，資産に190兆円の長期国債（平均残存期間7年），負債として当座預金175兆円を抱えることになる（表1）。仮に，その状態を1年程度維持し（すなわち満期を迎える国

表1 量的緩和の目標値（兆円）

	2012年末	2013年末	2014年4月末	2014年末
銀行券	(87)	88 (90)	(87)	90
当座預金	(47)	107 (107)	(134)	175
マネタリーベース	(138)	200 (202)	(226)	270
長期国債	(89)	140 (142)	(159)	190
短期国債	(24)	(40)	(45)	
総資産	(158)	220 (224)	(246)	290

（1）括弧内は実績値。
（2）マネタリーベースは，銀行券と当座預金の他に4兆円余りの貨幣（硬貨）を含む。
（出所）日本銀行資料より作成。

債等の資産については同額を再投資し，残高と平均残存期間を維持する），2015年度末から金融引締を開始するとしよう。その時，具体的にどのような方法が可能だろうか。

1.1 長期国債の売却による超過準備の回収

　量的緩和政策は，金利をゼロにした後に当座預金残高を引き上げる，という順で実施されており，単純に考えれば，引締めの場合はそれを逆にして，まず当座預金残高を所要準備額（約8兆円）まで引き下げ，それから金利を引き上げるということになろう。超過準備とは，金利ゼロの滞留資金が存在することであるから，それが残る状況で市場金利を引き上げることはできない。

　そこで問題は，167兆円（＝175兆円－8兆円）にのぼる超過準備をどう

4）共通担保貸付（共通担保資金供給オペ）は，事前に差し入れられた国債，社債等を根担保としてその（掛目を考慮した）総額の範囲内で，金利入札方式で金融機関に満期1年以内の資金を貸し付けるもので，従来の「手形買入オペ」をペーパーレス化したもの。通常時には，これが日銀の金融調節の主力手段であった。なお，2009年12月に固定金利方式が導入されている。

やって回収するかであるが，最初に考えられるのは，共通担保貸付[4]の回収や保有する短期国債（国庫短期証券）の満期償還・売却である。しかし，2015年末時点の短期資産の残高は多く見積もっても70〜80兆円程度と推測される[5]。残存期間1年以内の長期国債も11兆円程度であろう[6]。つまり，超過準備が短期資産を大きく上回っているため，短期資産の回収等では超過準備を解消することができないのである。したがって，長期国債の残高を減らすほかないわけであるが，平均残存期間が7年もあるため，満期償還による自然減を待っていれば，その間にインフレ率は目標の2％を超えていく可能性がある。といって売却するとなれば，日銀に巨額の売却損が発生する[7]だけでなく，日銀の買入れによって支えられてきた国債の市場価格は暴落することになるであろう。その時には長期国債を大量に保有する地方銀行等に深刻な打撃を与えかねない。長期国債の売却は現実的な選択肢とはならないであろう。

5）2015年度末時点の残高は，それぞれ，共通担保貸付が25兆円程度（2013年度末時点は26兆円），短期国債が50兆円程度（同44兆円）と思われる。

6）2013年度末時点で残存期間1年以内の長期国債保有額は28兆円であるが，15年度末時点では11兆円程度にとどまると予想される。13年度末時点で，残存期間が2年以下の長期国債は合計約50兆円保有されているが，15年度末までにはそれらはすべて満期を迎えている。2年後に残存期間1年以内となる長期国債（すなわち13年度末時点で残存期間2〜3年）の保有額は11兆円にすぎない。他方で，日銀保有の長期国債の平均残存期間は13年度末で5.6年であり（日本銀行「2013年度の金融市場調節」20頁），現在，目標の7年に向けて長めの国債が買い増されているところである。残存期間1年以内の長期国債残高が減少すると予測されるのはそのためである。

7）売却損は発生しうるが，（民間銀行と異なり）評価損は発生しない。日銀はこれまで長期国債を満期前に市場で売却したことがなく，それを反映して会計処理上も，満期保有目的として償却原価法が採用されていたためである。なお，長期国債への償却原価法の採用は2004年度からであり（日本銀行『平成16年度業務概況書』264頁），それまでは低下法にもとづき評価損が計上されていた。また，日銀の損益計算書には，2000年度までは長期国債を含む国債の「売却損益」が計上されているが，それは金融調節のための現先オペが「売買」として経理処理されていたためである。01年度以降，同オペは「金融取引」とされ，「売却損益」にかわって「買（売）現先利息」が計上されることとなった（日本銀行『平成13年度業務概況書』272頁）。04年度以降，長期国債の売却損益が再び計上されているが，これは国債整理基金の買入消却に応じた際のものと思われる。

1.2 所要準備の引上げ

しかし、実は、バランスシートを縮小させなくても金融を引き締める方法はある。金融市場の緩和・引締とは、結局のところ、金融機関の日銀準備預金の積みの進捗率、その「容易さ」である。超過準備が存在する状況では金融を引き締めることはできないため、それを回収する必要があるが、〈超過準備＝当座預金残高－所要準備〉であるから、当座預金残高を引き下げる代わりに、所要準備を175兆円に引き上げることでも超過準備はゼロにできる。

しかしそれも現実的ではない。所要準備の引上げは、準備預金対象金融機関がインフレ率2％超の状況で175兆円を無利息で日銀に預けることを意味するが、その機会コストは膨大である。現在、金融機関が巨額の超過準備を安定的に保持しているのは、（後述するように金融危機対策の一環として）超過準備には0.1％の金利が付されているからであって、それがゼロになることは容認できないであろう。

そもそも、高率の預金準備率は、1980年代の時点で先進国においてはいずれも、預金金融機関に対する非合理的・不平等なコスト負担として否定され、準備率操作は金融政策としての役割を終えている。預金金融機関の、証券会社や機関投資家あるいはオフショア市場との競争条件を不利にするものとみなされたのである。それ以降の準備預金制度は、決済に必要な中央銀行

表2　準備預金の業態別超過率（億円）

	当座預金 (A)	超過準備 (B)	超過率 (B/A)
都銀	500,350	464,890	92.9％
地銀	102,630	87,050	84.8％
第二地銀	30,840	28,850	93.5％
外銀	120,280	119,930	99.7％
信託	87,650	83,240	95.0％
その他の準備預金 制度対象先	307,020	282,450	92.0％
その他の付利対象先	112,600	112,600	100.0％

(注) 2014年3月16日～4月15日期間の平均残高。
(出所) 日本銀行「業態別の日銀当座預金残高（2014年3月）」より作成。

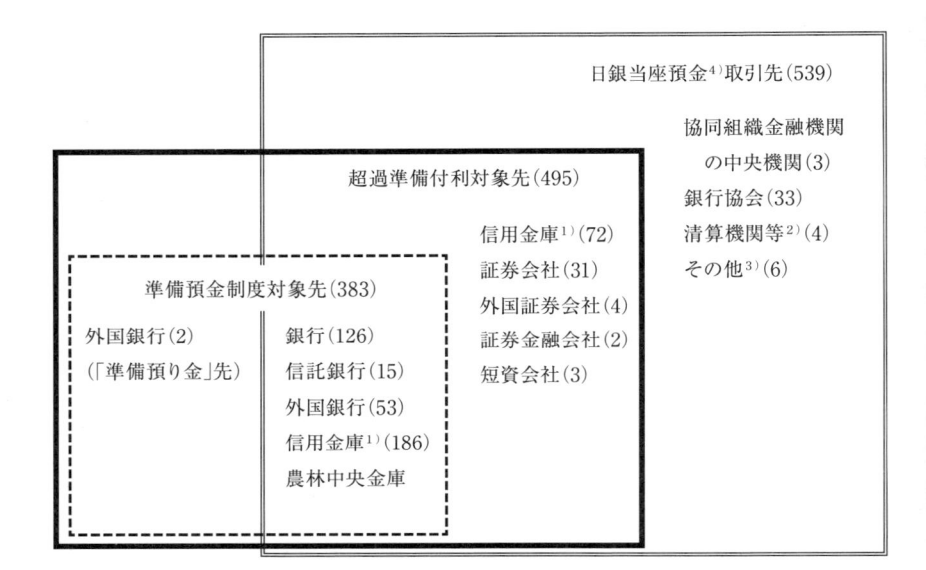

```
                                    日銀当座預金⁴⁾取引先(539)

                                    協同組織金融機関
                                     の中央機関(3)
              超過準備付利対象先(495)    銀行協会(33)
                                    清算機関等²⁾(4)
              信用金庫¹⁾(72)          その他³⁾(6)
              証券会社(31)
              外国証券会社(4)
  準備預金制度対象先(383)
                                    証券金融会社(2)
  外国銀行(2)      銀行(126)          短資会社(3)
  (「準備預り金」先)  信託銀行(15)
                 外国銀行(53)
                 信用金庫¹⁾(186)
                 農林中央金庫
```

図1 日銀当座預金・超過準備付利・準備預金の対象先

1)「信用金庫」(2014年2月24日で267金庫)のうち,日銀当座預金取引先は258金庫(14年4月)。さらにそのうち準備預金制度対象先(前期末預金残高1,600億円以上)は186金庫と推定。
2)「清算機関等」は,全国銀行資金決済ネットワーク,東京金融取引所,日本証券クリアリング機構,ほふりクリアリング。
3)「その他」は,CLS Bank,日本政策投資銀行,国際協力銀行,商工組合中央金庫,日本政策金融公庫,預金保険機構。
4)日銀の貸借対照表上,「政府預金」,「外国中央銀行等からの預金」は,「当座預金」に含まない。
(出所)金融庁「免許・許可・登録等を受けている業者一覧」,日本銀行「当座預金取引の相手方一覧(2014年4月末)」,「日本銀行当座預金,準備預り金取引先コード一覧(2014年4月2日)」,「補完当座預金制度の概要」(2008年10月31日),信金中金地域中小企業研究所「全国信用金庫概況2012年度」より作成。

預金残高をわずかに上回る最低限度に固定され，準備預金の積みの進捗率を調整することで金融調節を行う，その制度的土台としてのみ機能してきたのである[8]。

また，現在，超過準備に金利が付される金融機関には，証券会社など準備預金制度対象外の金融機関が含まれ，実際に，証券会社等は11兆円余りの日銀当座預金を保有している（表2，図1）。しかし，証券会社等は準備預金制度の対象外であり，それを対象に含めるとなれば，預金金融機関以外の金融機関に多額の準備預金保有を強制する合理的な根拠が必要となる。実務上は，「準備預金制度に関する法律」の改正が必要となる。

このように考えると，所要準備の引上げも妥当な選択肢とは言えないであろう。

1.3　超過準備金利の引上げ

第三の方法として，超過準備の金利の引上げがある[9]。従来，当座預金に金利が付されることはなかったが，リーマン・ショック直後の2008年10月31日に，所要準備を上回る当座預金残高（超過準備）への付利が「補完当座預金制度」として導入された。その目的は，一定のインセンティブを与えることで金融機関に十分な資金を保有させ，流動性不足懸念を払拭することであった。だからこそ，付利の対象は，（前述のように）準備預金制度の本来の対象である預金金融機関の範囲を超えて，証券会社等を含む大手金融仲介機関に広く設定されたのである。したがって，流動性危機の心配がなくなれば，本来的な目的は終えたことになる。しかし付利は同時に，市場金利に下限を設定することを意味する。信用リスクゼロの日銀がその金利で無制限かつ要求払いで預かってくれることを意味するからである。それによって，短期金融市場で一定の取引が発生し，その機能を維持する役割も果たすことになる[10]。

---

8) 準備預金制度については伊豆 (1996) 参照。
9) 超過準備金利の引上げに伴う問題については，翁 (2013) 参照。
10) これは，以前の量的緩和政策期（2001年3月～2006年3月）に，短期金融市場が事実上機能を停止したことへの反省に由来する。

表3 日本銀行の損益・引当金・自己資本（年度，億円）

	2008	2009	2010	2011	2012	2013
経常収益(外為収益を除く)(A)	8,977	7,091	7,014	7,023	7,174	9,510
貸出金利息	1,341	398	383	438	332	256
国債利息	6,484	5,995	6,225	6,199	6,225	8,057
経常費用(外為費用を除く)(B)	4,178	2,473	2,384	2,762	2,666	2,988
経費	2,274	1,922	1,947	1,916	1,899	1,908
売現先利息	573	203	193	170	199	146
外国為替費用	4,177	2,186	4,814	606	0	0
超過準備への支払利息	na	na	na	na	na	837
外国為替損益(C)	-409	-953	-4,087	1,099	6,809	6,283
経常利益(D=A-B+C)	4,390	3,665	542	5,361	11,317	11,317
特別利益	3	11	45	95	70	111
特別損失	4	5	29	2	3,020	3,100
外国為替等取引損失引当金繰入	—	—	—	—	3,018	3,097
税引前剰余金	4,389	3,671	558	5,453	8,367	9,816
税	1,386	0	37	162	2,606	2,574
当期剰余金(E)	3,003	3,671	521	5,291	5,760	7,242
法定準備金(F)	450	184	78	264	288	1,448
F/E	15.0%	5.0%	15.0%	5.0%	5.0%	20.0%
国庫納付金	2,552	3,488	443	5,026	5,472	5,794
債券取引損失引当金	22,433	22,433	22,433	22,433	22,433	22,433
外国為替等取引損失引当金	7,945	7,945	7,945	7,945	10,963	14,060
法定準備金	26,600	26,783	26,862	27,126	27,414	28,862
資本金	1	1	1	1	1	1

（1）「債券取引損失引当金」，「外国為替等取引損失引当金」は，原則として，関連利益（損失）の50％を積み立てる（取り崩す）こととなっている（日本銀行会計規程第18条）。引当金には他に「退職給付引当金」がある。
（2）各年度の「法定準備金」は当該年度の剰余金の処分を反映させている。
（出所）日本銀行「財務諸表等」各年度版より作成。

この超過準備金利を引き上げていけば，超過準備がいくらあっても市場金利を高くできるのである。

　しかしこの方法の問題は，日銀に巨額の利払いコストが発生する点である。昨年度 (2013 年度) は，超過準備が期初 57 兆円，期末 118 兆円で，金利も 0.1 % にすぎないため，利払いは 837 億円 (= 平残 83 兆円 × 0.1 %) にとどまった。インフレ率が 2 % を上回ろうとするとき最下限の政策金利をいくらにするかを事前に確定することはできないが，仮に，1 % に引き上げたと仮定しよう。その時点の超過準備は 167 兆円と想定されるから，利払いは 1 兆 6,700 億円に跳ね上がる。

　2 % になればその倍である。日銀の利益（税引前剰余金）は昨年度で 9,816 億円，今年度はさらに長期国債保有額が増加し利息収入が増えるがそれでも 1 兆円余りと予想されるから，日銀は赤字に転落することになる。昨年度 5,794 億円あった国庫納付金[11]はゼロとなり，その分は結局，納税者の負担が増えることになる（表 3）。巨額の利払いは，金融機関への補助金との批判

---

11) 日銀は，各年度の利益（当期剰余金）から配当（年間 500 万円 = 資本金 1 億円 × 5 %) と法定準備金（原則 5 %) を控除した全額を国庫に納付することになっている（日本銀行法第 53 条第 5 項）。

12) 日銀の自己資本は資本金と法定準備金から成るが，資本金は 1 億円。法定準備金は，税引後利益（当期剰余金）の原則 5 % を毎年積み立てることになっているが，財務大臣の認可を受けることでそれ以上の金額を積み立てることができる（日本銀行法第 53 条第 2 項）。これまで（現行日銀法下，1998 年度以降），銀行からの株式の買入れなど，本来財政資金が負うべきリスクを日銀が負担した場合に，5 % を超えた積立てが認められている。

表 4　5 % を超える法定準備金の積立て

年度	積立額／当期剰余金	背景
2002	15 %	金融機関からの株式買入れ (2002 年 11 月〜04 年 9 月)
2003	15 %	
2004	12.9 %	10 % + 山一証券向け貸倒れ 1,111 億円 × 5 %
2008	15 %	金融機関からの株式買入れ (2009 年 2 月〜10 年 4 月)
2010	15 %	
2013	20 %	量的質的金融緩和

も起こるであろう。

　しかもこの利払いは単年度で終わらない。長期国債保有額が大幅に減らなければ超過準備はなくならず，平均残存期間が7年であるため満期到来による自然減を待つなら数年にわたって1兆円単位の利払いが必要となるのである。他方，日銀の自己資本は2013年度末で2兆8,863億円しかない[12]。他に引当金が3兆6,493億円あるが[13]，それらすべてを取り崩しても足りず，債務超過に陥るといった事態もありえないことではない[14]。脚注12)の表4に示すように，2013年度は法定準備金を過去に例のない20％という高率で積み立てているが（1,448億円），出口戦略が始まればまさに焼け石に水である。

　もちろん，超過準備金利の引上げだけでなく，売出手形，売現先[15]による資金吸収が可能であるが，それらに付される金利も，政策金利・市場金利が上昇すれば当然に上昇せざるをえず，日銀の損益に与える影響は超過準備への付利と同じである。

2．量的緩和（2001～2006年）からの「出口」の場合

　以上のように，「量的質的緩和策」からの脱出は，いずれの方法をとった

---

13)「債券取引損失引当金」と「外国為替等取引損失引当金」の合計。これらは原則として，それぞれ債券，外為に関する損失を補塡する場合にしか取り崩せないことになっているが，「財務大臣の承認を受けたときは，この限りでない」（日本銀行法施行令第15条第2項）。

14) なお，日銀は独自に，自己資本を〈資本金＋法定準備金＋債券取引損失引当金＋外国為替等取引損失引当金等〉とし，それを日本銀行券の発行残高で割ったものを「自己資本比率」と定義した上で，それを8％から12％の範囲に維持することが望ましいとしているが，（とりわけ当座預金残高が銀行券残高をはるかに超えてしまった現状では）経済的に意味のあるものとは思われない。

15) なお，表3において売現先に伴う利息費用が計上されているが，超過準備が存在する状況で資金吸収手段が採られているのは理屈にあわない。これは，国債整理基金，財政融資資金等の一時的な余裕資金に運用手段を提供するためのものである（日本銀行「『日本銀行の対政府取引』について」2014年5月12日，「2013年度中における日本銀行の対政府取引」2014年5月参照）。

日本銀行の「出口戦略」を考える　　　　　　　　　　　　　67

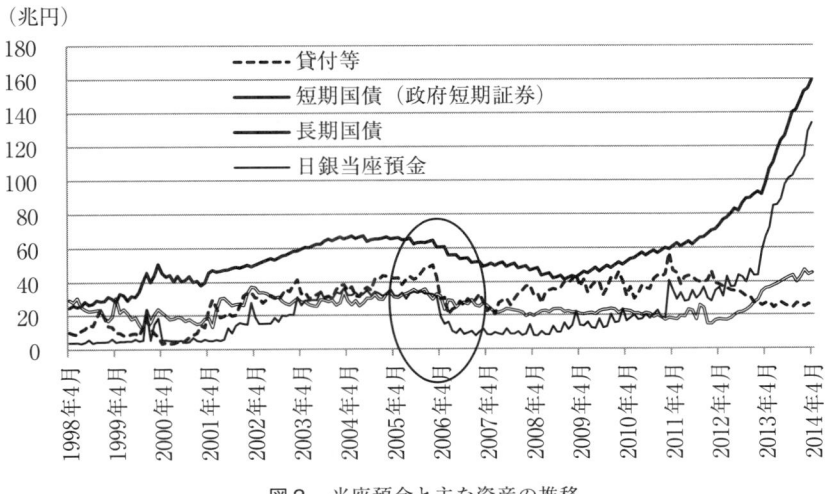

図2　当座預金と主な資産の推移

(注)「貸出等」=「貸出」+「買現先勘定」+「買入手形」
(出所) 日本銀行時系列データより作成。

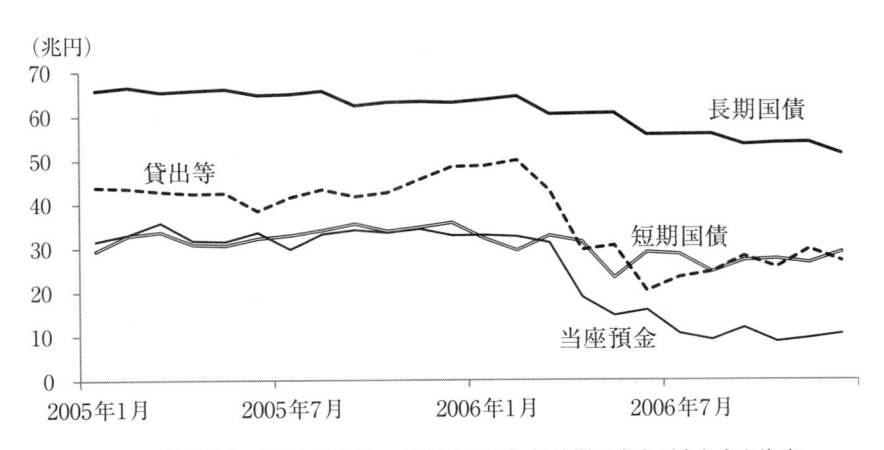

図3　量的緩和（2001年3月～2006年3月）解消期の当座預金と主な資産

(注)「貸出等」=「貸出」+「買現先勘定」+「買入手形」
(出所) 日本銀行時系列データより作成。

としても極めて困難なものになると予想される。では，2001年から06年にかけて実施された前回の「量的緩和政策」の場合はどうだったのだろうか。そこからの脱出はどのように実施されたのか確認しておこう[16]。

図2は，日本銀行のバランスシート上の主な資産と当座預金の推移を示したものである。当座預金と長期国債の残高がほぼ連動していることがわかるが，その内，2001年から2006年の「山」が（ここで取り上げる）前回の量的緩和によるもの，2010年10月からの増加が（「資産等買入基金」の創設を含む）「包括的金融緩和」によるもの，そして，2013年4月からの急増が今回の「量的質的金融緩和」によるものである。その中の2006年前後（○印部分）を拡大したものが図3である。

これを見ると，当座預金が貸出等の資金供給オペ残高の減少に合わせて短期間で縮小していることがわかる。つまり，当時も当座預金残高の引上げは長期国債の買切り額の引上げと合わせて実施されたが，長期国債残高が銀行券残高の範囲内に収められていたため（いわゆる「銀行券ルール」[17]），当座預金は，共通担保貸付や短期国債などのオペによってコントロール可能な水準にとどまっていた。

日銀のバランスシートを単純化すれば，

短期資産＋長期国債＝日銀券＋当座預金

となる。ここに，

銀行券ルール：長期国債≦日銀券

が導入されると，

短期資産≧当座預金

となる。つまり，当座預金の全額回収が，短期資産のみの回収・償還によって可能であることがわかる。短期資産の残高の調整は容易であるから，「銀行券ルール」には，日銀による当座預金のコントロール力を維持する役割があったことがわかる。

---

16) 2006年の出口戦略と現在の状況の比較については，久後（2013）参照。
17) 2001年3月19日，量的緩和政策の採用と同時に決定された，長期国債の保有残高を日本銀行券発行残高以内に制限するルール。銀行券の発行残高は，日銀にはコントロールできないため，実際には「長期国債買入れの上限に関するルール」である。

だからこそ，2006年当時は，長期国債については満期償還による自然減にとどまっても，量的緩和からの短期間での脱出が可能だったのである。
　ところが今回の量的質的金融緩和の導入にあたっては，同時に「銀行券ルール」が停止されており，当座預金が日銀の保有する短期資産の額をはるかに超えている。それゆえ「出口」においては，長期国債を中途売却するか，所要準備を引き上げるか，超過準備金利を引き上げるかしかないのである。
　「銀行券ルール」の停止や保有残存期間の長期化には，長期金利の上昇を抑える一定の効果があったが，同時に，通常の金融政策への復帰を極めて困難なものとしているのである。

3．中央銀行の債務超過

　「出口」にあたって，超過準備金利の引上げが選択され，それによって日本銀行が債務超過に陥ったと仮定してみよう。その時どのような問題が発生するのだろうか。中央銀行の債務超過転落という事態の意味について考えてみよう[18]。

3.1　債務超過の意味
　まず，〈日銀の債務超過は，日銀の債務である日本銀行券すなわち円の信用にかかわる危機的状況〉という考え方があるだろう。一般の会社であれば，債務超過は経営破綻を意味する。債務を返済できなくなるからである。日本銀行においても，資産の健全性を維持するため，与信先・オペの対象債券・担保に関しては厳格な適格要件が定められてきた。また日銀の損失は，見方を変えれば日銀からの贈与であり中央銀行が財の再配分に直接に関与することとなって，その観点からも望ましくない。
　その日本銀行が巨額損失によって債務超過に陥れば，その債務である「円」の信用にマイナスに作用すると考えることには一定の合理性がある。

---

[18] 中央銀行が債務超過となった場合の問題，関連する議論の整理については植田（2003），Adler（2012），Bindseil（2004）参照。

しかしながら，現在は金本位制ではなく日銀券に兌換性はない。日銀はいわば債務を履行することができないのであり，同時に，日銀の債務である日銀券そのものが強制通用力を伴った最終決済手段なのである。
　では，改めて日銀券の価値や信用を決定するものは何かと考えれば，それは究極的には，日銀の資産の額や性格ではなく，日本の物価水準や決済システムの安定性ということになろう。平たく言えば「円の使い勝手」である。それゆえ日銀の純資産がマイナスになったからといって，ただちにその債務が価値を失うわけではないのである。
　と言って，日銀資産の額や性格は円の信認にとって何の意味もないかと言えば，そうではない。物価水準と決済システムの安定を維持すべく，債務の額を自在に調節できるように資産の額と性格を一定の範囲に制限しておかなければならないのである。前述の「銀行券ルール」はそれを表すわかりやすいルールの一つであり，「量的質的金融緩和」が行っている長期国債の大量購入とその年限の長期化はその調節力を危うくしつつあるのである。
　債務超過に対する二番目の考え方として，〈日銀が債務超過となっても，政府が補塡すればよいだけだ〉との見方もあろう。かつては，日銀法等において，政府が日銀の損失を補塡することが定められていたが[19]，現在の日銀法にはそうした規定はない。したがってその場合には，法律の改正が必要となる。
　一般論として，財政からの補塡の過程その他で政治（政府・国会）から中央銀行への圧力が高まると，通貨の信認が脅かされる可能性があるとされている。なぜなら「インフレは長期的には実体経済にプラスの影響を持たないが，金融政策運営に信頼が厚く，インフレ期待が安定している下では，金融緩和が短期的に実体経済に緩和効果をもつ。政治家はこの点に魅力を感じやすい」からである。「しかし，こうした政策を続けると，中長期的には結局，インフレ率が高まり，実体経済への影響は消えるとともに，金融政策に対する信頼も失われる」のである（植田（2003））。

---

[19] 日本銀行特別融通及損失補償法（1927 年）第 4 条，旧日本銀行法（1942 年制定時）第 40 条，旧日本銀行法附則（1947 年改正）第 9 号。

ただし，日銀法によって日銀幹部（正副総裁を含む政策委員）の任命は国会の同意を経て内閣が行うことになっており，現実的にもその過程に日銀が関与する余地が失われてしまっている日本の現状は，もはやこうした一般論も意味がなくなっていると言うほかない。

しかし，〈政府からの補塡〉という考え方は，債務超過は日銀券の信用に関わると考えるからこそ生まれるものであり，それは金本位制時代の名残りと言ってよい。債務超過そのものに問題はなく補塡は必要ない，との主張もありえるはずである。

すなわち，債務超過に対する第三の見方として，〈日銀の債務である日銀券は最終決済手段であるから，それを発行すれば債務不履行とはならず，したがって債務超過となっても何の問題もない〉という考え方があろう。

民間企業の債務超過がその破綻を意味するのは，債務超過が債務の不履行をもたらすからである。銀行からの融資の継続等によって債務が履行され続ければ，債務超過であっても企業の存続に問題はない。民間企業の場合，長期にわたってそうした状況を維持するのは容易ではないが，（兌換義務を免れた）中央銀行は支払手段を無限に発行できるために，まさにそれが可能となるのである。

そうなれば，政府による補塡どころか，日銀の赤字を心配する必要もないことになる。しかし，最終決済手段であることとその価値が維持されることとは同義ではない。通貨の供給量をその時々の経済が必要とする範囲内にコントロール可能であることが必要なのであり，一般的に言えば，赤字の発生や債務超過はその能力を低減させるがゆえに避けられなければならないのである。

実際に中央銀行が債務超過に陥った例を参考に，この問題を別の角度から考えてみよう。

3.2 1970年代のブンデスバンクの場合

ドイツの中央銀行であるブンデスバンク（ドイツ連邦準備銀行）は，1970年代，ニクソン・ショック前後からのドル安マルク高によって巨額の外貨準備評価損を計上し，数年にわたり債務超過に陥った経験をもつ。

日本の場合，外貨準備は，そのほとんど（2014年3月末時点で約1兆2,800億ドル）が財務省の外国為替資金特別会計で管理・運用されており，日銀が保有するのはその数％程度（同約600億ドル）にすぎない。したがって，日銀の場合には，外貨安円高による評価損がそれほど大きくなることはない[20]。

　ところがブンデスバンクは，制度的に国家の外貨準備の全額を保有している上，輸出主導型の経済であることや財政ファイナンスへの警戒感が強いことから，通貨の供給方法としても外貨買入れ（ドル買いマルク売りの市場介入）のウエイトが高く，結果的にバランスシート（資産）に占める外貨の比率が非常に高い（これは現在のブンデスバンクにも通じる特徴である）。そこに，1960年代末からのドル危機が襲ったのである。

　まず1969年，マルクは5％の切上げに追い込まれるが，その結果，ブンデスバンクは，41億マルクの金・外貨評価損を計上することになる[21]。経常利益は14億マルクしかないため，引当金や準備金を取り崩してなんとか最終損益をゼロとしている。

　翌1970年には黒字を回復できたものの，ニクソン・ショックの起こった1971年には外貨評価損が60億マルクに達し，最終損益は31億マルクの赤字となった。自己資本[22]は25億マルクしかないため，ブンデスバンクはここで債務超過に陥ったのである。ところがバランスシート上は，純損失31億マルクを「外貨資産評価調整勘定」[23]との科目で資産の部に計上し，引当金・準備金・資本金はそのまま維持されている。資本金等がプラスであるからそこだけをとれば資産超過であるように見える。

　それ以降も，1973年から1979年まで（1975年を除く）ブンデスバンクは

---

20) とはいえ，日銀も1971年度には赤字に陥っている（剰余金は△546億円）。ニクソン・ショック後の円切上げ（ドル切下げ）による日銀保有外貨の評価損の拡大が原因である。この年は，積立金（現在の法定準備金）を1,260億円取り崩して，713億円を国庫に納付している（『日本銀行百年史（資料編）』掲載の損益計算書参照）。

21) 以下の数値は，Bundesbank, *Annual Report* 各号の財務諸表による。

22) 自己資本は，資本金＋準備金（法定準備金＋その他準備金）＋引当金（年金債務引当金を除く）として計算した。

23) 正確には "Compensatory amount required for new valuation of foreign currency assets and liabilities — balance sheet loss".

債務超過となるが，いずれも，損失額を調整勘定等として資産計上することで名目上の自己資本を維持し続けたのである。

累積損失を一掃し債務超過から脱却できたのはようやく1980年になってからのことであった。米国FRBが，ボルカー議長のもとで高金利政策に転換し，ドル相場が上昇したためである。

3.3 債務超過と通貨の信認

ブンデスバンクが債務超過に陥っていた1970年代，だからといってマルクの信認が低下したり，インフレ率が上昇したりといったことはなかった。むしろマルクは，ドルに代わる国際通貨として注目され対外価値が上昇していたのである（それゆえの債務超過転落でもあった）[24]。しかしここから，〈これは保有外貨の評価損であるから実質的なブンデスバンクの損失とは言えない〉とするのは適切ではない。中央銀行のバランスシートを重視する立場から言えば，債務であるマルクの価値を保証すべき資産の価値が低下したことに変わりはないのである。

しかしこの事例は，中央銀行の自己資本の状況と通貨の価値や信認の間には必ずしも直接的な関係はないことを示している。そしてそれは，ブンデスバンクが貿易黒字を維持する経済大国ドイツの中央銀行であるという個別的な事情によるわけでもない。途上国においても，1990年代末のチリやインドネシアでは，中央銀行が（自国通貨高以外の理由によって）債務超過に陥りながらも，インフレ率の上昇は抑えられていた（植田（2003））。

では，債務超過でないとすれば，通貨の信認を損なうのはどのような場合ということになるのだろうか。それは，先に述べたように，通貨発行のコントロールが失われた時である。したがって，債務超過であっても，一般的に通貨の増発を伴わなければ物価の高騰を引き起こすことはない。しかし，経済実態に必要な額を超えた通貨が発行されればたとえ債務超過でなかったと

---

24) 同様に，スイスの中央銀行も1971年と78年に債務超過に陥っていた（当時それは公表されなかった）ことをヨルダン副総裁（2012年4月より総裁）が認めている。また，同行は2010年のスイスフラン高の際も，債務超過にはならなかったものの巨額の損失をこうむっている（Jordan（2011））。

しても，強度のインフレが発生し，通貨の信認自体が失われることになる。

　通貨の発行を制御できなくなる極端なしかしわかりやすい例として，中央銀行の経常経費が常に収入を上回る状態――その時には中央銀行が自らの支払い（＝通貨供給）をコントロールできない――をあげることができる。しかし現実的な例としては，国債の中央銀行引受けがその典型である。

　中央銀行の政府からの独立性が重視されるのは，あるいは（日本の場合のように）そもそも政府から独立した機関として中央銀行が設立されるのは，先述のように，政治は（長期的には自らを危機に陥れる）インフレや国債の増発に対する強い誘惑を内包しているからにほかならない。独立した中央銀行に通貨の発行・管理を委ね，中央銀行による財政ファイナンスを封印しているのは，政府の自己防衛のための「手段」なのである。しかしながらそうした自己抑制は，近視眼化した政治家や国民には，不必要で非合理的な遺習にしか見えなくなるのである。

3.4　中央銀行の損失

　では，通貨供給量をコントロールさえできていれば，債務超過，その前提となる損失は問題ではないのだろうか。損失が国庫納付金を減少させそのことが納税者の負担につながる，あるいはそれを口実とする政府からの介入を招きやすいといった問題を除けば，損失自体が中央銀行や通貨の信認に影響することはない。ブンデスバンクの例が示す通りである。

　しかし，破綻金融機関向けの特融による損失の場合に典型的なように[25]，損失が生じるということは，中央銀行が，流動性リスク以外に価格リスクや信用リスクを負っていたことを意味する。価格リスク等を負わずに純粋に流動性転換機能だけを果たすことは厳密には不可能であるとしても，独占的な通貨発行権を有する中央銀行が，市場がとるべきリスクを肩代わりしていたことこそが問われるべきである。中央銀行の安易なリスク負担は，国家によって独占性を付与された通貨発行権の公平性・公正性を傷つけるだけでなく，モラルハザードを通じて市場の資源配分を歪める。しかも中央銀行の通

---

25) バブル崩壊後の日本銀行の特融等に伴う損失については伊豆（2013）参照。

貨発行には原理的な限界がないのである。

　中央銀行による市場リスク負担の是非は，最終的な損益によって正当化されあるいは非難されるべきではなく，中央銀行の機能としての適切性から判断されるべきものであると思われる。

おわりに──「出口」に向かえない場合

　中央銀行が債務超過に陥った場合のその意味について，簡単に整理してみた。

　では，日銀が本当にそうした状況に直面した時には実際何が起こるだろうか。市場の反応を正確に予測することは不可能であるが，述べてきたように，債務超過自体が円の信認問題になるとは，合理的には考えにくい。損失が数年に及ぶとしてもそれは一時的であり，通常の状態に戻れば日銀は年間数千億円の利益を上げることができる。何年かを経て資産超過に復帰するであろう。

　むしろ日本銀行や円の信認が問われるのは，出口に向かえず，追加緩和を繰り返さざるをえなくなった時であり，現状ではその可能性のほうが高いように思われる。例えば，①インフレ率が目標の2％まで上昇しない場合，あるいは②インフレ率の目標は達成しても雇用，経済成長率など新たな目標が（公式あるいは非公式に）日銀に課される場合が考えられる。

　追加緩和の可能性について，日銀の意思決定機関である政策委員会の中でも，若干の意見の相違が見られる。

　実は，「量的質的金融緩和」の実施期間は二段階に設定されている。一つは「2％の『物価安定の目標』を，2年程度の期間を念頭に置いて，できるだけ早期に実現する」というもので，つまり「2年程度」である。しかし同時に，「『量的・質的金融緩和』は，2％の『物価安定の目標』の実現を目指し，これを安定的持続するために必要な時点まで継続する」ともされている[26]。文字通りに読めば，2年を目途とするが，必要なら無期限に継続するという

---

26) 日本銀行「『量的・質的金融緩和』の導入について」2013年4月4日。

ことになる。

　これに対して審議委員[27]の一人（木内登英(たかひで)委員）は，後段の決定に反対し，また「2年程度の期間を念頭に置いて」ではなく「2年間程度を集中対応期間と位置づけて」とする提案を繰り返している[28]。その主旨は，量的質的緩和の実施は2年間に限定すべきだ，ということである。緩和政策を継続すれば，プラスの効果よりも副作用が多くなるとの判断にもとづく（木内(2013)）。

　しかしながら，木内委員の提案は，常に他の委員全員の反対で否決されている。そこから考えれば，インフレ率2％が達成されなければ（少なくとも，2％に達することが見通せなければ），追加緩和が実施される可能性が高い。

　追加緩和は，具体的には，まず，国債買入れ額の引上げが考えられる。長期国債の保有額が増えれば増えるほど，これまで述べてきたように日銀の通貨管理能力は低下せざるをえない。また，現在でも発行される国債のおよそ7割を日銀が購入している状況にあり，これ以上の買入れは，財政ファイナンスとの批判を受けることになるであろう。その時には，円が日本国債とともに信認を低下させることになりかねない。

　あるいは，ETFやREITの買入れ額の増加や，さらには何らかの産業政策的な資金供給もありえるかもしれない。中央銀行によるそうした市場リスクの負担は，中央銀行の公正性を損ない，モラルハザードを助長することになる。

　「量的質的金融緩和」は，確かにこれまで株価の大幅な押上げなど目ざましい効果をあげてきたが，長期的に見れば，日本経済に大きな負の遺産を残すことになるのではないだろうか。

---

27) 日本銀行政策委員会は，総裁1名，副総裁2名の他，6名の審議委員の合計9名から構成され，決定は1人1票の多数決によってなされる。

28) 木内委員は，同じ提案を，量的質的緩和の導入を決定した2013年4月4日から直近（2014年6月13日）まで，すべての金融政策決定会合で行っているが，いずれも反対多数で否決されている。

付記（2015年2月）

本稿脱稿（2014年6月末）後，岩田一政・日本経済研究センター編『量的・質的金融緩和―政策の効果とリスクを検証する―』日本経済新聞社，2014年に接した。また，日銀は2014年10月に追加緩和を決定した。

参考文献

伊豆　久「準備預金制度の論理とその変遷」『証券経済研究』第3号，1996年。
伊豆　久「FRBの出口戦略」『証研レポート』2010年6月号。
伊豆　久「金融機関の破綻処理と日本銀行」『証券経済研究』第84号，2013年12月。
植田和男「自己資本と中央銀行」（日銀審議委員講演録）2003年10月25日。
翁　邦雄「経済教室―量的緩和，出口の展望必要」『日本経済新聞』2013年3月26日。
小栗誠治「中央銀行のシーニョリッジ，利益処分，資本」『滋賀大学経済学部研究年報』第7号，2000年。
会計検査院「日本銀行の財務の状況及びその推移について」『平成20年度決算検査報告』（第4章第3節第3）。
木内登英「内外経済の展望と金融政策」（日銀審議委員講演録）2013年11月26日。
久後翔太郎「量的・質的金融緩和――異次元の運営，異次元の出口」『経済分析レポート』（大和総研），2013年9月11日。
黒田東彦「2％の『物価安定の目標』の早期実現と日本経済の持続的な成長に向けて」（日銀総裁講演録）2014年6月23日。
日本銀行金融研究所編『日本銀行の法的性格――新日銀法を踏まえて――』弘文堂，2001年。
日本銀行調査局（吉野）「中央銀行に資本金は必要なりや否や（1946年5月3日）」『日本金融史資料　昭和続編　第10巻』所収。
日本銀行調査局「銀行券発行は行政権の行使とは無関係である（1955年7月13日）」『日本金融史資料　昭和続編　第10巻』所収。
吉田　暁『決済システムと銀行・中央銀行』日本経済評論社，2002年。
Adler, G., et. al., "Does Central Bank Capital Matter for Monetary Policy?" *IMF Working Paper*, WP/12/60, 2012.
Bindseil, U., et. al., "The Role of Central Bank Capital Revised," *ECB Working Paper Series*,

no. 392, 2004.

Buiter, W., "Can Central Bans Go Broke?" *CEPR Policy Insight*, no. 24, 2008.

Jordan, Thomas J., "Does the Swiss National Bank need equity ?" September 28, 2011.

日中における文化産業集積の現状と課題

岩本　洋一
浦川　康弘
王　　彦風

はじめに

　経済のグローバル化やポスト工業化（知識経済化）の進展，またこれらを支える情報技術の発達を背景として，1990年代後半以降，各国政府の間で文化産業への関心が高まっている。
　日本や中国も例外ではない。日本では，第一に，日本のマンガ，アニメ等のコンテンツやファッションが「クール・ジャパン」として海外メディアから高く評価されたこと，第二に，国内でも，観光など関連分野への波及効果を含め，今後の日本経済を牽引する成長産業として同産業への期待が高まったこと，第三に，文化製品が国家のブランドイメージを高めることで，日本産業全体の海外展開や，外交を円滑に進める上でも大きな力（「ソフト・パワー」）になるといった認識が政策現場で高まっていったことなどを背景に，文化産業振興に関わる政策が相次いで打ち出されるようになった[1]。
　中国でも，第一に，国民の文化消費支出が著しい伸びを示していること[2]，第二に，こうした旺盛な文化消費に支えられ，文化産業が GDP 成長率を上

　1）例えば，アジア・ゲートウェイ戦略会議（2007），経済産業省（2010）を参照。

回る勢いで急成長を続けていること[3]などを背景に，文化産業を国民経済の支柱産業に育成する方針が打ち出されている。また第三に，環境汚染のさらなる深刻化を防ぐための工場移転など，都市部を中心にポスト工業社会への転換が迫られる中で，文化産業は，産業構造を戦略的に調整する重要な産業として位置づけられている[4]。とくに旧工場や旧市街地の再開発をめぐっては，後述するような，文化産業集積区の建設が加速している。

このように近年，日本と中国ともに国家戦略として文化産業を育成・発展させる動きが強まっているが，こうした文化産業の成長を牽引しているのは，都市地域である。今日のグローバル経済において競争優位を得るためには，むしろローカルな要素が重要になることが指摘されてきたが，文化産業の領域においても，国境を越えた文化製品や文化情報・イメージの流通が活発化する一方で，その生産拠点となると，特定の大都市の限られた地域に集積する傾向がみられる。

しかし，1970年代以降，政府が関心を持つずっと以前から，民間主導で，一定の時間をかけて自立的・自発的に形成されてきた日本の文化産業集積と，2000年代以降，政府が強力なリーダーシップをとり，短期間で急速に産業化を推し進めている中国の文化産業集積とでは，その内実において，共通点とともに違いも大きいように思える。

本章では，こうした日中の文化産業集積をめぐる状況やその特徴について整理し，今後，両国における文化産業集積地の比較実証研究を行うための手がかりや分析視点を得ることを目的とする。

2）2011年の一人当たり文化消費支出は，都市部住民1,102元，農村部住民165元である。これは，2002年と比べると，都市部住民で171％，農村部住民で251％の増加であり，ともに消費支出全体の伸び（都市部住民151％，農村部住民185％）を上回っている（叶主編，2012）。

3）中華人民共和国国家統計局によれば，2012年の文化産業の付加価値は18,071億元（対GDP比3.48％）で，前年比16.5％増（GDPは前年比7.8％増）となっている。http://www.stats.gov.cn/tjfx/jdfx/t20130826_402921959.htm（2013年9月1日最終確認）

4）文化部（2012）。

1．文化産業の定義と分類

1.1 研究者による定義と分類

まず，文化産業の定義と分類について整理しておく。より狭い意味で，文化産業とは，①映画，音楽，テレビ番組，書籍雑誌，ゲームなど，とくに娯楽性の高い情報財（コンテンツ）の創造・制作と流通を担う産業群を指し，「コンテンツ産業」という概念がこれに該当する[5]。

また，社会学的な観点から，②「イメージ，シンボル，メッセージの生産に関わる一連の製造部門やサービス部門」，つまり，実用性というよりも，消費者にとっての美学的価値や記号的価値の高い財やサービス（「文化製品」）を生産する産業として定義されることもある[6]。この②の定義では，①の産業群に加え，ファッションやクラフト関連製品の製造業も文化産業に含まれることになる。

さらに，③「生産システム」の視点から，文化産業を捉える見方もある[7]。この場合には，コンテンツの創造と流通を担う①の産業群に加え，これを支援する一連の活動（例えば，印刷等の「複製」を担う産業や，楽器やゲーム機等の「生産手段の生産」を行う産業，その他，文化製品の「卸」「小売」業や「保存」「展示」を行う文化施設など）も文化産業の分類に含まれることになる。

他方で，④音楽や文学，ダンス，視覚芸術，マルチメディア・アートなど，芸術文化の創造活動の成果が，幅広い産業の生産環境に活用されていく，その広がりにおいて文化産業の全体構造を捉えようという見方もある（「文化産業の同心円モデル」）[8]。このモデルでは，非営利の活動も含めた各種芸術

---

5) コンテンツ産業の定義については，新宅・田中編（2003），半澤（2006），河島（2009），経済産業省ホームページ http://www.meti.go.jp/policy/mono_info_service/contents/（2014年2月8日最終確認）などを参照。
6) Scott（2000）。
7) Pratt（1997, 2004）。プラットは，文化産業の多様な活動は，固有の生産システムとして集合的に考えることができるとし，「文化産業生産システム（CIPS）」という概念を提示している。

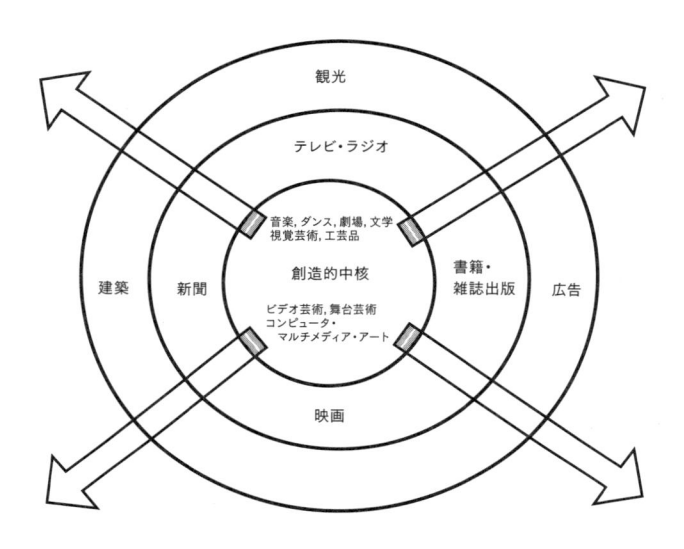

図1 文化産業の同心円モデル（スロスビー（2002））
（出所）佐々木（2007），53ページより作成

の創造活動が文化産業の中核に置かれ，それを取り囲む①の産業群（主として芸術文化の流通を担う）に加え，広告や建築，観光等も，芸術文化の創造活動の成果が活用され，ある程度文化的な価値を有しているならば，文化産業の領域に含めることができる，とされる（図1）。

1.2 政府による定義と分類

一方で，近年，国際的にも広く用いられているのが，イギリス政府が定義した「Creative Industries（創造産業）」[9]の枠組みである。中国では「創意

---

8) スロスビー（2002）。
9) 「個人の創造性，スキル，才能を起源とし，知的財産の創造と市場開発を通じて，富と雇用を生み出す可能性をもっている産業」と定義される。具体的には，①広告，②建築，③アート・アンティーク市場，④工芸，⑤デザイン，⑥デザイナーファッション，⑦映画・ビデオ，⑧ゲームソフト，⑨音楽，⑩舞台芸術，⑪出版，⑫ソフトウェア・コンピュータサービス，⑬テレビ・ラジオの13分野を含む。また，ツーリズム，ホスピタリティ，美術館・ギャラリー，文化遺産，スポーツなどもこれと親密な経済的関係があるとされる（DCMS，2001）。

産業」と呼ばれるが，北京市ではこの定義を参考にしつつ，市の状況に合わせて「文化創意産業」[10]という独自の分類を行っている。これら創造産業の分類においては，前述①のコンテンツ産業に加え，舞台芸術，ソフトウェア，建築，広告，美術・骨董・工芸品などが含まれているのが特徴的である。

また図2は，中国政府が2004年に発表し，2012年に新たに改定された文化産業の枠組み（「文化及び文化関連産業」分類）である。「文化及び文化関連産業」は，「社会公衆に文化製品と文化関連製品を提供する生産活動の集合」と定義される。この分類では，文化産業の"内包"として「文化製品の生産」に関わる産業群が，"外延"として「文化関連製品の生産」（「文化製品を生産するための補助的生産」，「文化用品の生産」，「文化専用設備の生産」）に関わる産業群が置かれている。そして，前者が文化産業の主体となり，後者はこれを補充する役割を果たす，とされる[11]。

文化産業の内包
「文化製品の生産」
ニュース、出版（図書、雑誌電子出版など）、ラジオ・テレビ・映画、文化芸術（舞台芸術、図書館、公文書館、文化遺産保護、博物館、大衆文化サービス、文化研究、文化芸術の育成訓練、インターネット、広告、ソフト開発（マルチメディア、アニメ、ゲームソフト）、建築設計、文化レジャー娯楽、工芸など

文化産業の外延
「文化製品を生産するための補助的生産」
著作権サービス、印刷、マネジメント、オークション、文化に関わるレンタルサービス（図書・音楽・動画製品、娯楽・スポーツ設備など）など

「文化用品の生産」
文具類、楽器、玩具、ゲーム機器、テレビ・音楽・映画等設備、花火、文化用紙・インク類、文具・楽器・カメラの卸・小売、文化用家電の卸・小売など

「文化専用設備の生産」
ラジオ、テレビ、映画専用の設備の製造、その他文化専用設備の製造、ラジオ、テレビ、映画専用設備の卸

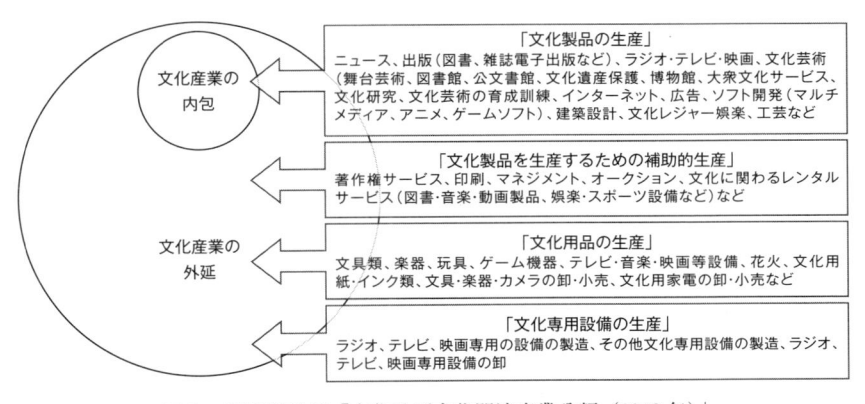

図2　国家統計局「文化及び文化関連産業分類（2012年）」

（出所）国家統計局（2012）より作成

---

10)「創作，創造，創新を基本手段とし，文化内容（コンテンツ）の創意成果を核として，知的所有権あるいは消費を取引の特徴とし，公衆に文化体験を提供し，内在的につながりのある業界の集積」と定義される。具体的には，①文化芸術，②ニュース・出版，③ラジオ・テレビ・映画，④ソフトウェア・ネットワーク・コンピュータ関連サービス，⑤広告・コンベンション，⑥芸術品取引，⑦設計サービス，⑧観光・レジャー娯楽サービス，⑨その他補助サービスの9分野を含む（向・劉主編（2012），11ページ）。
11)　国家統計局（2012）。

以上，文化産業の定義と分類についてみてきたが，産業分類としてはコンテンツ産業が最も狭く，次に創造産業，そして文化産業になると，解釈にもよるが，製造や卸小売，その他関連サービス業等も含めてかなり幅広い産業群が含まれることが多い。しかし，文化産業の核になるのは，あくまで芸術文化（コンテンツ）の創造と流通に関わるコンテンツ産業や創造産業であるといえる。以上を踏まえて，以下では日本と中国における文化産業集積をめぐる状況についてみていく。

2．日本の文化産業集積

2.1 文化の創造・流通における東京一極集中構造

日本には統一された文化産業の定義や分類基準はない。前述①～④の文化産業概念を比較検討し，我々が独自に分類した文化産業の枠組み（「文化産業セクター」）[12]に基づく数値（表1）によると，2006年における日本の文化産業の従業者数は489万人（全従業者数の8.3％），事業所数は56万件（全事業所数の9.5％）である（ここに観光は含まれていない）。これを他産業との比較でみると，文化産業は，医療・福祉や建設業に匹敵する規模の産業セクターとなっている。最大の集積地である東京都でみるとその比重はさらに高まり，都の従業者数の11.4％，事業所数の13.2％を占める。

文化産業セクターは，その活動の機能的特徴によってコンテンツ部門（コンテンツの創造と流通）[13]，生産部門（印刷等の複製，クラフト・ファッション製品の製造），流通[14]部門（クラフト・ファッション製品の卸売），消費部門（文化製品の小売や保存・展示）の4つに大別される（各部門を構成する個別の業種については，脚注12）を参照）。表2によれば，東京都では，コンテンツ部門で働く文化産業従業者が最も多く全体の35％を占めている。続いて消費部門31％，生産部門20.4％，流通部門13.6％であり，比較的バランスのとれた産業構成になっている。すなわち，文化の創造・流通から製造，卸，小売，保存・展示と一連の機能を総合的に備えていることが東京の文化産業の特徴といえる。これに対して，東京都を除いた全国地域では，消費部門で働く従業者の割合が過半数（52.2％）を占めており，反面，コンテ

表1 日本における文化産業セクターの規模（全国，東京都）

2006年	全国 従業者数（人）	%	事業所数（件）	%	東京都 従業者数（人）	%	事業所数（件）	%
建設業	4,144,037	7.1	548,861	9.3	447,963	5.1	43,157	6.2
金融・保険業	1,429,413	2.4	84,107	1.4	357,847	4.1	9,830	1.4
不動産業	1,014,844	1.7	320,365	5.4	248,743	2.9	51,676	7.5
医療，福祉	5,588,153	9.5	351,129	5.9	583,353	6.7	40,143	5.8
文化産業	4,890,463	8.3	562,384	9.5	991,083	11.4	91,478	13.2
全産業	58,634,315	100	5,911,038	100	8,704,870	100	690,556	100

(注) 総務省及び東京都『平成18年事業所・統計調査』より作成。「文化産業」は『平成18年事業所・企業統計調査報告書』では，個別のデータが得られない「陶磁器・ガラス器小売業」を除いた数値。
(出所) 岩本（2011）

12) 文化産業セクターは，「コンテンツの創造と流通」，「複製」，「製造」，「流通（卸売）」，「消費」に関わる人々や産業の集合体と定義され，機能別に，大きく「コンテンツ部門」，「生産部門（複製部門，製造部門）」，「流通（卸売）部門」，「消費部門（小売部門，文化施設）」の4つのサブセクターから編成される。2002年改定の「日本標準産業分類」から抽出した文化産業セクターを構成する産業群は，以下のとおりである（岩本2010，2011）。

〈文化産業セクター〉
【コンテンツ部門（コンテンツの創造と流通）】……放送業，映像情報制作・配給業，音声情報制作業，新聞業，出版業，ニュース供給業，その他の映像・音声・文字情報制作に附帯するサービス業，土木建築サービス業，デザイン業，広告業，著述・芸術家業，興行団。
【生産部門（印刷等の複製，クラフト・ファッション製品の製造）】……［複製部門］印刷・同関連業，情報記録物製造業。［製造部門］衣服その他の繊維製品製造業，なめし革・同製品・毛皮製造業，家具・装備品製造業，貴金属・宝石製品製造業，装身具・装飾品・ボタン・同関連製品製造業，楽器製造業，玩具製造業，漆器製造業，畳・傘等生活雑貨製品製造業。
【流通部門（クラフト・ファッション製品の卸売）】……繊維品卸売業，衣服・身の回り品卸売業，家具・建具・じゅう器等卸売業。
【消費部門（文化製品の小売や保存・展示）】……［小売部門］各種商品小売業，織物・衣服・身の回り品小売業，家具・建具・畳小売業，陶磁器・ガラス器小売業，書籍・文房具小売業，玩具・娯楽用品小売業，楽器小売業。［文化施設］映画館，劇場，興行場，図書館，博物館，美術館。

13) ここでいう流通とは，情報財の流通のことをさす。
14) ここでいう流通とは，モノの流通のことをさす。

表2 部門別にみた日本の文化産業セクターの規模(東京都,東京都を除いた全国地域)及び東京都への集中度

2006年	東京都 従業者数(人)	%	事業所数(件)	%	全国(東京都を除く) 従業者数(人)	%	事業所数(件)	%	東京都への集中度 従業者数(%)	事業所数(%)
生産部門	198,508	20.4	22,770	25.3	948,687	24.4	105,775	22.5	31.7	17.7
コンテンツ部門	341,401	35.0	23,720	26.3	611,183	15.7	72,963	15.5	35.8	24.5
流通部門	132,441	13.6	9,877	11.0	296,792	7.6	34,175	7.3	30.9	22.4
消費部門	302,171	31.0	33,742	37.4	2,027,820	52.2	256,823	54.7	13.0	11.6
合計(文化産業)	974,521	100	90,109	100	3,884,482	100	469,736	100	20.1	16.1

(注) 総務省及び東京都『平成18年事業所・企業統計調査報告書』より作成。同報告書では個別のデータが得られない「陶磁器・ガラス器小売業」(消費部門)を除いた数値。さらに,同報告書では,「興行団」(コンテンツ部門)と「劇場,興行場」(消費部門)が集計項目として統合され,個別のデータが得られない。このため,ここではこの2項目を除いて集計した。したがって,その分,東京都の文化産業の従業者数及び事業所数の合計値が,表1よりも少なくなっている。
(出所) 岩本(2011)

表3 東京都への従業者数の集中度(%):コンテンツ部門

	放送業	映画,ビデオ制作・配給業	映画・ビデオサービス業	新聞業	出版業	ニュース供給業	土木建築サービス業	デザイン業	広告業	著述家・芸術家業	興行団
1963年	29.2	68.1	95.7	31.4	93.8	21.8	31.4	—	19.7	—	57.8
1975年	31.0	71.3	71.1	35.7	75.6	31.3	19.0	—	28.6	25.1	65.1
1986年	26.9	71.2	67.4	34.3	70.9	34.5	17.8	48.4	45.4	23.8	62.8
1996年	27.8	67.9	80.2	33.1	66.0	38.5	16.9	42.3	44.0	18.2	63.1
2006年	28.1	72.1	—	37.3	67.1	43.9	17.5	47.2	44.6	16.5	—

(注) 時系列比較のため,ここでは1993年改訂の『日本標準産業分類』にもとづく分類項目を採用している。このため,2002年改訂で分類項目が変更された「映画・ビデオサービス業」の2006年の数値はわからない。また,「興行団」の2006年の数値も,同年の『事業所・企業統計調査』では集計項目が統合された影響で把握できない。
(出所) 岩本(2011)

ンツ部門（15.7％）や流通部門（7.6％）の割合が東京都に比べ，大変小さくなっている。東京都への集中度を見ても，コンテンツ部門が35.8％と最も高い。表3から，コンテンツ部門を構成する各業種に着目すると，「映画・ビデオ」「出版」「興行団」の60％以上，「デザイン業」や「広告業」の40％以上が東京都に集積していることがわかる。

以上から，文化情報や文化製品の創造・流通拠点としての東京の地位の高さと，そこから一方向的に発信される文化情報や文化製品の消費の場と化している多くの地方都市の姿が浮かび上がってくる。こうした文化創造・流通面での東京一極集中構造が，全国的な文化の画一化・均質化や若者の東京志向と人材流出をもたらしてきたことは否めない。

とはいえ，東京以外の地域で，コンテンツ産業や創造産業の成長がみられないわけではない。図3は，先にみたイギリス政府の定義にもとづき，日本の政令指定都市における創造産業従業者数を，就業者人口1,000人あたりの数で見たものであるが，これをみると，全国の政令指定都市において，創造産業は一定のシェアを占めていることがわかる[15]。こうしたことから，近年，

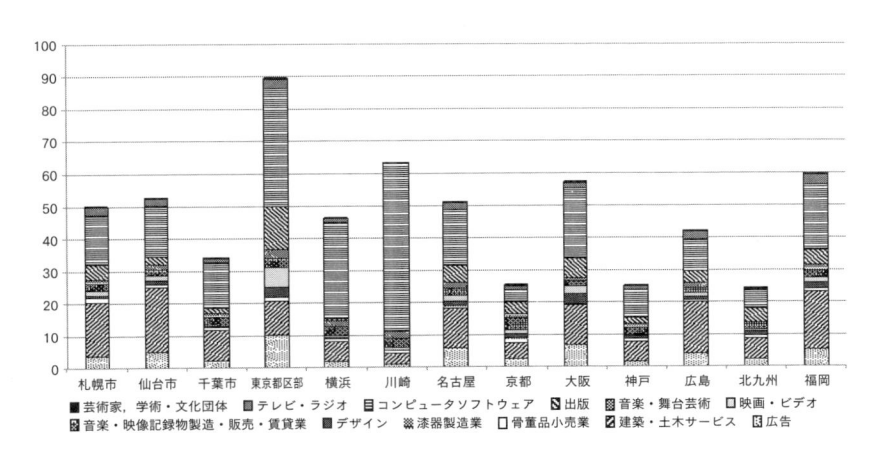

図3 政令指定都市の創造産業従業者数：従業者1,000人あたりの数（単位：人，2001年）
（出所）福岡市（2004）より作成

---

15) 水町（2007）を参照。

札幌，仙台，横浜，福岡など大都市地域を中心に，創造産業の振興策が展開されるようになっている。

2.2 創造産業の集積と外部経済

では，創造産業は，どのような特徴を持った地域に集積するのであろうか。東京都が2009年に行った創造産業に関する実態調査[16]をもとに，最大の集積地である東京都の状況をみると，とくに東京都区部への集積が目立つ（図4）。そして，この区部の集積状況を分野別でみると，とくに港区と渋谷区を中心としたエリアに，「テレビ・ビデオ」「映画」「音楽」「デザイン」「ファッション」「ゲーム」「建築」など多様な創造産業の事業所が集中して立地して

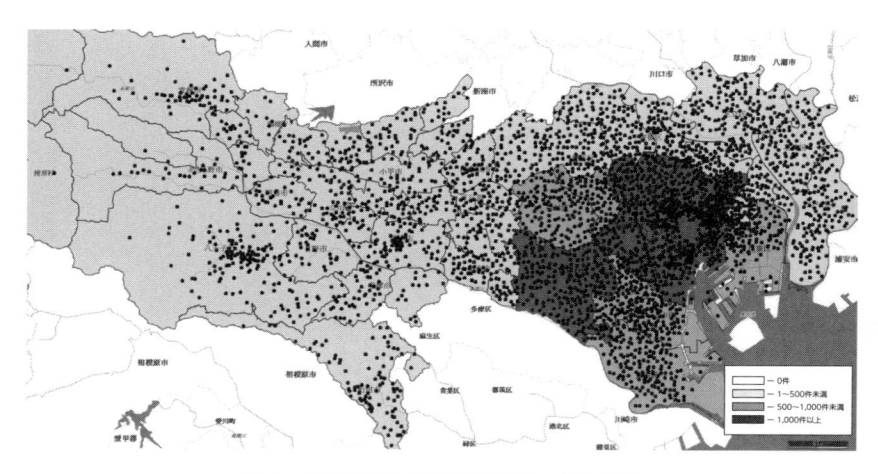

図4　東京都における創造産業の立地状況

(注) 事業所が立地している場所を●で表示している。立地状況図については「丁目」までの住所情報で作成しており，同じ丁目に複数の事業所があっても1つの●で表示されており，点の数が事業所数の実数を示すものではない。
(出所) 東京都産業労働局（2010）

---

16) 東京都産業労働局（2010）。この調査では，イギリスの創造産業の定義を参考に，東京都の創造産業について「既存統計調査」，「立地調査」，「アンケート調査」，「ヒアリング調査」を行っている。また，本調査に基づく研究として，後藤・奥山（2011），後藤（2013）がある。

いることがわかる（図5）。

　さらに同調査では，これらの事業所に対してアンケートを実施し，現在の立地場所で事業を行うメリットについても質問している．表4から，その結果を点数でみると，全体では，「交通の利便性が良い」の他，「場所の知名度が高い」，「主なクライアントや外注先に近い」，「場所のイメージが良い」の順に高くなっており，分野別でみると「顧客が集まりやすい」（ファッション，芸術），「同業者が近くに多い」（アニメ，テレビ・ラジオ），「スタジオ

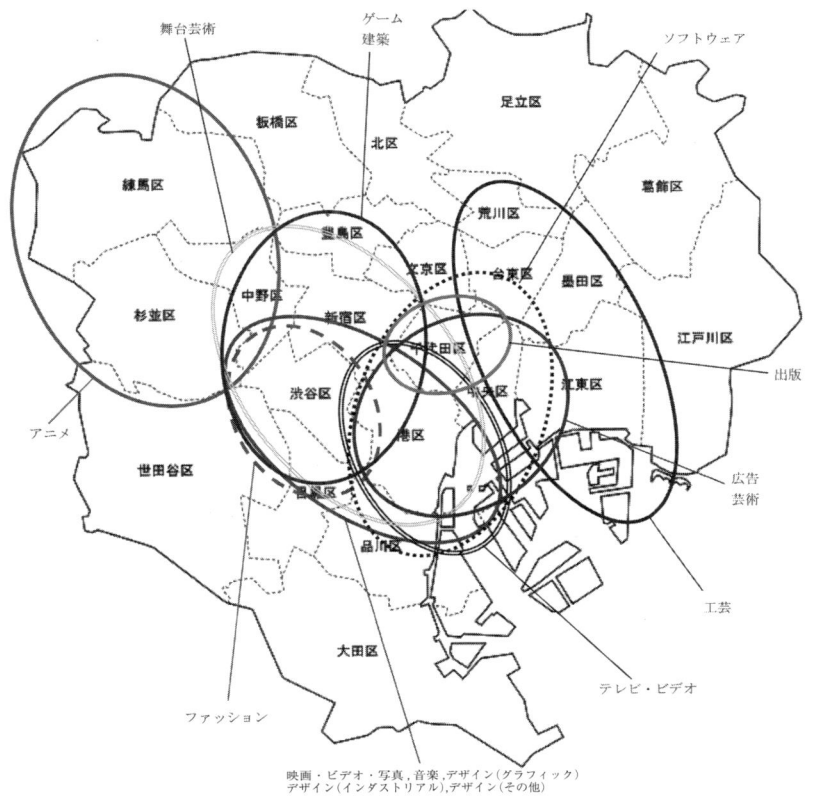

図5　東京都区部の創造産業の集積状況（分野別）

（注）分野別に地域別構成比が上位2割を占める地域を掲載。
（出所）東京都産業労働局（2010）

表4 事業所立地場所のメリット（点数）

	顧客が集まりやすい	主なクライアント、外注先企業に近い	同業者が近くに多い	スタジオ等専門の施設に近い	ビジネスサポート企業に近い	制作資金が集めやすい	情報が収集しやすい	有能な人材が集めやすい	交通の利便性が良い	場所の知名度が高い	場所のイメージが良い	多様な人材・文化に寛容で、創造性が発揮できる	土地代・オフィス賃料が安い
全体	0.1	0.5	−0.1	−0.4	−0.7	−1.0	0.2	−0.2	1.2	0.6	0.5	−0.1	−0.2
芸術	0.7	0.3	−0.8	−0.7	−0.8	−0.9	−0.1	−0.3	1.2	1.0	0.9	0.2	−0.3
舞台芸術	−0.2	−0.3	−0.6	−0.6	−1.1	−1.2	−0.5	−0.8	1.1	0.1	0.3	−0.4	−0.4
音楽	−0.5	−0.1	−0.3	−0.2	−0.7	−1.1	−0.1	−0.4	1.0	0.3	0.4	−0.4	−0.1
映画・ビデオ・写真	−0.1	0.4	−0.4	−0.2	−0.6	−0.9	−0.3	−0.3	1.1	0.5	0.2	−0.3	0.1
テレビ・ラジオ	0.1	1.0	0.6	0.7	−0.6	−0.7	0.4	−0.1	1.1	0.7	0.6	−0.2	−0.5
アニメ	0.0	0.7	0.8	−0.1	−1.0	−1.0	0.2	−0.1	0.9	0.1	0.0	0.2	0.3
ゲーム	−0.1	0.7	0.1	−0.2	−0.5	−0.5	0.4	0.3	1.1	0.6	0.2	0.1	0.1
ファッション	0.8	0.8	0.4	−0.9	−1.0	−1.0	0.8	0.2	1.3	1.0	0.9	0.2	−0.7
デザイン（グラフィック）	0.4	0.7	−0.1	−0.1	−0.6	−0.9	0.2	0.0	1.3	0.9	0.8	0.1	−0.3
デザイン（インダストリアル）	−0.1	0.1	−1.0	−1.2	−1.1	−1.4	0.2	−0.4	0.9	0.2	0.2	−0.4	−0.2
デザイン（その他）	0.1	0.6	−0.3	−0.8	−0.8	−1.1	0.2	−0.3	1.2	0.7	0.6	−0.1	−0.1
広告	0.1	0.7	0.1	−0.4	−0.3	−0.9	0.4	0.0	1.3	0.8	0.5	−0.1	−0.1
出版	−0.3	0.6	−0.1	−0.7	−0.6	−1.0	0.4	0.0	1.3	0.6	0.5	−0.1	−0.1
工芸	0.2	−0.5	−0.3	−1.3	−1.2	−1.1	0.0	−0.8	1.1	0.4	0.2	−0.3	−0.3
その他	0.0	0.3	−0.5	−0.8	−0.7	−1.2	−0.1	0.0	1.2	0.7	0.6	−0.3	−0.5

「点数」は，現在の事業所立地場所で事業を行うメリットを回答した回答者数に一定数を掛けて（「あてはまる×2」「ややあてはまる×1」「どちらともいえない×0」「あまりあてはまらない×−1」「全くあてはまらない×−2」）合計数を出し，各項目の「無回答」を除いた回答者数で除算した値。
（注）調査対象は，都内（島嶼を除く）に立地し，クリエイティブ系事業（芸術，舞台芸術，音楽，映画・ビデオ・写真，テレビ・ラジオ，アニメ，ゲーム，ファッション，デザイン，広告，出版，工芸）を行っている事業所5,000か所。調査期間2009年10月16日～11月6日。有効回答数1,185。有効回収率25％。
（出所）東京都産業労働局（2010）

等専門の施設に近い」(テレビ・ラジオ),「情報が収集しやすい」(ファッション) などの回答も多く挙げられていることがわかる。

　こうしたアンケート調査の結果は，単なる地理的近接性による集積という意味を超えて，都心部（とくに渋谷区・港区を中心としたエリア）に，クライアントや外注先との取引関係，スタジオ等の専門サービス機関，あるいは場所のブランドイメージなどを通じて相互に結びついた創造産業群の「クラスター」(「ある特定の分野に属し，相互に関連した，企業と機関からなる地理的に近接した集団」)[17] が存在していることを窺わせる。

　いずれにせよ，創造産業は，このような集積のメリット（外部経済効果）の得られる場所に集中して立地する傾向があるといえる。近年の産業集積論では，集積のメリットとして，「取引コストの削減」の他，「フェイス・トゥ・フェイスの情報交流」や関連教育機関・起業支援機関などの「制度的厚み」により，創造性やイノベーションを促進する集積効果が注目されているが，創造産業をはじめとする文化産業の発展においては，とくに後者の面での集積効果の発揮が重要であろう。さらに，文化産業に特徴的な集積要因や集積効果としては，芸術家が自分好みに改装して創作活動を行えるロフトのような「安価なスペース」[18]や，彼らの自由なライフスタイルを許容する「開放的で寛容な場所」の存在[19]，コンテンツの流通を担う「メディアとの近接性」[20]，「場所特有の文化的イメージ」の良さやそれに伴う「名声効果」（商品のブランド化など）[21] なども指摘されてきた。

　そして，次にみる中国は，このような集積効果を政策的・戦略的に発揮させることで，文化産業の発展を加速させようとしているようにみえる。

---

17) ポーター (1999), 70 ページ。
18) 例えば，湯川 (1999)。
19) フロリダ (2008)。
20) 例えば，増淵 (2010)。
21) Scott, 前掲書。

3. 中国の文化産業集積

3.1 文化体制改革と文化産業振興

中国では，1980年代以降，文化事業組織の市場化が進められてきたが，2000年代に入り「文化体制改革」が本格化し，公益性をもつ「文化事業」の，企業化・市場化を含めた組織改革ととともに，経営性の強い「文化産業」の育成・振興が，国の重要課題となっている[22]。

中国政府が文化産業を国家戦略に位置づけたのは1998年が始まりとされ，この年，文化部の中に，文化産業の政策策定や指導を行う「文化産業司」が設立された。その後，「国民経済と社会発展第10次5カ年計画」（2001～2005年）において，「文化と文化関連産業を強化し発展させる」ことが打ち出され，2009年には国の文化産業振興の基本方針となる「文化産業振興計画」が公表された[23]。さらに「第12次5カ年計画」（2011～2015年）では，文化産業の付加価値を5年間で倍増させ，国民経済の支柱産業とすることが掲げられる[24]など，文化産業を重視する姿勢はいっそう強まっている。

3.2 中国における文化産業集積区の地域分布

このような中国の文化産業振興政策において注目されるのが，文化産業集積区域としての「文化産業園区」や「文化産業基地」の建設である。中国では，前述した2004年の国家統計局による文化産業分類の制定に始まり，2009年の「文化産業振興計画」の公表を経て，一連の政策指導の下で，全国的な文化産業園区の建設ブームが起きている。

文化産業園区に関する概念は統一されていないものの[25]，北京市では，「文化創意産業集積区とは，一定数量の文化創意企業が集まり，一定の産業規模を持ち，自主的な創意研究開発能力を備え，さらに専門的なサービス機関と

---

22) 中国の文化体制改革と文化産業政策の変遷について，詳しくは，自治体国際化協会・北京事務所（2013），福岡アジア都市研究所（2008）を参照。
23) 向（2012），7ページ。
24) 文化部，前掲書。

公共サービス施設を持ち，関連するインフラ整備と公共サービスを提供できる区域」[26]とされている。

中国では，2004年以降，国が進めてきた国家級の文化産業模範基地及び文化産業園区の認定と文化産業の勃興を背景に，各級の文化産業園区の建設が相次いでいる。2009年から2010年にかけて北京大学文化産業研究院の中国文化創意産業園区研究グループが行った調査[27]によれば，文化創意産業園区の数が最も多いのは，「泛長三角（長江デルタ）」[28]地域（308カ所）で，全体の56％を占めている。さらに「泛珠三角（珠江デルタ）」[29]地域（106カ所）と「泛環渤海湾」[30]地域（91カ所）がこれに続き，この3地域で，園区全体の91％を占めている。一方で，その他の「東三省及び内蒙古」[31]（24カ所），「西北地区」[32]（18カ所），「西南地区」[33]（10カ所）の3地域は，全体の9％を占めるに過ぎない（図6）。

これを省級レベルでみると，上海市の数の多さ（180カ所）が際立ってい

---

25) 向・劉主編（前掲書，13-14ページ）は，「文化産業園区」に関する概念はいまだ統一されていないとしながらも，「クラスター」概念と関連づけて，これを説明している。すなわち，まず，「文化産業クラスター（文化産業集群）」とは，「文化創意産業の領域において，緊密な関係を持つ多くの文化創意産業企業及び支援組織（研究組織）が，空間的に集積し，お互いに協力し補い，文化創意産業の資源を有機的に集め，文化創意製品の創造，生産，流通，利用を最良化し，強い持続的な競争優位を形成する現象である」とする。その上で，「中国の文化産業園区とは，文化創意産業の集積を基礎として，産業経済，社会発展及び文化認識を一体化する実践的形態である。……文化産業園区は，文化と関連する産業集積を実現する特定地理区域であり，鮮明な文化形象（イメージ）をもち，さらに外部に一定の吸引力をもつ，生産，交易，レジャー，居住を一体化した多目的園区である。園内においては，生産－供給－販売の文化産業チェーンが形成され，垂直的・水平的な文化製品の生産あるいは画一的な文化製品の大量生産という特徴を持っている」と述べている。
26) 北京市（2006）。
27) 向・劉主編，前掲書。
28) 上海市，江蘇省，浙江省，湖南省，安徽省，湖北省を含む。
29) 広東省，広西チワン族自治区，福建省，江西省，海南省を含む。
30) 北京市，山東省，天津市，河南省，河北省，山西省を含む。
31) 遼寧省，吉林省，黒竜江省，内モンゴル自治区を含む。
32) 陝西省，寧夏回族自治区，青海省，新疆ウイグル自治区，甘粛省を含む。
33) 四川省，雲南省，重慶市，貴州省，チベット自治区を含む。

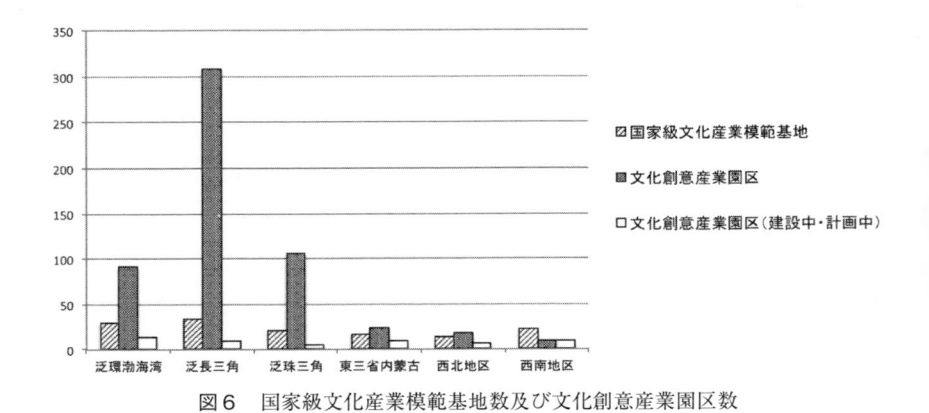

図6　国家級文化産業模範基地数及び文化創意産業園区数

（出所）向・劉主編（2012），17-18ページより作成

表5　中国における国家級文化産業模範基地及び文化創意産業園区の数

区域	国家級文化産業模範基地	文化創意産業園区	区域	国家級文化産業模範基地	文化創意産業園区
泛環渤海湾（合計）	30	91	東三省内蒙古（合計）	17	24
北京市	11	40	遼寧省	8	10
山東省	5	33	吉林省	4	5
天津市	3	7	黒竜江省	3	8
河南省	4	4	内モンゴル自治区	2	1
河北省	4	4	西北地区（合計）	13	18
山西省	3	3	陝西省	5	9
泛長三角（合計）	34	308	寧夏回族自治区	1	4
上海市	9	180	青海省	3	2
江蘇省	7	64	新疆ウイグル自治区	1	1
浙江省	7	20	甘粛省	3	2
湖南省	5	5	西南地区（合計）	22	10
安徽省	3	35	四川省	11	3
湖北省	3	4	雲南省	5	1
泛珠三角（合計）	21	106	重慶市	3	1
広東省	13	60	貴洲省	2	1
広西チワン族自治区	3	16	チベット地区	1	4
福建省	2	11			
江西省	2	13			
海南省	1	6			

（出所）向・劉主編（2012），17ページより作成

る。その他にも北京市（40 カ所），江蘇省（64 カ所），広東省（60 カ所）など，経済・技術発展の水準が高い東部沿岸地域に園区は最も集中している（表 5）。なお，江蘇省は南京市，広東省は広州市，深圳市などの巨大都市を抱えるが，上海市や北京市と同様に，これらの都市では，近年，創造産業の著しい成長が報告され，市政府による積極的な振興策も展開されている[34]。

　次に，文化創意産業園区の業種別地域分布の割合（表 6）をみると，「泛環渤海湾」，「泛長三角」，「泛珠三角」の 3 地域は幅広い業種において，高い分布率を示している。なかでも「泛長三角」地域は，「総合性（娯楽）」において全国の園区の 83％ を占めるとともに，「芸術品と工芸美術」（50％），「マンガ・アニメ・ゲーム・科学技術」（44％），「出版印刷」（41％）といった創意産業やコンテンツ産業が集中的に分布しており，文化の創造・流通機能の拠点となっている。各地域内における園区の業種別分布の割合（表 7）をみても「泛環渤海湾」，「泛長三角」，「泛珠三角」の 3 地域は，比較的バランスのとれた分布構成となっている。

　他方，経済・技術発展が相対的に遅れている「東三省内蒙古」「西北地区」「西南地区」の 3 地域は，園区の数が少ないだけでなく，とくに「西北地区」と「西南地区」に関しては，業種も限られており，文化の消費や展示に関わる「文化・レジャー（自然・歴史観光）」が大半を占めている（表 6，表 7）。

　ただしそれは一方で，西部地域が豊富な文化観光資源や歴史遺産を有していることの現れでもある[35]。このことは，園区の開発基盤（図 7）からも窺える。「西北地区」と「西南地区」では，「既存資源に根ざした集積」が 70％ 以上を占めている。他方で，東部地域，とくに最大の集積地である「泛長三角」地域では，こうしたタイプの園区は少なく（5.8％），「新規開発」の園区が最大のシェア（42.3％）を占めており，その他，「旧工場・旧市街地の再開発」（32.7％）や，IT 産業などが集積する「科学技術園区」を基礎に形成された園区（19.2％）も多くみられる。

　園区の建設経路（図 8）をみても，「西北地区」と「西南地区」では，歴史

---

34) 叶主編（2012），厲著・王編（2013）を参照。
35) 向・劉主編，前掲書，21 ページ。

表6　中国文化創意産業園区の業種別地域分布の割合

業種 区域	総合性 (娯楽)	文化・ レジャー (自然・歴史観光)	芸術品と 工芸美術	マンガ・ アニメ・ ゲーム・科技	出版印刷	その他
泛環渤海湾	7%	25%	17%	26%	13%	13%
泛長三角	83%	21%	50%	44%	41%	66%
泛珠三角	3%	24%	30%	22%	33%	4%
東三省内蒙古	4%	7%	1%	5%	13%	13%
西北地区	2%	13%	1%	2%	0%	4%
西南地区	1%	10%	1%	1%	0%	0%
合計(全国)	100%	100%	100%	100%	100%	100%

(出所)　向・劉主編 (2012), 20ページより作成

表7　各地域における文化創意産業園区の業種別分布の割合

業種 区域	総合性 (娯楽)	文化・ レジャー (自然・歴史観光)	芸術品と 工芸美術	マンガ・ アニメ・ ゲーム・科技	出版印刷	その他	合計
泛環渤海湾	13%	19%	36%	27%	2%	3%	100%
泛長三角	44%	5%	30%	14%	2%	5%	100%
泛珠三角	5%	16%	52%	21%	5%	1%	100%
東三省内蒙古	29%	21%	8%	21%	8%	13%	100%
西北地区	22%	50%	11%	11%	0%	6%	100%
西南地区	10%	70%	10%	10%	0%	0%	100%

(出所)　向・劉主編 (2012), 21ページより作成

明・清時代の城壁を活かして作られた映画のテーマパーク。「紅いコーリャン」など，数多くの映画，テレビドラマの撮影に使われたセットや小道具が展示されている（筆者撮影）。

写真1　国家文化産業基地「鎮北堡西部影城」（寧夏回族自治区，銀川市）

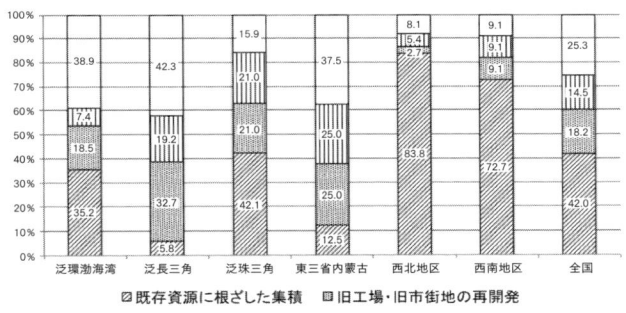

図7 中国文化創意産業園区の開発基盤

(出所) 向・劉主編 (2012), 25ページより作成

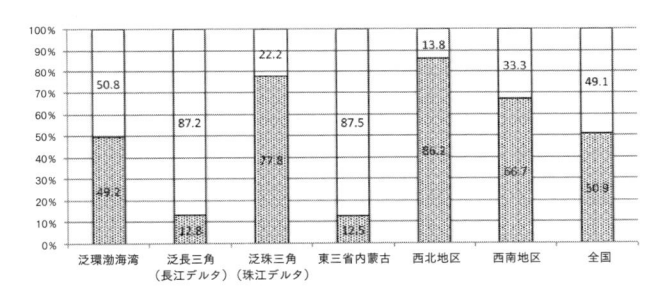

図8 文化創意産業園区の建設経路

(出所) 向・劉主編 (2012), 26ページより作成

遺産や伝統手工芸，民族文化などの地域の文化資源を整備し，開発された「原生型」（もとにあったものを活かしたタイプ）の園区が大半を占めるのに対して，東部地域，とくに「泛長三角」と「東三省内蒙古」地域では，政府が強力に推進し，統一管理，実行している「計画型」（事前に設計・計画及び開発するタイプ）の園区の比率が87％以上と極めて高い。

　今後，こうした園区の業種，開発基盤，建設経路の違いが，文化産業の集積効果（とくに創造性やイノベーションの促進）にどう影響するかが注目される。

3.3　北京市の文化産業集積区

　ここまで，中国政府の指導の下で建設が進められている文化産業園区の全国的な地域分布の状況とその特徴についてみてきた。それを踏まえ，次に，都市レベルでの文化産業集積区の動向について，こうした中央政府の文化産業政策にも大きな影響を及ぼすとされる北京市を取り上げてみていくことにする。

　北京市統計局によれば，2010年の北京市における「文化創意産業」（脚注10)を参照）の従業者数は122万9,000人で，市の全就業者数の11.9％を占める。分類基準が異なるため単純には比較できないが，この比率は，東京都における「創造産業」（脚注9)を参照）の就業者比率8.7％（2006年）[36]を上回っている。付加価値は1,697.7億元で，「第11次5カ年計画」（2006~2010年）期間中の年間成長率は16％を記録した。業種別では，「芸術品取引」の伸びが著しく（06~10年の年間成長率は34％），続いて「広告・コンベンションサービス」（同20％），「ソフトウェア・ネットワーク・コンピュータ関連サービス」（同18％），「設計サービス（デザイン）」（同16％），「ラジオ・テレビ・映画」（同14％）が大幅な伸びを示している[37]。

　1990年代後半から，いち早く文化産業を主要産業として位置づけてきた北京市は，2006年から，国の文化体制改革の要求と文化産業発展のニーズに合わせて，文化事業組織の企業化と民営化，文化企業への融資支援や減税，知的財産の保護，文化産業集積区の認定と管理などの各方面で，具体的な文化産業政策を次々と打ち出している[38]。

　なかでも北京市政府が力を入れているのが文化産業集積区の建設である。北京市は，「北京市文化創意産業集積区の認定及び管理方法（試行）」[39]（2006年発布）及び「北京市文化創意産業集積区インフラ専用資金管理方法（試行）」（2007年発布）により，市内の集積区の認定と管理を行い，認定された集積区には，北京市最初の文化産業政策とされる「北京市文化創意産業の発展を

36）東京都，前掲書。
37）叶主編，前掲書，296-298ページ。
38）北京市の文化産業政策について，詳細は，伊・邹・徐（2013）を参照。

促進する若干の政策」[40]（2006 年発布）に基づき優遇政策が適用されている。2006 年に，北京市は，第 1 期目の文化産業集積区の認定を行い，中関村や 798 芸術区など 10 カ所が認定された。さらに，2008 年の第 2 期目の認定で，新たに 11 カ所の集積区が加わった。その後，2010 年に第 3 期，2011 年に第 4 期目の認定が行われ，合計 30 カ所の文化産業集積区が市内 16 の区と県に設置されている[41]。

　北京市における主要な文化産業集積区の立地状況をみると，市内でも中心部に位置する朝陽区や海淀区周辺にとくに多くの集積区が集まっている（図 9）。朝陽区は，国際的な中心業務地域（CBD）として開発された新都心で，多国籍企業の本部，国際金融機関，各国メディア機関，大使館などが集積し，高層ビルや高層マンション，大型ショッピングセンター，ホテル，文化娯楽施設などが立ち並ぶ。周辺には北京国際空港がある。一方，海淀区には，「中国のシリコンバレー」と呼ばれる中関村があり，IT 関連の企業や研究機関が集中している。また，北京大学や清華大学をはじめ，多くの大学が集まる地域でもある。

---

39) その中で，集積区の認定には以下の条件が必要とされている（北京市（2006））。
　認定条件：(1)しっかりとした集積区建設発展計画が作成してあること。かつ，その計画が「北京市文化創意産業発展計画」に則っていること。(2)集積区については，明確な産業的位置づけの特徴があり，すでに一定数量の文化創意企業が集まっていること。集積区の生産額，取引額などの経済指標が当業界においてトップレベルにあること。(3)集積区内の文化創意企業は，一定数量の知的所有権を持ち，オリジナル製品が市場において一定の割合を占め，充分なブランド影響力を持っていること。(4)合理的かつ規範的な管理機関と運営システムをもち，有効的に集積区の建設・管理運営を展開できること。(5)完備したインフラ整備と生産環境を有し，文化創意企業の研究開発，設計・生産，流通，取引などの活動に適切なハード面の環境整備を保障できること。(6)集積区内の企業に対して，インキュベーション，研究開発，さらに融資の仲介，取引の拡大などの公共サービスを提供する能力を有すること。(7)産業発展の将来性が有望であり，文化創意産業の規律に適した産業形態を有し，集積区内の企業が比較的高い成長性を維持し，文化創意関連産業の発展をリードすることができること。

40) この政策では，「全国でも初めて地方政府の特別資金が出され，融資支援，税金支援，奨励，産業集積区のインフラなどに使われるようになった」が，のちに「これがほかの地方政府の真似るモデルになった」といわれる（伊・鄒・徐，前掲書，46 ページ）。

41) 尹・鄒・徐，前掲書，49 ページ。

前述の文化創意産業園区研究グループは，これら北京市の文化産業集積区について，その建設や発展の経緯から，「市場主導モデル」（市場主導で自発的に形成された集積区：「潘家園」，「798芸術区」など），「政府主導モデル」（政府が直接，計画し，建設を推進した文化産業集積[42]：「石景山デジタルレジャー産業模範基地」，「北京DRC工業デザイン創造産業基地」など），「企業主導モデル」（大企業を中心に形成された集積区：「国家ニューメディア産

図9　北京市における主な文化産業集積区

①中国映画・テレビ基地集積区（懐柔区），②中関村科技産業パーク（海淀区），③中関村ソフトウェアパーク（海淀区），④北京798芸術区（朝陽区），⑤751北京ファッションデザイン広場（朝陽区），⑥北京潘家園骨董品交易パーク（朝陽区），⑦宗荘オリジナル芸術・アニメ産業集積区（通州区），⑧国家ニューメディア産業基地（大興区）⑨北京DRC工業デザイン創造産業基地（西城区），⑩石景山デジタルレジャー産業模範基地（石景山区）
（出所）王（2012），18ページより作成

ケーブルテレビ大手の歌華有線に代表される企業群によって形成された。円形の建築物は「クラウド」を表現している。主な分野は，マンガ，アニメ，ネットゲームなどで，アメリカ，フランス，日本の有力企業も進出している（筆者撮影）。
　　　　写真2　中関村ソフトウェアパーク（北京市，海淀区）

西城区政府と北京市科学技術委員会の共同計画で建設された工業デザイン関係のインキュベーション施設。商品設計，建築環境設計，工程設計，ファッション設計などを行う約50社が入居する。周辺には理工系や美術系の大学も多い（筆者撮影）。
　　　　写真3　北京DRC工業デザイン創造産業基地（北京市，西城区）

絵画，彫刻，デザイン，写真，ファッション，カフェなどが集まる文化芸術の集積区。法人単位は7,000以上，そのうち文化関連組織は400ほどあり，中国の工業遺産再開発のモデルとなっている（筆者撮影）。
　　　　写真4　798芸術区（北京市，朝陽区）

業基地」,「中国映画・テレビ基地集積区」,「中関村科技産業パーク」など),「政府計画・企業運営モデル」(政府主導と企業主導を有機的に融合したモデル[43]:「中関村ソフトウェアパーク」など)の4つの主要モデルに区別している。

3.4　代表的な集積区の事例：798芸術区

では,以上のような北京市における主な文化産業集積区のなかから,朝陽区酒仙橋大山子地区にある798芸術区の事例について紹介する。この芸術区は,ニューヨークのSOHOやドイツのルール工業地帯などと同様に,ポスト工業化の時代における,中国の芸術による地域再生モデルとして多くの関心を集めている。

798は,もともと軍需用電子機器の生産工場であり,北京中心部の北東4番線と5番線の環状道路の間にある718連合工場(「北京華北無線電連合機材工場」)と呼ばれる大規模な産業クラスター(総面積29万㎡)の中に位置している[44]。この連合工場は,旧ソ連の援助を受け,1952年に東ドイツの建設会社によって設計・建築されたものであるが,バウハウス[45]の建築様式を特徴とし,歴史ある佇まいと風格を感じさせる。1964年に,連合工場制は改められ,6つのサブ工場に分割された。そのうちの1つが798工場である[46]。

---

42) このモデルでは,「市政府が新規に集積区をつくるための区域を選定し,管理機関と運営企業を設立する。そして,集中的にインフラ設備と関連サービス施設を建設する。さらに,一定の優遇施策を実行し,文化創意産業の誘致をサポートする。こうして,徐々に集積区を形成する」(向・劉主編,前掲書,62ページ)。

43) このモデルでは,「政府側は計画を設定し,優遇政策を提供して公共サービスを完備し,文化創意産業の発展を導き推進する。企業側は,市場需要にもとづき,市場競争を通じて自ら発展し,産業集積を形成する」(向・劉主編,前掲書,62-63ページ)。

44) Keane (2011), p.105.

45) 1919年,ドイツのワイマールに設立された美術工芸学校。25年デッサウに移り,33年ベルリンでナチスによって解散させられる。同校における教育・造形活動は,近代デザイン,建築に重要な影響を与えた(下中直人編 (1988)『世界大百科事典』平凡社)。

46) Keane, p.105及び厲著・王編,前掲書,287-288ページを参照。

だがこの798工場も，1980年代には，生産する電動電子部品の販売が落ち込み，運営の危機を迎える。一方では，改革開放に伴い，経済構造の調整がはじまり，都市の機能も変わりつつあった。エネルギー多消費型，環境汚染型，労働集約型の工業は，都市から退出して行かなければならなかった[47]。

 798工場が，現在の芸術区に生まれ変わったのには，国立美術大学である中央美術学院がこの工場の周辺に移転したことが大きく関係している。1995年，同学院教授の隋建国は，798工場の敷地を借りて，彫刻の創作場にした。これが，のちの798芸術区の発展の原点とされる[48]。さらに2000年，798工場を含む6つの工場は，北京七星華電科技集団責任公司（略称「七星集団」）に再編統合された。工場所有者である七星集団は，大山子地区の都市計画見直しに伴い，798など遊休中の工場の一部を安値で貸し出した[49]。この安価なスペースに多くの芸術家たちが間借りして移り住むようになり，こうしてバウハウス様式の広大な建築空間が彼らの芸術創作活動の場になっていった。

 発展の中期段階には，国内のいくつかのギャラリーや関連するカフェ，レストラン，家具などの商店が，大きな市場潜在力を持ったこの地域に引きつけられ，進出するようになった。それに伴い，798芸術区には大量の資金がもたらされた[50]。2002年以降は，日本，イタリア，ドイツ，台湾，韓国などのギャラリーが進出するとともに，広告，雑誌，デザイン関連の事務所や飲食店の集積も進んだ[51]。

 海外メディアも，この芸術区を積極的に取り上げるようになった。2003年，798芸術区は「タイム」誌で，世界各国22の都市芸術センターの1つに選ばれた。また2003年の「ニューズウィーク」誌で，北京市は，世界で最も発展性をもつ12の都市の1つに選ばれたが，その理由は798の存在と発展にあったとされる[52]。

---

47) 向・劉主編，前掲書，65ページ。
48) 向・劉主編，前掲書，65ページ。
49) 厲著・王編，前掲書，287-288ページ及び自治体国際化協会・北京事務所，前掲書，93ページを参照。
50) 向・劉主編，前掲書，65ページ。
51) 橋爪（2009），35ページ。
52) 向・劉主編，前掲書，65ページ及び厲著・王編，前掲書，288ページを参照。

こうして，798芸術区は，芸術文化創造都市としての北京のブランドイメージの象徴となっていった。現在，798芸術区に進出している芸術関連の組織は400ほどあり，そのうち国際的な芸術組織が40以上あるといわれている。こうした大量の芸術組織の集積は，この地に多くの観光客を惹きつけている。2009年の上半期の国内訪問者数は55万人に達し，243名の各国要人や国内のトップ官僚らが，計141回視察に訪れたという[53]。

　ところで，以上のような798芸術区の発展過程においては，芸術家たちによる活発な工場の保全運動があったとされる。他方で，海外メディアからの評価が高まる中で，北京市政府も，都市ブランディングの観点から，798の芸術空間の保全に積極的になっていった。たとえば，2008年の北京オリンピックの開催に向けて，開発主義の気運が高まっていた時期に，北京市政府は，798芸術区の彫刻家の一人でもある清華大学美術学院教授の李象群らに，798を保全するための文化的・経済的根拠を示すレポートを提出させている。李は，2004年に北京市人民代表大会の代議員に選出されると，翌年予定されていた再開発による工場の取り壊し計画の即時停止を呼びかける議案を提出し，これを承認させたという[54]。

　2006年，北京市政府は，798芸術区を文化産業集積区として認定し，北京市宣伝部が主管する毎年5億元の文化創意産業園区建設補助金，及び北京市発改委が主管する毎年3.5億元の集積区発展資金を通じて援助を行っている。現在までに798芸術区は，この2つの資金から1億元を超える資金援助を受けており，主に芸術区のインフラ設備の改善に充てられている。それ以外に，798芸術区は，北京市文化創意産業政策，朝陽区文化創意産業発展政策，朝陽区文化創意産業専用資金からの支援も受けている。そして朝陽区政府と七星集団は，共同で798芸術区建設管理室を設立して芸術区の行政管理機能を担い，芸術区の管理・指導・サービスを行っている[55]。

　一方で，798芸術区の発展に伴い，新たな課題も生まれている。なかでも

---

53) 向・劉主編，前掲書，65ページ。
54) Pang（2012），pp.144-145及びWang（2012），p.153を参照。
55) 向・劉主編，前掲書，66ページ。

最大の問題は，不動産価格の上昇であろう。芸術家の創作活動の場としてだけでなく，国内外の文化関連企業や商店が大量に集積するブランド地域へと変貌を遂げていく中で，798芸術区の家賃は急騰している[56]。そのため，負担に耐えきれない芸術家たちが退出を余儀なくされているという[57]。さらに，「芸術区の知名度が高まってから，段々と多くの商業画廊が生まれ出し，芸術家の多くもまた商業性の高い作品を作るようになったことが問題となった。それは芸術区の気風と独創性を薄める元になっている」[58]といった指摘もある。

いずれにせよ，現在の798芸術区においては，こうした文化（創造性）と商業（営利性）のジレンマという難題に，どう対応していくかが問われている。

おわりに

以上，日中の文化産業集積をめぐる状況についてみてきた。その特徴から以下の点が指摘できるであろう。第一に，文化の創造・流通拠点としての大都市の優位性である。日本において，各種の文化産業部門が集積する東京は，文化の創造・流通から製造，卸，小売，展示に至るまで，文化の生産システム（ないしバリューチェーン）に関わる一連の機能を総合的に備えている。なかでもその中核となるのは，文化の創造・流通機能を担うコンテンツ産業

---

56) 例えば，厲著・王編（前掲書，297ページ）では，「1997年から現在まで，798芸術区の家賃は一気に急騰，一日0.3元から，現在では2.5元（1平方メートル）に上昇してしまっている。また倫斯現代芸術センターのような広いところの家賃は，年800万元にも達する」との指摘がある。また，伊・鄒・徐（前掲書，52ページ）も「798芸術区の例を挙げれば，……昔の芸術家の町が今は芸術品を扱う商業人が集まるところになった。その主な原因は賃料が10年間で，3～7倍まで飛び上がったことである」と述べている。

57) 現在，「798芸術区は主に画廊空間であり，中国で最大の居住用芸術コミュニティは，北京から車で1時間程度の通州区宗庄鎮にあり，そこに1,000人以上の芸術家が住んで作品作りをしている」という（Pan (2012), p.145）。

58) 厲著・王編，前掲書，297ページ。

や創造産業であるが，これらの産業の東京都への集中度は極めて高い。日本のような一極集中型とはいえないまでも，中国でも，文化産業集積区は，経済・技術発展の水準が高い東部沿岸地域に最も集中している。全国の集積区（園区）の業種別分布の状況から確認されたように，「泛環渤海湾」，「泛長三角」，「泛珠三角」の3地域には，多様な業種の園区が多数存在している。とくに上海市を中心とした「泛長三角」地域には，コンテンツ産業や創造産業の園区が集中的に分布し，文化の創造・流通拠点となっている。

　一方で，日本でも，東京都を除いた全国地域でみると，各種小売業や文化施設など消費部門で働く文化産業従業者が過半数を占めており，コンテンツ産業や創造産業の集積は少ない。ただし，政令指定都市のような大都市地域では，創造産業は地域の産業構造のなかで一定のシェアを占めており，その重要性が高まっている。中国でも，経済・技術発展が相対的に遅れている西部地域では，文化産業園区の数が少なく，しかもその多くは文化の消費や展示に関わる文化観光・レジャーに限られている。西部地域における創造産業・コンテンツ産業の発展はこれからの課題である。ただし，西部地域においても，雲南省のように，少数民族の民謡や舞踊，芝居など豊富な文化資源をベースに，「観光産業の中から文化産業を芽生えさせ，文化産業は逆に観光産業の繁栄をささえる」という考え方に基づいて，観光と映像産業振興との一体化を図り，「文化展示から文化創意へと戦略的転換」を進めている地域も存在し，今後の動向が注目される[59]。

　第二に，こうした大都市の優位性をもたらしている要因ともいえる，外部経済の重要性である。日本の最大の集積地である東京都でも，創造産業の多くは，都心部，なかでも渋谷区や港区周辺に集中的に立地している。中国における主要な集積地である北京市においても，政府から早い時期に認定を受けた主要な文化産業集積区は，朝陽区や海淀区を中心とした都心部に多くみられる。

---

59) 唐（2008）を参照。このような雲南省の文化産業振興の取り組みは，少数民族歌舞劇「雲南映像」の成功によって中国国内で注目されるようになり，「雲南模式」（雲南モデル）として高く評価されているという。

一般に，都心では，多くの専門特化したビジネスや専門機関が集積し，活発な経済取引や社会活動が展開されることで，多様な産業コミュニティが発達している。文化産業における文化製品の創造・制作過程もまた，しばしば都市に集積し，互いに専門的な投入やサービスを外部に依存する中小企業の密なネットワーク（「柔軟な専門特化（flexible specialization）」と呼ばれる）によって組織されることが多いといわれる[60]。文化製品の創造・制作に関わる企業は，互いに近接して立地することで，多くの集積のメリット（外部経済効果）を享受することができる。取引コストの削減はその代表的なものであるが，そこではビジネス情報やノウハウ，専門知識なども交換される。文化製品の創造を担っているのは，芸術家などの創造的個人に他ならないが，一方で，こうした産業集積内における企業や専門的人材間での体面上のコミュニケーションやコラボレーションを通じて，新しいアイディアや作品が生まれることも多い。また，地理的集積は，地域のニーズにあった特殊技能者の労働市場の発達を導き，リクルートやジョブサーチの面で雇用者と労働者双方のリスクを減少させる。あるいは，地理的集積は，取引関係に基づく地域的な連帯や協力関係を強化し，関連する支援組織や教育機関など制度的なインフラストラクチャーの出現を促すことで，労働力の質の向上を助ける。さらに，これらのメリットに加えて文化産業集積に特徴的なのは，文化製品の最終的な質（クオリティ）が，その場所特有の文化的イメージの影響を受けやすいということである。こうした文化的イメージの多くは，都市の歴史的文脈に由来するものであるが，場所固有の文化ストックから派生した名声効果は，商品のブランド化における重要な要素となり，競争優位の源泉（外部性）として，集積内に立地する個々の企業や産業に共有される[61]。このように，文化産業の発展にとって，集積とそれに基づく外部経済は，極めて重要な役割を果たすとされてきた。

　では実際に，東京都の渋谷区・港区周辺地域，また北京市の朝陽区・海淀区周辺地域に，以上のような外部経済効果を発揮する文化産業の集積（クラ

60）Scott, pp.11-13.
61）Scott, pp.172-173.

スター）が形成されているかどうかについては，今後，それぞれの集積地における詳細な実態調査が必要である。だが，少なくとも両地域には，①交通機関の便利さに加え，②メディア企業の存在，③IT産業集積地の存在，④大学や専門学校などの関連教育機関の存在，⑤流行やサブカルチャーの発信地としての商業エリアや歓楽街の存在，といった共通点が指摘できるであろう。

②に関して，日本の主要テレビ局（民間キー局）本社はすべて港区に，NHKは渋谷区に立地している。また，朝陽区の北京CBDは，人民日報やCCTV等の国内主要メディアを含め，中国で最もメディア系企業の集中するエリアである[62]。映像や音楽等のコンテンツを創造・制作する企業にとって，コンテンツの流通を担うメディアは，いうまでもなく主要なクライアントである。したがって，メディア企業の存在は，創造産業やコンテンツ産業にとって，重要な集積要因となろう。③に関して，渋谷区と港区は，かつて「ビットバレー」ともてはやされたように，都内で最もIT関連のベンチャー企業が多く集積する地域である[63]。また，海淀区には，「中国のシリコンバレー」と呼ばれる中関村がある。コンテンツ産業や創造産業の多くはネット企業[64]であり，業務内容や産業分類において重なるところが多く，集積要因としても共通する部分が多い。ネット企業と芸術家が結びつくことで新たなコンテンツ・ビジネスが生まれるケースもあるだろう。すでに確認したように，中国では，IT産業が集積する科学技術園区を基盤に形成された文化産業園区も多くみられる。したがって，既存のIT関連の企業や機関の存在も，コンテンツ産業や創造産業が集積・発展する上で有利な条件となろう。④に関して，渋谷区と港区には，都内でも数多くのコンピュータやマルチメディア，デザイン，ファッション，アニメ関連の専門学校が立地している。

---

62)「人民網日本語版」2011年11月13日 http://j.people.com.cn/94476/7643326.html（2014年3月20日最終確認），「人民網日本語版」2012年12月24日 http://j.people.com.cn/94476/8068655.html（2014年3月20日最終確認）を参照。

63) 東京のネット企業の集積について，詳細は，湯川（2000）を参照。

64)「コンテンツのデザイン・開発，マーケティング，配給，及びコンテンツ作成に必要なツールの作成」等を行っている企業と定義される（湯川（2000））。

また，海淀区は，数多くの大学が密集する地域であり，芸術，建築，デザイン，ソフトウェア，ニューメディア等の学部を抱える総合大学や，映画関連の人材育成を専門とする大学もある。朝陽区においても，798芸術区の発展に，国立美術大学である中央美術学院の移転が関わっていたことはすでにみた通りである。こうした専門的人材を供給する関連教育機関の存在もまた，創造産業やコンテンツ産業の集積要因の一つとなろう。⑤に関して，渋谷区・港区には渋谷や原宿，六本木，朝陽区にも三里屯などの流行発信地と呼べる商業地や歓楽街が存在する。コンテンツ産業や創造産業を支えているのは「クリエイティブな人材（Creative Class）」[65]であるが，いずれの地域も，レストランやカフェ，バー，クラブ，ブティック，画廊，映画館，劇場などが数多く集積するエリアが存在し，彼らが好むとされる「ストリート文化」や「ナイトライフ」を楽しめる条件を少なからず備えているといえよう。また，外資系企業や大使館が数多く立地し，外国人が多く集まる地域としても共通している。

　したがって，これらの地域は，上記のような様々な集積効果を発揮するうえで，有利な条件を備えた地域ということはできるだろう。しかし一方で，北京市においても，近年の乱立気味ともいえる文化産業園区の開発状況を見ると，このような集積効果を期待できる地域的条件を備えた園区ばかりとは言い切れない。そこで，とくに次の点が検討課題になるであろう。

　第三に，開発のタイプの違いが集積効果にどう影響するかという点である。既に確認したように，中国の文化産業集積区（園区）には，歴史遺産や民族文化など既存の文化資源を活かして開発されたタイプ，旧工場・旧市街地の再開発により古い工場を文化産業園区に変えていくタイプ，科学技術園区を基礎に形成されたタイプ，政府の基準に基づき新規に開発されたタイプなど，開発基盤を異にする様々な園区が存在している。また，これらの園区の建設経路についても，もともとあったものを活かし，自発的に形成された「原生型」の園区と，事前に設計・計画，開発された「計画型」の園区が存在し，中国全土でその割合はほぼ同じであった。さらにこれと関連して，北京市の

65）フロリダ，前掲書。

文化産業集積区には,「市場主導モデル」,「政府主導モデル」,「企業主導モデル」,「政府計画・企業運営モデル」の4つのモデルが存在するという。

　今後,これらタイプの異なる文化産業集積区の実態を明らかにすることは,既存の文化資源,人材,産業構造,地理的条件等を異にする日本の都市や地域が,地域独自の文化産業の発展モデルを考える上で示唆を与えるであろう。その際に重要な視点・論点となりうるのが,開発のタイプの違いが集積効果の発揮にどう影響するかである。

　一つは,市場主導型か,政府主導型かという点である。本章で取り上げた北京市朝陽区の798芸術区の事例は,上記の4つのモデルのなかでは,市場主導で自発的に形成された集積区として,「市場主導モデル」に位置づけられている。だが,その後の北京市政府や朝陽区政府による積極的な優遇政策や行政管理の実態を踏まえるならば,実際には市場主導型と政府主導型の混合といえるだろう。

　創造性やイノベーションの発揮という集積効果の観点からみたとき,政府主導型には,批判的な見解が多い。例えば,尹・邹・徐 (2013) は,北京市の文化産業集積区建設にみられる「政府側の過度な関与と保護は企業の積極性と創造力を落とすことになる」という。なかでも尹らが厳しく批判するのは,「集積区の不動産化」とも呼べる現象である。つまり,北京市政府により,文化産業集積区と認定されれば,インフラ設備が整えられる上,集積区内に限定された免税と減税政策目当てに企業が入居してくることから,不動産の賃料の上昇を招くことが多い。そこで,この特徴を利用して,文化産業集積区建設の名目で土地を押さえ,不動産価格の上昇を期待する集積区も少なくないという[66]。

　確かに,近年の中国における文化産業集積区の建設ラッシュの背景には,尹らが指摘するような,政府による「不動産優遇政策」ともいえるような政策のあり方が少なからず影響しているように思える。そして何より,798芸術区の事例でみたように,不動産価格の高騰により,結果として,文化創造の担い手である芸術家がその地からいなくなってしまえば,集積効果という

---

66) 尹・邹・徐,前掲書,117-119ページ。

点からも明らかにマイナスである。

　だが一方で，こうした尹らの指摘は，文化か経済か，という文化産業集積区をめぐるもう一つの論点を孕んでいる。市場主導型にも問題は多い。工業の衰退やスプロール化の進展により，荒廃した都市の中心市街地に芸術家達が安い家賃で移り住み，歴史地区の保全の取り組みと相まって，アメニティや生活の質を回復させる一方で，それが新たな投資と再開発を招き，不動産価格の高騰をもたらすことで，芸術家や家族経営の商店，低所得層の住民など，そこに住んでいた人たちが立ち退きを余儀なくされるというプロセスは，いわゆる「ジェントリフィケーション」の問題として，ニューヨークのSOHO地区をはじめ，1980年代以降，先進資本主義国で進められてきた都市の成長戦略の背後で，度々指摘されてきた点である[67]。現在の798芸術区では，まさにこれと類似した問題が起きている。であるならば，家賃抑制などの公共政策を通じて，こうしたジレンマの解決を図るのもまた，政府の役割であろう。

　以上のような点に留意しつつ，今後，日中における文化産業集積地の比較実証研究を進めていきたい。

謝辞

　本研究を進めるにあたり，北京大学文化産業研究院の王斉国教授と向勇准教授から貴重なコメントと大変有益な文献を頂いた。北京市の文化産業政策については，北京城市学院の尹秀艶教授から多くのご示唆を頂いた。また中国視察では，中国社会科学院人口与労働経済研究所の王橋教授に大変お世話になった。心より感謝申し上げます。

参考文献

（日本語文献）

アジア・ゲートウェイ戦略会議（2007）「日本文化産業戦略――文化産業を育む感性
　豊かな土壌の充実と戦略的な発言――」http://www.kantei.go.jp/jp/singi/asia/

---

[67] ズーキン（2013）を参照。

betten_2.pdf（2014 年 2 月 19 日最終確認）

岩本洋一（2010）「都市の文化産業セクターに関する構造把握――分析枠組みの構築」『経営学紀要』第 17 巻第 1・2 号合併号

岩本洋一（2011）「東京における文化産業セクターの構造変化と地域雇用へのインパクト」『経営学紀要』第 18 巻第 1・2 号合併号

尹秀艶・邹超・徐麗（2013）「北京市における文化産業政策の特徴と問題点」『経済社会研究』第 54 巻第 2 号

王志（2012）「「クリエイティブ」が北京を照らす」『人民中国』703 号

経済産業省（2010）「「文化産業」立国に向けて――文化産業を 21 世紀のリーディング産業に――」http://www.meti.go.jp/committee/materials2/downloadfiles/g100405a04j.pdf（2014 年 2 月 19 日最終確認）

後藤和子・奥山雅之（2011）「東京都におけるクリエイティブ産業の集積：理論と政策へのインプリケーション」『文化経済学』第 8 巻第 1 号

後藤和子（2013）『クリエイティブ産業の経済学――契約，著作権，税制のインセンティブ設計』有斐閣

佐々木雅幸（2007）「創造都市論の系譜と日本における展開」佐々木雅幸・総合研究開発機構編『創造都市への展望』学芸出版社

自治体国際化協会・北京事務所（2013）「文化強国をめざす中国――現代中国における文化改革発展の流れと文化政策の動向について」『CLAIR REPORT』第 379 号

徐隆（2012）「中国文化産業政策における動漫産業の位置づけと同産業振興政策に対する評価」『政策科学』第 20 巻第 1 号

税所哲郎（2010）「中国のデジタル・コンテンツ分野における産業クラスター戦略」『経済経営研究所年報』第 32 集

唐寅（2008）「文化産業振興における中国雲南の取り組み」『都市政策研究』第 5 号

東京都産業労働局（2010）「平成 21 年度政策調査　クリエイティブ産業の実態と課題に関する調査報告書」http://www.sangyo-rodo.metro.tokyo.jp/monthly/creative.pdf（2014 年 3 月 13 日最終確認）

橋爪紳也（2009）『創造するアジア都市』NTT 出版

半澤誠司（2006）『日本における映像系コンテンツ産業の分業と集積』博士学位論文（東京大学）

福岡アジア都市研究所（2008）「「文化産業」振興における日中都市間協力に関する研究報告書」http://www.urc.or.jp/syuppan/kenhou/documents/bunka.pdf（2014年2月23日最終確認）

福岡市（2004）「アイランドシティにおける文化・芸術が息づくまちづくり検討のための懇談会（第1回）」（資料7-2 文化芸術に関する福岡市のポテンシャル）http://island-city.city.fukuoka.lg.jp/files/NewsDetail_53a7e4a9-e7d4-4d7a-b6a9-4242997fe149_file.pdf（2015年2月14日最終確認）

増淵敏之（2010）『欲望の音楽──「趣味」の産業化プロセス』法政大学出版局

増淵敏之（2012）『路地裏が文化を生む！──細街路とその界隈の変容』青弓社

水町博之（2007）「〈福岡〉これからの都市機能としてのアートの可能性」佐々木雅幸・総合研究開発機構編『創造都市への展望』学芸出版社

水鳥川和夫（2008）「コンテンツ産業の東京集中と地方展開」山崎茂雄・宿南達志郎・立岡浩『知的財産とコンテンツ産業政策』水曜社

湯川抗（1999）「コンテンツ産業の発展と政策対応──シリコンアレー」『FRI研究レポート』第47号

湯川抗（2000）「東京におけるネット企業の集積──日本版シリコンアレーの発展に向けて」『FRI研究レポート』第88号

吉本光宏（2009）「創造産業の潮流②──特性が際立つ政令指定都市」『ニッセイ基礎研究所REPORT』2009年8月号

李瑾・柴田祐・澤木昌典（2010）「中国・上海市における創意産業園区の開発と周辺地域への影響に関する研究」『都市計画　別冊　都市計画論文集』第45巻第3号

厲無畏著・王敏編・監修（2013）『創意は中国を変える』三和書籍

D. スロスビー著，中谷武雄・後藤和子監訳（2002）『文化経済学入門』日本経済新聞社

S. ズーキン著，内田奈芳美・真野洋介訳（2013）『都市はなぜ魂を失ったか──ジェイコブズ後のニューヨーク論』講談社

R. フロリダ著，井口典夫訳（2008）『クリエイティブ資本論──新たな経済階級の台頭』ダイヤモンド社

M. E. ポーター著，竹内弘高訳（1999）『競争戦略論Ⅱ』ダイヤモンド社

（中国語文献）

王斉国・張凌云（2011）『文化産業園区——理論と実践』山東大学出版社

向勇（2012）『文化立国』華文出版社

向勇・劉静主編（2012）『中国文化創意産業園区——実践と観察』紅旗出版社

叶朗主編（2012）『中国文化産業年度発展報告（2012）』北京大学出版社

国家統計局（2012）「文化及び文化関連産業分類（2012）」http://www.stats.gov.cn/tjsj/tjbz/201207/t20120731_8672.html（2014年3月13日最終確認）

文化部（2012）「"十二五"時期文化産業倍増計画」http://www.mcprc.gov.cn/preview/special/3477/（2014年3月13日最終確認）

北京市（2006）「北京市文化創意産業集積区認定及び管理方法（試行）」http://www.bjpc.gov.cn/zcfgl0/201009/t688038.htm（2014年3月13日最終確認）

（英語文献）

DCMS (2001) *Creative Industries: Mapping Documents*. https://www.gov.uk/government/publications/creative-industries-mapping-documents-2001 (accessed 2014-3-13)

Keane, M. (2011). *China's new creative clusters: Governance, human capital and investment*, Routledge.

Pang, L. (2012). *Creativity and its discontents: China's creative industries and intellectual property rights offenses*, Duke University Press.

Pratt, A. C. (1997). The cultural-industries production system: A case study of employment change in Britain, 1984-91. *Environment and Planning A,* 29, (11), 1953-1974.

Pratt, A. C. (2004). Mapping the cultural industries: regionalization: The example of South East England. In A. J. Scott, & D. Power (Eds.), *Cultural industries and the production of culture* (pp.19-36), Routledge.

Scott, A. J. (2000). *The cultural economy of cities*, Sage Publications.

Wang, J. (2012). Evolution of cultural clusters in China: Comparative study of Beijing and Shanghai. *Architectoni.ca,* 2, 148-159.

日本の経済成長と産業構造の変容
——「失われた20年」を考える——

原田　康平

はじめに

　アベノミクスの真価が問われようとしている。経済社会総合研究所のGDP速報によると，2014年1-3月期こそ消費税アップ前の駆け込み需要でかなりのプラス成長となったものの，4-6月期の対前期比は年率換算で実質−7.1％と大幅なマイナスとなった。安倍政権が掲げた公約が果たして現実のものとなるのかどうか，まだ判定できる段階にはないが，楽観できる状況にはない。
　ところで，一般にプランニングというとき過去の検証から作業を始めるのが常識であろう。アベノミクスで打ち出された「3本の矢」のうち，金融政策と財政政策は「失われた20年」の中でも相当に実施されてきた。たとえば政府の債務残高は1990年の217兆円から2000年に536兆円，2010年には924兆円と急拡大し，身の丈を超えた財政政策が持続的に続けられている。金融政策でも，1995年に公定歩合が0.5％に引き下げられ，1999年からはゼロ金利政策が断続しながら実施されてきた。この延長にある政策立案には，これらの政策の効果についてかなり突っ込んだ検証が不可欠のはずだが，納得できる説明がなされたとは思えない。「異次元」といった文言のもとで，政府債務が1,000兆円を超える自転車操業が加速されている。
　このような定量性を欠いた議論の背景に成長分析そのものの難しさがある

ようにも思われる。一例として『平成25年版 労働経済の分析』[1]には,「失われた20年」の要因として1990年代にTFP上昇と労働投入の効果がほぼゼロとなり,2000年代は資本投入も大幅に低下したことが挙げられている。しかしながら,労働投入や資本投入の減少は「売上げ減少＝不景気」の結果であって,「不景気＝低成長」の原因ではない。

そもそも経済成長といっても,すべての地域,すべての産業が一様に成長するわけではない。たとえば家計消費の内訳は時代とともに大きく変わっており,供給側である産業構造もこの需要の変化に応じて変わってきたはずである。このような変化もまた成長に少なくない影響を及ぼすといわなければならない。もちろん,前述のようにきわめて詳細なデータに基づいた精緻な成長会計分析なども行われているが[2],精緻さゆえにそれぞれの寄与が細かく分散され,おおまかな傾向として何が起こっているのかはむしろ捉えづらくなっている。

ここではきわめてラフな手法を用い,OECD先進国も含めて,就業構造と生産性が成長に及ぼす効果を分析し,日本の「失われた20年」を改めて検証する。

1. 対象と方法

ある年のGDPをY,就業者数をL,就業者一人当たりのGDPをAとすると,

(1) $\quad Y = L \cdot \dfrac{Y}{L} = LA, \ A = \dfrac{Y}{L}$

であり,1年間にそれぞれΔY, ΔL, ΔAだけ変化したとすると,線形近似の下で,

(2) $\quad \dfrac{\Delta Y}{Y} \cong \dfrac{\Delta L}{L} + \dfrac{\Delta A}{A}$

が成り立つ。Aを生産性と呼ぶなら,GDP成長率はおよそ就業者数増減率＋生産性上昇率で与えられる。

さらに,第i産業のGDPをY_i,就業者数をL_iと置くと,GDP成長率およ

び就業者増減率に対して，

(3) $\quad \dfrac{\Delta Y}{Y} = \dfrac{\Delta Y_1}{Y} + \dfrac{\Delta Y_2}{Y} + \cdots + \dfrac{\Delta Y_p}{Y}$

(4) $\quad \dfrac{\Delta L}{L} = \dfrac{\Delta L_1}{L} + \dfrac{\Delta L_2}{L} + \cdots + \dfrac{\Delta L_p}{L}$

を得る。右辺の各項目は，それぞれ GDP 成長率および就業者数増減率に対する各産業の寄与度（以下，Y 寄与度と L 寄与度と呼ぶ）を与えている。

次に，各産業の総労働時間を同じく $L_1 \sim L_p$，単位労働時間当たりの GDP（以下，これも生産性と呼ぶ）を

(5) $\quad A_i = \dfrac{Y_i}{L_i} \ (i = 1, \cdots, p)$

とおき，2次の項を無視すると，

(6) $\quad \dfrac{\Delta Y}{Y} \cong \dfrac{1}{Y}(A_i \Delta L_i + L_i \Delta A_i + \cdots + A_p \Delta L_p + L_p \Delta A_p)$

$\quad = \dfrac{Y_1}{Y}\left[\dfrac{\Delta L_1}{L_1} + \dfrac{\Delta A_1}{A_1}\right] + \cdots + \dfrac{Y_p}{Y}\left[\dfrac{\Delta L_p}{L_p} + \dfrac{\Delta A_p}{A_p}\right] \equiv cL_1 + cA_1 + \cdots$

を得る。ここで，

(7) $\quad cL_i \equiv \dfrac{A_i \Delta L_i}{Y},\ cA_i \equiv \dfrac{L_i \Delta A_i}{Y} \ (i = 1, \cdots, p)$

であり，近似的に GDP 成長率に対する各産業の労働時間および生産性変化の寄与を与える。以下，それぞれの全産業での合計

$\sum_i cL_i,\ \sum_i cA_i$

を Lt 寄与および At 寄与と呼ぶ。たとえば，低生産性の産業分野から高生産性分野へ人が移動し，その分だけ労働時間が増減したとすると，総労働時間に変化がなくとも GDP は増加する。Lt 寄与には就業者や労働時間の純増・純減だけでなく，このような効果も取り込まれている。

また，総労働時間ではなく産業別の就業者数を用いても同様の分析が行えるが，この場合，時間外労働の増減などが就業者の寄与ではなく生産性の寄与に加味されることになる。区別のため，労働時間から求めた個々の産業の

寄与を cLt, cAt, 就業者数から求めた寄与をそれぞれ cL, cA で表し, 後者の合計を L 寄与, A 寄与と呼ぶ.

データについて, 上記の分析には産業別の GDP と労働時間あるいは就業者数が必要となる. しかしながら日本のデータに限っても, GDP については SNA68 から SNA93 への切り替えや実質データの基準年および方式の変更があり, 労働時間・就業者数についても産業分類の変更があって連続性を欠き, 長期にわたる分析は難しくなっている. OECD 先進国についても同じような事情がある.

以上のことから, ここでは次のデータを対象とした.

① 1955 ～ 1998 年の経済活動別実質 GDP (SNA68, 1990 年基準, 固定基準年方式) [3, 4] および産業別就業者数 [5] (ここでは SNA68 データと呼ぶ)

② 1980 ～ 2009 年の経済活動別実質 GDP (SNA93, 2000 年基準, 固定基準年方式) および経済活動別就業者数と労働時間 [6] (同じく SNA93 データ)

③ 1994 ～ 2012 年の経済活動別実質 GDP (SNA93, 2005 年基準, 連鎖方式) および経済活動別就業者数と労働時間 [7] (同じく SNA93n2 データ)

④ 1950 ～ 2004 年の OECD 主要国の経済活動別実質 GDP および産業別就業者数 (同じく 10-Sector data) [8]

⑤ 1993 ～ 2007 年の OECD 主要国の経済活動別実質 GDP [9] および産業別就業者数 [10] (同じく UN データ)

⑥ 1980 ～ 2010 年の日本の国勢調査の結果から男女別産業別 5 歳階級別就業者数 (同じく国勢データ) [11]

なお, ②, ③に掲載されている産業別の労働時間は雇用者の平均労働時間であり, これに就業者数を乗じて近似的に総労働時間とした.

2. 分析結果

2.1 高度成長期における日本の成長

図1にSNA68データ①から求めた実質GDP成長率（Y）と就業者数の増減率（L）およびL寄与とA寄与の推移を示している[1]。よく知られているように，戦後の日本経済の成長は大きく1955年から1973年までの高度成長段階，1974年から1990年までの安定成長段階，および1991年から今日までの低成長段階に分けられる。そこで，表1に高度成長段階と安定成長段階

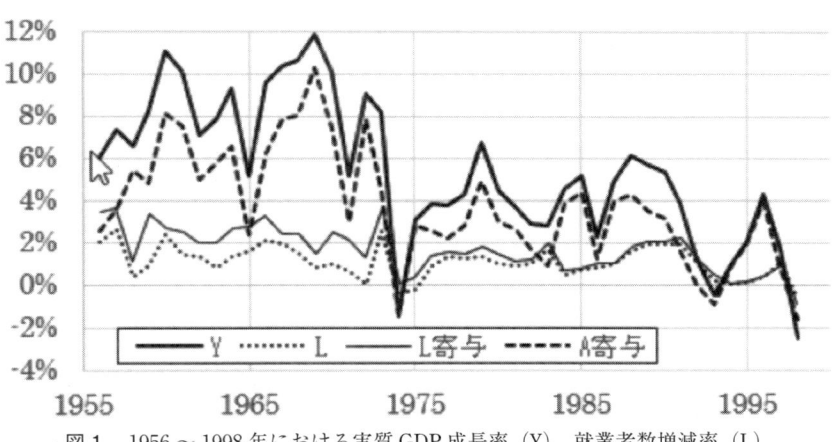

図1　1956〜1998年における実質GDP成長率（Y），就業者数増減率（L），L寄与およびA寄与

表1　2区間における実質GDP（Y），就業者数（L）および就業者一人当たりGDP（A）の平均増加率とL寄与およびA寄与の平均

	Y	L	A	L寄与	A寄与
1955 – 1973	8.5%	1.4%	7.1%	2.5%	5.9%
1975 – 1990	4.4%	1.2%	3.2%	1.4%	3.0%

1）図1，表1，表2の産業分類
　農林水産業，鉱業，建設業，製造業，運輸通信業・電気ガス水道業，卸小売業・金融不動産業，サービス業，公務（他に分類されないもの）。

表2 各区間における GDP 成長および就業者増に対する寄与

	Y寄与度		L寄与度		cL		cA	
	55-73	75-90	55-73	75-90	55-73	75-90	55-73	75-90
農林水産業	0.1%	0.0%	-1.0%	-0.3%	-0.4%	-0.1%	0.5%	0.1%
鉱業	0.0%	0.0%	0.0%	0.0%	0.0%	0.0%	0.1%	0.0%
建設業	1.1%	0.3%	0.3%	0.1%	0.5%	0.1%	0.6%	0.1%
製造業	2.4%	1.3%	0.8%	0.1%	0.6%	0.2%	1.7%	1.1%
運輸通信等	0.9%	0.3%	0.2%	0.0%	0.3%	0.1%	0.6%	0.3%
卸小売業等	2.1%	1.5%	0.6%	0.5%	0.5%	0.5%	1.5%	1.1%
サービス業	1.5%	0.8%	0.4%	0.6%	0.8%	0.7%	0.8%	0.2%
公務	0.3%	0.1%	0.1%	0.0%	0.1%	0.0%	0.2%	0.1%
計	8.6%	4.4%	1.4%	1.1%	2.5%	1.4%	5.9%	3.0%

における実質 GDP（Y），就業者数（L）および就業者一人当たりの GDP（A）の平均増加率と L 寄与および A 寄与の平均を示している．すなわち，高度成長期の GDP 成長率 8.5% のうち A の伸びが 7.1% と大半を占め，生産性の伸びが高度成長を牽引している．しかしながら，就業者数 L の平均伸び率 1.4% に対して L 寄与も 2.5% に増えており，就業者の産業間での異動も少なくない効果をもたらしている．

表2はそれぞれの期間における各産業の平均寄与であり，GDP 成長（Y）に対して製造業と卸小売業・宿泊飲食業・金融業・不動産業が大きく貢献している．就業者については農林水産業が大幅に減少し，製造業，卸小売業が増加しているが，製造業の就業者増による寄与（cL）は 0.6% とそれほど大きくない．これは，当時の製造業の生産性がそれほど高くなかったためであり，たとえば 1965 年の就業者一人当たりの GDP は，全体平均に対して建設業 167%，運輸通信業・電気ガス水道業 155%，サービス業 154% などが高く，製造業は 81% にとどまっている．ただし，生産性の伸びはきわめて大きく 1.7% を占めている．したがって，高度成長期の日本の成長は，主に製造業と卸小売等の生産性の伸びと，サービス業への就業者の流入で実現されたといえる．

安定成長段階に入ると，生産性（A）の伸びが大きく下がり，A 寄与，L 寄与もおよそ半減することで GDP 成長率は半減した．ただし，就業者数の

増加率は1.4%から1.2%とそれほど下がってはいない。この背景に，製造業の生産性が上昇したことによって第3次産業の比較優位が消失し，同時に人の流れがその第3次産業へシフトしたことが挙げられる。すなわち，1985年には製造業，卸小売等，サービス業の一人当たりGDPが全体平均に対してそれぞれ107%，101%，103%となって，1965年とは逆転した。一方，生産性の高まった製造業への人の流れが縮小してL寄与度は0.1%まで落ち込み，サービス業と卸小売業等が雇用の受け入れ先となった。いうならば，ポスト工業化と第3次産業の生産性の伸び悩みが重なって，成長の鈍化がもたらされたといえる。

2.2 安定成長期から低成長期の日本の成長

図2にSNA93データ②から求めた日本の就業者数と総労働時間の推移を示している。就業者については，バブルと男女雇用機会均等法の施行に後押しされた女性の就労増加や団塊ジュニア世代の参入などで1990年代初めまで急速に伸びたものの，1997年からは減少に転じた。一方，総労働時間はバブル崩壊直後の1990年からすでに減少に移っている。そこで，ここでは1990年までをバブル時代，1991年から1997年までをバブル崩壊時代，1998年からリーマンショック前の2007年までを就業者減少時代と区分けする。

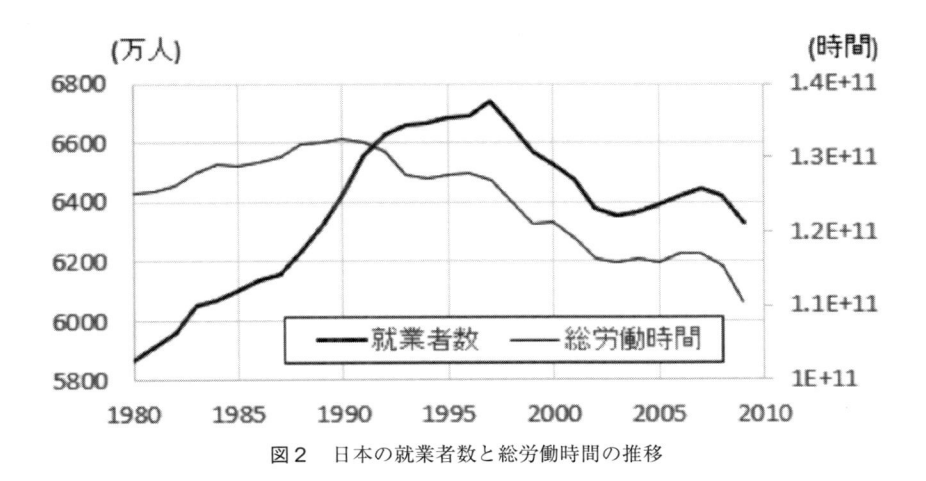

図2　日本の就業者数と総労働時間の推移

図3は1980〜2009年の実質GDP成長率,Lt寄与,At寄与およびL寄与の推移,表3はバブル時代(1980〜1990年),バブル崩壊時代(1990〜1997年)および就業者減少時代(1998〜2007年)の実質GDP(Y),総労働時間(Lt),就業者数(L),単位労働時間当たりGDP(At)および就業者一人当たりGDP(A)の平均伸び率とLt寄与,At寄与,L寄与の平均である[2]。すなわち,バブル時代のLt寄与1.2%,L寄与1.6%,At寄与2.7%に対して,バブル崩壊時代はそれぞれ−0.5%,0.7%,2.0%,変化分はそれぞれ−1.7%,−0.9%,−0.7%であり,バブル崩壊後に成長率が低下した最大の要因はLt寄与の減少であること,At寄与はそれほど大きくは下がっていないことが示されている。就業者総数の平均増加率は1980〜1990年が0.9%,1991〜2007年が−0.1%であり,Ltの大幅なマイナスは主に労働時間の減少によっている。さらに就業者減少時代に入ると,At寄与は変わらないまま就業者減の効果(L寄与)がLt寄与を押し下げて成長が鈍化した。言い換えるなら,バブル,バブル崩壊,就業者減少の各段階は「就業者増・

図3 1980〜2009年における実質GDP成長率(Y),Lt寄与,At寄与およびL寄与

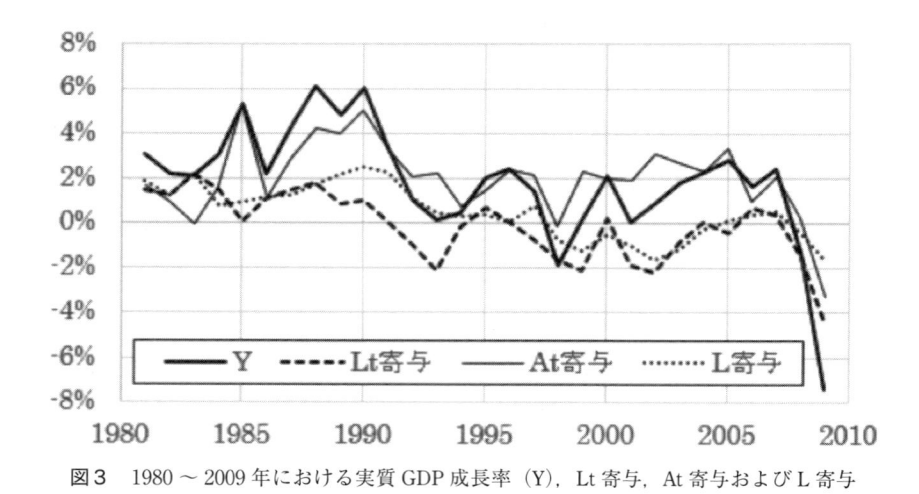

2) 図3,表3,表4の産業分類
　農林水産業,鉱業,製造業,建設業,電気ガス水道業,卸小売業,金融・保険業,不動産業,運輸通信業,サービス業,政府,NPO。

表3 GDP (Y), 総労働時間 (Lt), 就業者数 (L), 単位時間当たり GDP (A), 就業者一人当たり GDP (A) の平均増加率と Lt 寄与, L 寄与および A 寄与

	Y	Lt	L	At	A	Lt 寄与	L 寄与	At 寄与
1980～1990	3.9%	0.6%	0.9%	3.3%	2.9%	1.2%	1.6%	2.7%
1990～1997	1.5%	−0.5%	0.7%	2.1%	0.9%	−0.5%	0.7%	2.0%
1998～2007	1.2%	−0.8%	−0.4%	2.0%	1.7%	−0.8%	−0.6%	2.0%

総労働時間増」→「就業者増・総労働時間減」→「就業者減・総労働時間減」という変遷であり，生産性は二次的な効果しかもたらしていない。

表4は，主要産業のY寄与度，Lt寄与度，L寄与度，Lt寄与およびAt寄与の区間ごとの平均である。バブル崩壊後にY寄与度が大きく下がったのは製造業，建設業，金融・保険業であり，製造業では就業者数，労働時間とも減少してLt寄与が低下したが，At寄与は変わっていない。この傾向は1997年以降も同じであって，製造業では時短と雇用抑制による生産性上昇という構図が続いている。建設業ではバブル崩壊時代に生産性が下がってAt寄与が低下，1997年以降はLt，Lが下がってLt寄与が低下した。金融・保険業ではLt，Lはあまり変わらず，バブル崩壊後にAt寄与だけが低下し，不動産業はLt寄与が下がって，At寄与は少し上昇している。

一方，バブル崩壊後もY寄与度があまり変わらなかったのは卸小売業とサービス業で，バブル崩壊後の卸小売業はAt寄与で成長に貢献したものの，1997年以降はLt寄与が下がって，Y寄与度は−0.1％と落ち込んでいる。サービス業はバブル崩壊以降の就業者の受け皿となって，Lt寄与，L寄与，At寄与とも最低限の成長率維持を支えている。

なお，2007年における就業者一人当たりのGDPは全体平均に対して製造業135％，建設業64％，卸小売業72％，金融・保険業202％，不動産業694％，サービス業64％であり，高生産性部門である製造業の就業者減と低生産性部門のサービス業だけが就業者増という現実は，成長という視点から見れば厳しいというしかない。

表4 主要産業のY寄与度，Lt寄与度，L寄与度，Lt寄与およびAt寄与

	Y寄与度			Lt寄与度		
	80-90	90-97	97-07	80-90	90-97	97-07
農林水産業	0.0%	-0.1%	0.0%	-0.4%	-0.3%	-0.2%
製造業	1.0%	0.2%	0.4%	0.2%	-0.5%	-0.4%
建設業	0.3%	-0.2%	-0.2%	0.0%	0.1%	-0.3%
卸売・小売業	0.5%	0.6%	-0.1%	0.0%	-0.1%	-0.3%
金融・保険業	0.5%	0.0%	0.0%	0.0%	0.0%	0.0%
不動産業	0.4%	0.2%	0.1%	0.1%	0.0%	0.0%
運輸・通信業	0.3%	0.1%	0.1%	0.0%	0.0%	0.0%
サービス業	0.6%	0.4%	0.6%	0.6%	0.3%	0.5%
計	3.9%	1.5%	1.2%	0.6%	-0.5%	-0.8%

2.3 欧米先進国の経済成長

ここでは日本との比較を目的として，欧米先進国についての分析結果を示す．

図4は10-Sector data ④から求めたアメリカ (US) の実質GDP成長率と総労働時間伸び率 (Lt) とLt寄与およびAt寄与の推移である[3]（傾向を見やすくするために，いずれも5項移動平均を施している）．USでは景気に応じて雇用が大きく変動するため，LtやLt寄与はGDP成長率と相関しながら変動しているが，おおまかに見れば，Lt寄与は1％台後半，At寄与は1％前後を推移して，3％前後の成長率を保ってきた．

表5は，同じく10-Sector data ④から求めた7カ国の1990 ～ 2005年における分析結果を示している．平均実質GDP成長率は1.2 ～ 2.9％，Lt寄与は-0.1 ～ 1.1％，At寄与は0.6 ～ 2.6％の範囲に広がっており，おおまかにはAt寄与だけが高いUK，スウェーデン，フランスとAt寄与とLt寄与がある

---

3) 図4，表5，表6の産業分類
   Agriculture, Forestry, and Fishing（以下，農林水産業），Mining and Quarrying（鉱業），Manufacturing（製造業），Public Utilities（電気ガス水道業），Construction（建設業），Wholesale and Retail Trade, Hotels and Restaurants（卸小売宿泊飲食業），Transport, Storage, and Communication（運輸通信業），Finance, Insurance, and Real Estate（金融不動産業），Community, Social and Personal Services（サービス業），Government Services（政府）

L寄与度			Lt寄与			At寄与		
80-90	90-97	97-07	80-90	90-97	97-07	80-90	90-97	97-07
-0.3%	-0.3%	-0.2%	-0.1%	-0.1%	-0.1%	0.1%	0.0%	0.1%
0.2%	-0.3%	-0.4%	0.2%	-0.5%	-0.4%	0.8%	0.7%	0.8%
0.0%	0.2%	-0.2%	0.0%	0.1%	-0.2%	0.3%	-0.3%	0.0%
0.1%	0.2%	-0.2%	0.0%	-0.1%	-0.3%	0.5%	0.7%	0.2%
0.1%	0.0%	0.0%	0.1%	-0.1%	-0.1%	0.4%	0.1%	0.1%
0.1%	0.0%	0.0%	0.5%	0.0%	0.0%	-0.1%	0.2%	0.1%
0.0%	0.1%	0.0%	0.0%	0.0%	0.0%	0.2%	0.2%	0.1%
0.7%	0.7%	0.7%	0.5%	0.3%	0.4%	0.1%	0.2%	0.3%
0.9%	0.7%	-0.4%	1.2%	-0.5%	-0.8%	2.7%	2.0%	2.0%

図4　1951〜2005年におけるアメリカの実質GDP成長率（Y）とLt寄与およびAt寄与の推移

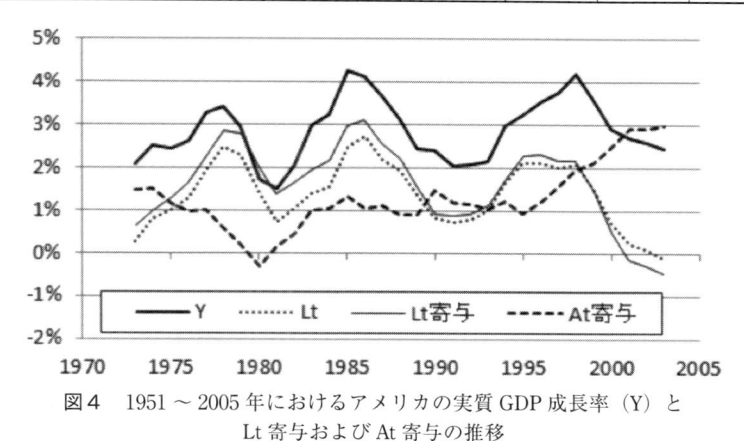

表5　1994〜2005年におけるGDP（Y），労働時間（Lt）および単位時間当たりGDP（A）の平均増加率とLt寄与およびAt寄与の平均

	Y	Lt	A	Lt寄与	At寄与
US	2.9%	1.0%	1.1%	0.9%	2.0%
UK	2.5%	0.1%	0.5%	0.0%	2.6%
スウェーデン	2.4%	-0.3%	-0.4%	-0.1%	2.5%
デンマーク	1.8%	0.4%	0.3%	0.6%	1.3%
フランス	1.8%	0.0%	0.6%	0.3%	1.6%
イタリア	1.2%	0.3%	0.5%	0.7%	0.6%
オランダ	2.4%	1.1%	1.4%	1.1%	1.4%

表6　1994〜2005年における各産業の平均Lt寄与とA寄与

	US cLt	US cAt	UK cLt	UK cAt	スウェーデン cLt	スウェーデン cAt
農林水産業	0.0%	0.0%	−0.1%	0.1%	−0.1%	0.1%
製造業	−0.2%	0.8%	−0.6%	0.7%	−0.2%	1.4%
建設業	0.1%	0.0%	−0.1%	0.1%	−0.1%	0.1%
卸小売業等	0.1%	0.5%	0.0%	0.4%	0.0%	0.5%
運輸通信業	0.1%	0.2%	0.0%	0.4%	−0.1%	0.3%
金融不動産業	0.6%	0.4%	0.6%	0.4%	0.5%	0.1%
サービス業	0.1%	0.0%	0.1%	0.0%	0.0%	0.0%
計	0.9%	2.0%	0.0%	2.6%	−0.1%	2.5%

程度バランスしているUS，デンマーク，イタリア，オランダに分けられる。ちなみに，SNA93データ②から求めた1990〜2005年における日本の結果はLt平均−0.8%，At平均2.1%であり，日本はAtが高くLtがマイナスのタイプに分類される。

表6は同じく10-Sector data④から求めた7カ国についての各産業の労働時間の寄与cLtと生産性の寄与cAtを示している。バランス型のUSは，製造業のcAtが高く，金融不動産業[4]はcAt，cLtいずれもプラスとなって，これだけでY成長の過半を占めている。デンマークとイタリアは金融不動産業のcLtが突出して大きく，オランダはサービス業のcLtが大きい。

一方，At寄与に偏っていたUKでは製造業のcAt 0.7%が高く，cLtは−0.6%と大幅なマイナスで，その分は金融不動産業に吸収されている。すなわち，UKでは製造業が雇用圧縮で生産性をあげるとともに，その分の雇用を金融不動産業が引き受ける形となっている。フランスでは，建設業でcAt上昇，サービス業でcLt上昇となっている。

このように国によって多少の個性は見られるものの，製造業のcAtと金融不動産業のcLtが大きい国が多く，そして何よりも，総労働時間，就業者数，

---

4) 金融保険業，不動産業のほかに 71 - Renting of machinery and equipment without operator and of personal and household goods, 72 - Computer and related activities, 73 - Research and development, 74 - Other business activities が含まれており，広い意味での法人向けサービス業が含まれている。

日本の経済成長と産業構造の変容   127

デンマーク		フランス		イタリア		オランダ	
cLt	cAt	cLt	cAt	cLt	cAt	cLt	cAt
−0.1%	0.2%	−0.1%	0.1%	−0.1%	0.1%	0.0%	0.1%
−0.2%	0.3%	−0.3%	0.6%	−0.2%	0.3%	−0.2%	0.5%
0.1%	0.0%	−0.1%	0.0%	0.1%	0.0%	0.1%	0.0%
0.1%	0.3%	0.0%	0.2%	0.0%	0.2%	0.2%	0.3%
0.0%	0.3%	0.1%	0.3%	0.0%	0.2%	0.1%	0.3%
0.5%	0.0%	0.5%	0.1%	0.8%	−0.4%	0.8%	0.1%
0.1%	0.0%	0.1%	0.0%	0.1%	−0.1%	0.1%	0.0%
0.6%	1.3%	0.3%	1.6%	0.7%	0.6%	1.1%	1.4%

表7　ヨーロッパ3カ国の1994～2007年における主要産業の平均cL合計とcA合計

	オーストリア		フィンランド		ノルウェー	
	cL	cA	cL	cA	cL	cA
農林水産業	−0.04%	0.02%	−0.14%	0.13%	−0.09%	0.13%
製造業	−0.15%	0.86%	0.18%	1.55%	−0.16%	0.39%
建設業	−0.05%	0.12%	0.23%	−0.09%	0.12%	−0.12%
卸小売業	0.08%	0.23%	0.20%	0.22%	0.12%	0.80%
宿泊飲食業	0.07%	0.01%	0.04%	0.02%	0.00%	0.05%
運輸通信業	−0.01%	0.18%	0.09%	0.27%	−0.04%	0.35%
金融業	−0.03%	0.29%	−0.11%	0.28%	0.02%	0.26%
不動産業	0.78%	−0.09%	0.78%	−0.14%	0.74%	−0.11%
医療福祉	0.13%	−0.01%	0.17%	−0.09%	0.20%	0.00%
計	0.89%	1.77%	1.57%	2.28%	1.29%	1.75%

5) 表7の産業分類

農林水産業，鉱業，製造業，電気ガス水道業，建設業，卸小売業，宿泊飲食業，運輸通信業，金融業，不動産業，公務，教育，医療福祉，その他のサービス業，その他。

ISIC V3.1の産業分類に基づいて，農林水産業 = Agriculture, Forestry, and Fishing (01-05)，鉱業 = Mining and Quarrying (10-14)，製造業 = Manufacturing (15-37)，電気ガス水道業 = Public Utilities (40-41)，建設業 = Construction (45)，卸小売業・宿泊飲食業 = Wholesale and Retail Trade, Hotels and Restaurants (50-55)，運輸通信業 = Transport, Storage, and Communication (60-64)，金融不動産業 = Finance, Insurance, and Real Estate (65-74)，社会サービス業 = Community, Social and Personal Services (90-99)，公務 = Government Services (75-85) という10分野で集計されている。

cLt がマイナスという国は見られなかった。

　表7は，さらに追加として UN データ⑤の実質 GDP と産業別就業者数から求めたヨーロッパ3カ国の結果を示している[5]。寄与 cL は不動産業が高く，生産性寄与は製造業で高いという傾向は 10-Sector data ④の結果と一致している。

　以上のように，欧米先進国では，製造業が生産性で寄与しながら就業者寄与がマイナスとなっている国が多く，就業者寄与では（法人サービスを含む）不動産業あるいは金融不動産業で大きかった。

　全体として見ると，1990年代半ばから2000年代半ばまでの欧米では，cLt あるいは cL が1％前後，cA が1～2％程度であり，合わせて2％から3％台の GDP 成長が実現されている。一方の日本では，A 寄与は2％と欧米と比べて遜色ないが，cLt あるいは cL がマイナスという点で際立っている。年率1％余りという日本の低成長の原因は，まさに労働時間あるいは就業者数の減少と部門間の移動の乏しさ，言い換えると，高生産性部門における雇用の硬直化にあるといわなければならない。

2.4　バブル前後での産業構造の変化

　ここまで，バブル崩壊後の日本において，経済成長に対する生産性の寄与は欧米先進国と遜色なく，低迷の原因は就業構造にあることを見てきた。ここでは，その具体的な内実を検証する。

　図5は SNA93 データ②から求めた各産業の就業者数増減の推移であり，1993年から製造業が大幅なマイナスを続けていること，一貫してプラスを続けているのはサービス業しかないことが分かる。

　ところで，ある産業における30～34歳の就業者数が L_1，5年後の35～39歳の就業者数が L_2 であったとすると，その変化分の内訳は次のように書ける。

　　$L_2 - L_1$ ＝ 新規入職者数 － リタイア ＋ 別産業からの転入 ＋ 別産業への転出

　30歳代であれば新規入職とリタイアはそれほど多くないと考えられるので，多くは転入・転出による増減，15～19歳や20～24歳では新規入職がメインと考えられる。

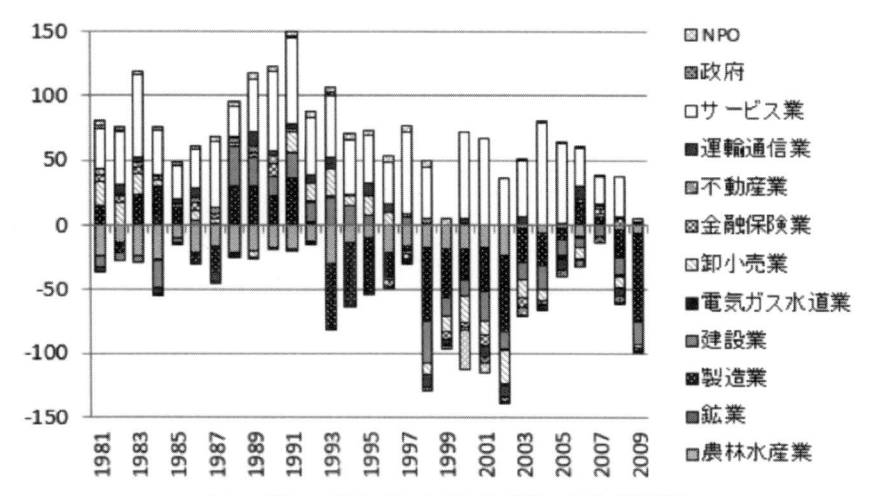

図5 1981〜2009年における産業別の就業者数増減
(出所) 参考文献 [5]

　そこで，以下では主な産業の5年毎の5歳階級別就業者数の増減を見てみる。まず安定職業の代表とされる公務（他に分類されるものを除く）について，国勢データ⑥から求めた15〜59歳の年齢構成（男女計）を図6に示している。総数に大きい変化はないが，若い層の就業者が減っており，結果として構成が高齢側にシフトしている。具体的には，1995年から2010年まで総数は13万9,086人，6％の減少であったが，15〜29歳の減少率は−33.1％，15〜24歳では−107,630人，−46％という大幅な削減となっている。この若年層の減少は全産業のそれから大きく乖離しており，団塊ジュニア世代後の20〜24歳人口の減少に見合った調整という解釈は成り立たない。

　図7は，男女別5歳階級毎に5年間で公務就業者がどれほど増減したかを示している。男性の場合，20〜24歳もしくは25〜29歳で入職し，その後は49歳までほぼ増減のない水準を推移している。たとえば，1995年の30〜34歳男194,559人に対して2000年の35〜39歳男性195,359万人はわずかに800人，0.4％の増加でしかない。図7は，少なくとも男性に関する限り，中間年齢層における移動の少なさを描き出している。ただし，女性の場合は25〜29歳あるいは30〜34歳で減少しており，おそらく出産・育児による

離職が依然として残っていると考えられる。

　図8は製造業就業者の年齢構成であり[6]，総数は1990年をピークとして2010年には34％の減少となっている。減少幅は29歳以下と40〜54歳層が大きい。15〜29歳層の減少率は53％，15〜24歳に限ると−64％であった。

図6　公務（他に分類されるものを除く）の年齢構成の推移

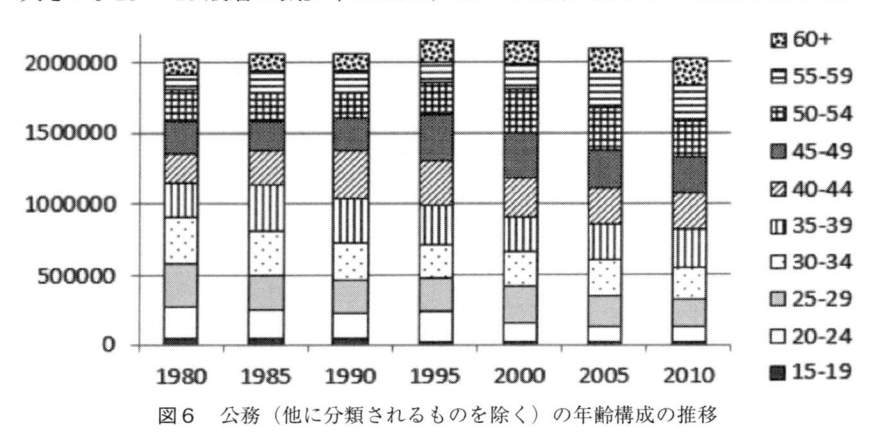

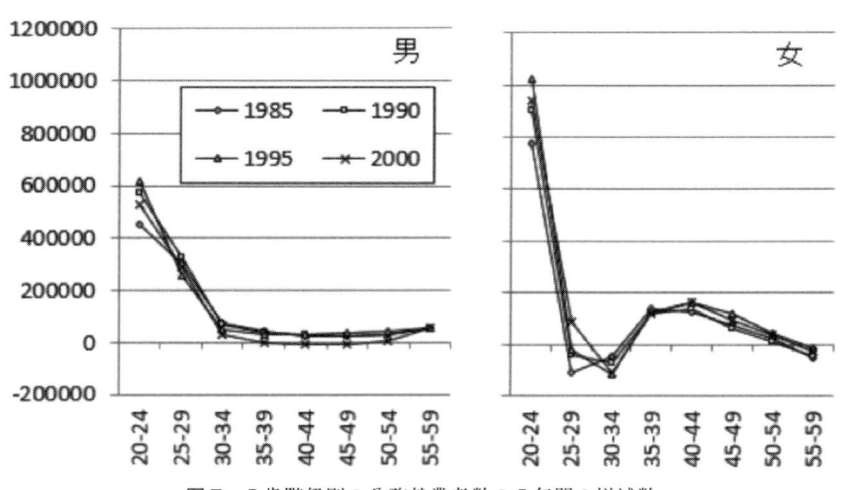

図7　5歳階級別の公務就業者数の5年間の増減数

---

6) 2005年に産業分類改訂で新聞・出版が製造業からはずされたが，2000年の製造業1,220万人に対して新聞・出版は20万人に過ぎず，誤差は小さい。

日本の経済成長と産業構造の変容　　　　　　　131

　図9は男女別5歳階級別の増減を示している。男女とも多くは15〜19歳あるいは20〜24歳に入職しているが，1995年以降，その数が男女を問わず大幅に減少しており，既述した29歳以下の減少につながっている。また男性の場合，30歳以降のほぼ全年齢層で少しずつ転出が進んでいる。一方，

図8　製造業就業者の年齢構成の推移

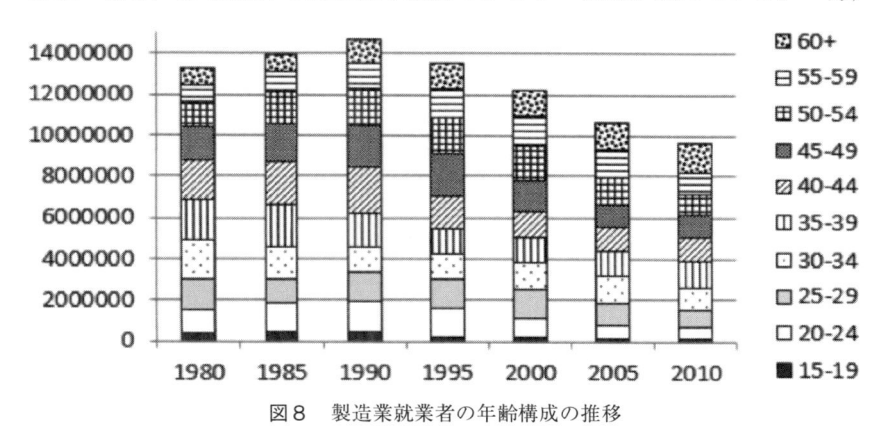

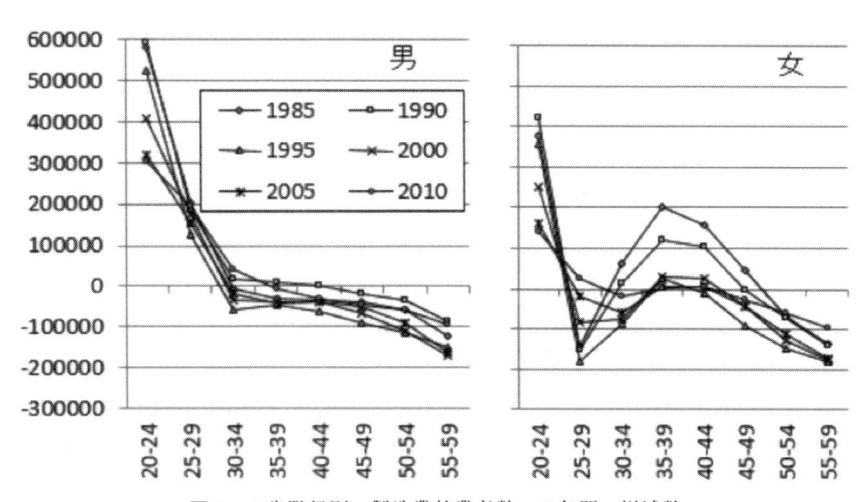

図9　5歳階級別の製造業就業者数の5年間の増減数

女性の場合は 1990 年まで 25 〜 29 歳が退出する，いわゆる M 字型特性が顕著であったが，2010 年は谷が 30 〜 34 歳層にシフトし，マイナス幅がわずかとなっている。晩婚化，未婚化あるいは共働きでの子育ての増加などが想定される。その代わりとして，1990 年以前に見られた 35 〜 39 歳および 40 〜 44 歳の山がほぼ消失している。おそらくパート労働などの減少と考えら

図 10　建設業就業者の年齢構成の推移

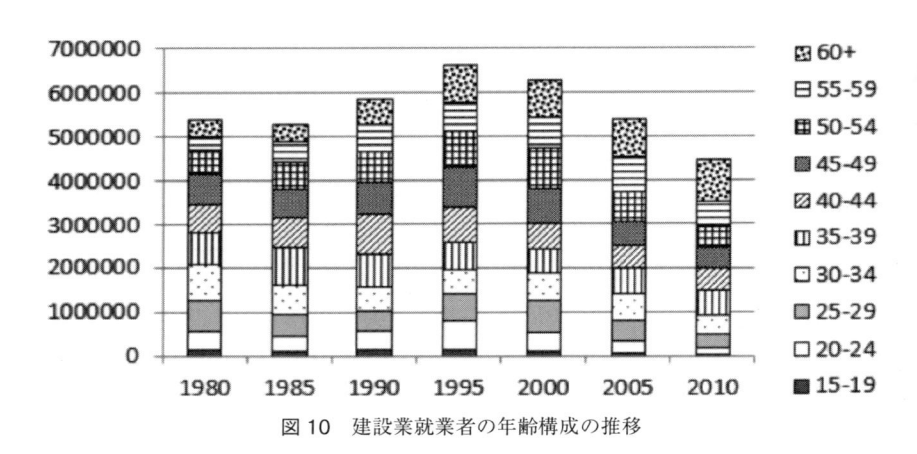

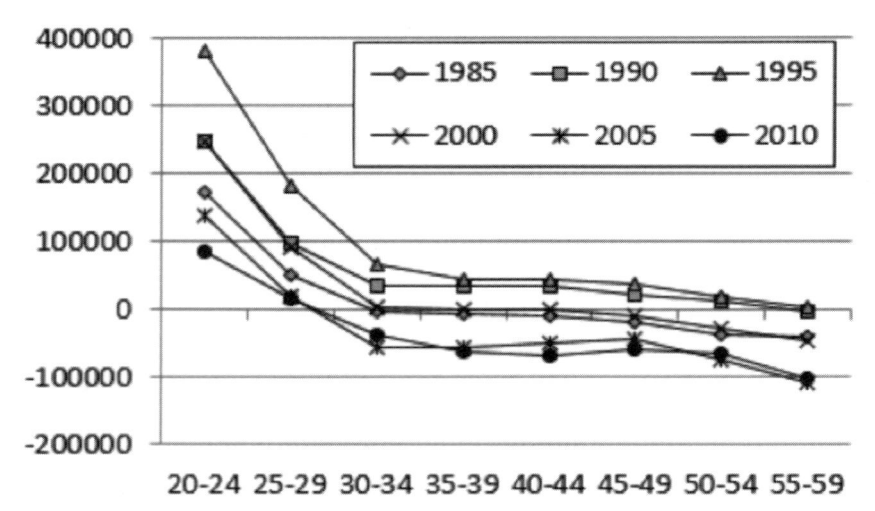

図 11　5 歳階級別の建設業就業者数の 5 年間の増減数

れる。
　この結果は，公務と同じく，製造業のスリム化が主に若年層の雇用抑制を通して図られると同時に，中年層でもさまざまな形で雇用の削減が進められたことを示唆している。生産性の上昇はこのような事態と表裏をなしている。
　図10は建設業の年齢構成で，1995年のピークから2010年まで33％の減少となっている。特に若年層の減少が大きく，15～19歳が－76％，20～24歳が－75％，25～29歳－53％となって，ここでも若年層の職場が奪われていることが窺える。
　建設業界は男性380万人，女性68万人（いずれも2010年）と男性が圧倒的に多く，図11は男性の就業者について増減を示した。バブル崩壊前後の1990年，1995年は全年齢層で雇用の受け皿であったのが，2000年以降は若者の入職が減り，30歳以上がすべて転出となっている。
　図12は金融保険業の年齢構成の推移であり，バブル崩壊後，34歳以下の若い層で減少が激しい。ピークの1995年から2010年まで全体での就業者の減少はマイナス26％であり，年齢別にみると20～34歳の男性が－54％，女性が－50％であるのに対して，40～54歳では男性－19％，女性＋3％となっている。
　図13に示した男女別の増減数では，まず男女の人数の違いと，女性での若年層における急落が目立っている。保険業界において若い女性の雇用が2000年以降に激減し，M字型特性が緩和されたと同時に35～44歳での入職も失われている。男性については，やはり若い層の入職が大きく減っているものの，その後はほぼ0レベルにあって，公務員と同じくきわめて安定した職場となっている。
　不動産業については，2005年の第11回産業分類で駐車場業が加わり，2010年の第12回産業分類で物品賃貸業が加わった。図14は2000年までの不動産業の年齢構成であり，1980年代のバブル経済で膨れあがって以降も2000年まで横ばいの状態にある。ただし，60歳以上が増え続けており，個人経営主が高齢化しても働き続けていることを示している。
　2000年以降について，第11回産業分類による2000年と2005年の比較では総数で6％の増加，15～24歳層で15％の減，第12回産業分類による

2005年と2010年では総数で増減なし，15〜24歳層で−29％となっている．

図15の年齢別増減からは，1995年に広範な層で転出，2000年は転入と，状況によって大きく変わることが分かる．少なくとも，欧米先進国で就業者効果が大きかった「(K) Real Estate, Renting and Business Activities」とは異

図12　金融保険業の年齢構成の推移

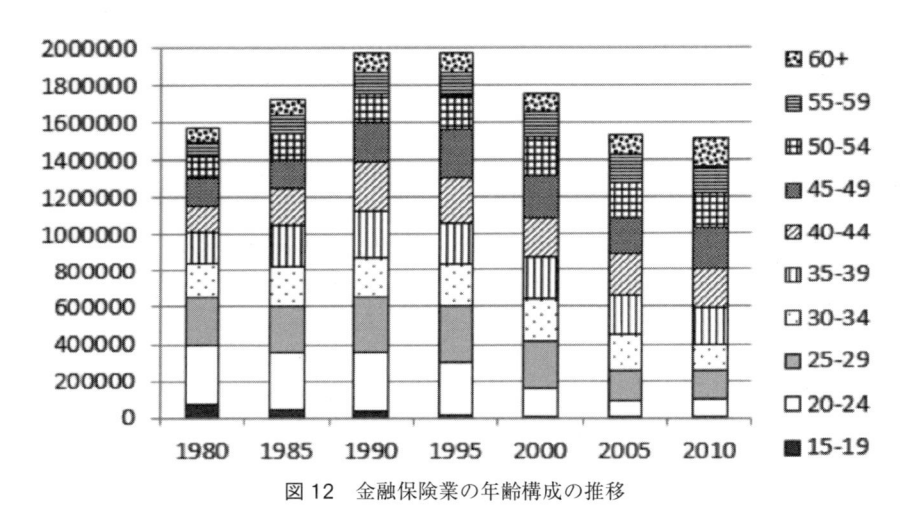

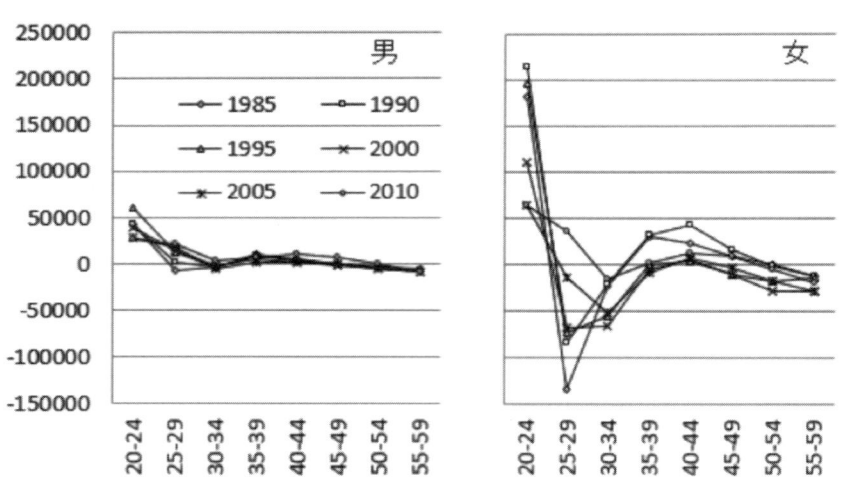

図13　5歳階級別の金融保険業就業者数の5年間の増減数

なっている。

　卸小売宿泊飲食業も第11回への改訂で卸小売業と宿泊飲食業に分離され，後者にはサービス業から移動してきた分野もあって，データの連続性が欠けている。図16は2000年までの年齢構成であり，1990年から2000年まで，そ

図14　不動産業の年齢構成の推移

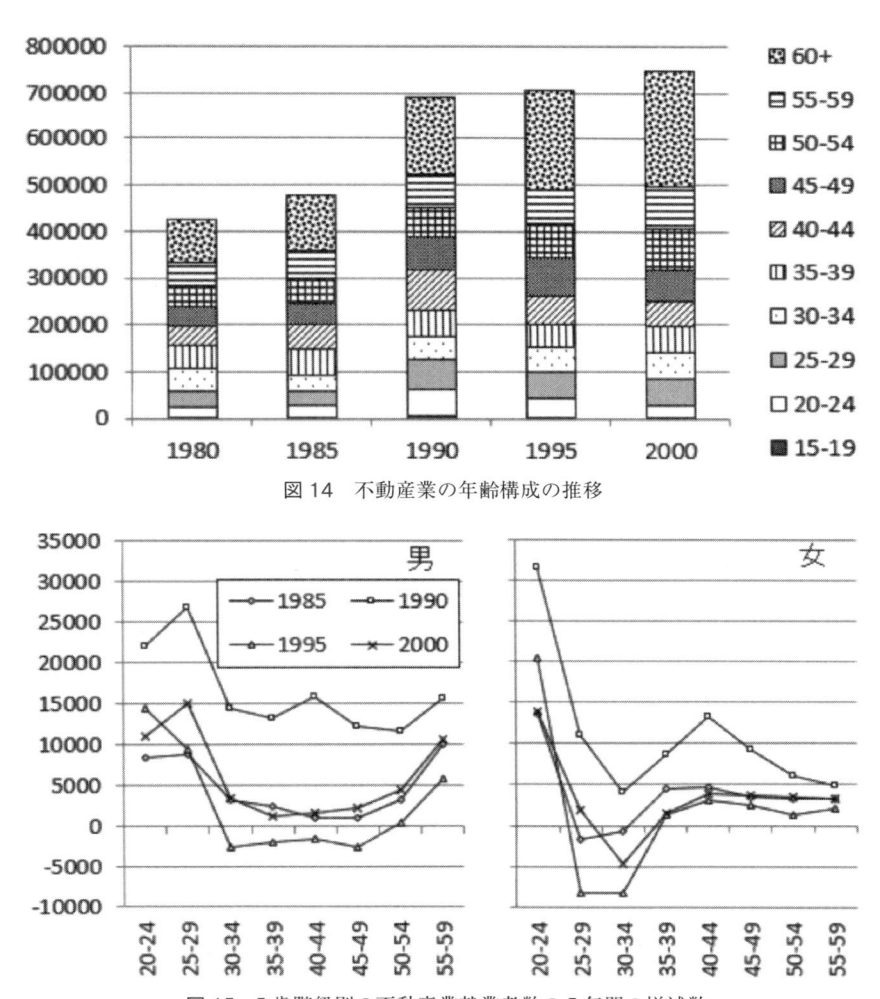

図15　5歳階級別の不動産業就業者数の5年間の増減数

れほど大きい変化は起こっていない。ただし，2005年から2010年の卸小売業では全体-9%に対して15～24歳層が-25%と大幅な減少を示している。

図17の増減では2000年まで連続性があるが，参考のため，宿泊飲食業を省いた卸小売業の2005年から2010年までの増減も示している。男性の場合，

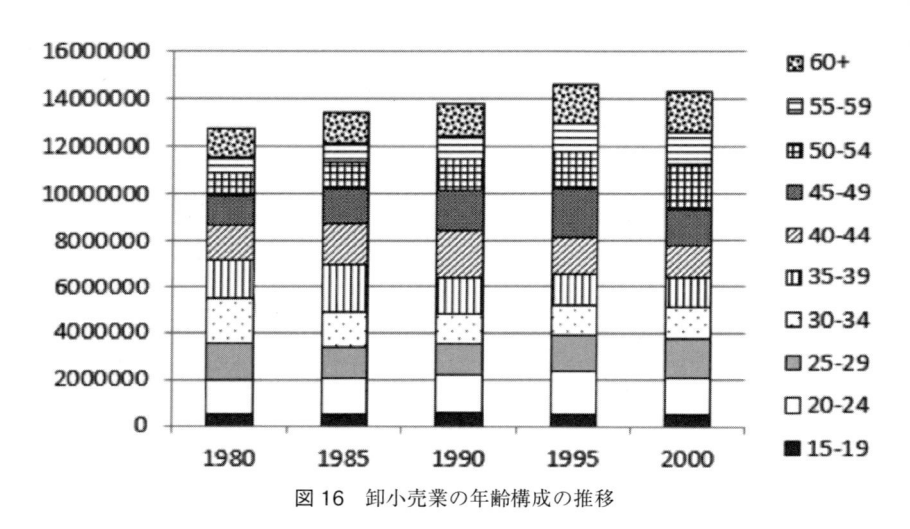

図16　卸小売業の年齢構成の推移

図17　5歳階級別の卸小売業就業者数の5年間の増減数

日本の経済成長と産業構造の変容　　　137

30歳以上の年齢層で転出が続き，女性の場合はM字型特性の緩和が見られる。

　サービス業も第11回，第12回の産業分類改訂で大きく変わった。図18には第10回産業分類でのサービス業の年齢構成，図19には増減を示してい

図18　サービス業の年齢構成の推移

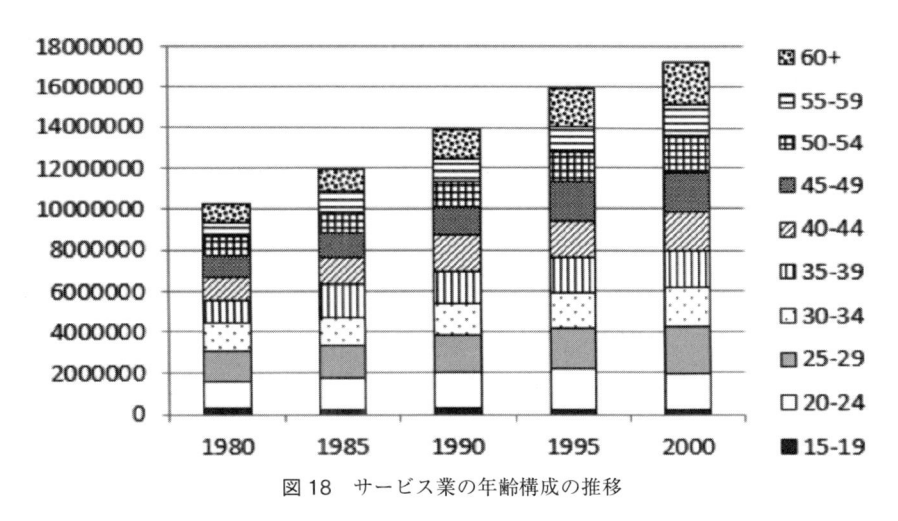

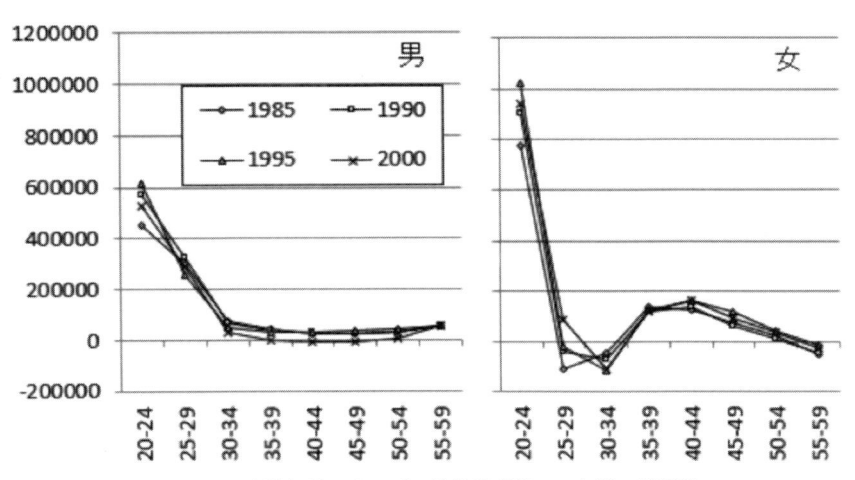

図19　5歳階級別のサービス業就業者数の5年間の増減数

る．多くの産業で雇用が縮小していく中，サービス業の就業者は着実に増えており，1990年から2000年まで24.3%の増加，男女別では男18.3%，女性30.3%の増加であった．ただし，15〜24歳では男-9.3%，女-4.0%であり，少子化の影響がここにも及んでいる．

サービス業は第12回の改訂でかなり細かく分類された．2005年から2010年までの変化については，学術研究専門技術サービス業が男性-1.4%，女性1.6%，宿泊飲食業が男性-8.1%，女性-5.6%，生活関連サービス業・娯楽業が男性-6.7%，女性-4.9%，教育学習支援事業が男性-3.4%，女性0.1%，医療福祉が男性17.5%，女性14.2%，複合サービス事業が男性-50.3%，女性-31.2%，ほかに分類されないサービス業が男性-14.7%，女性-28.8%であり，総数では3.2%のマイナスとなっている．なお，2005年から2010年までの就業者総数の変化は-1.5%である．

3．議　　論

「失われた10年」あるいは「失われた20年」について，経済成長という視点に立つ議論は大きく2つのタイプに分けられる．1つは労働生産性に注目したオーソドックスなアプローチであり，たとえば金榮懸他の「『失われた20年』の構造的原因」[12]には多くの文献も含めて総括的な議論が試みられている．冒頭に挙げた『平成25年版 労働経済の分析』と同じく，ここに挙げられている原因は「労働投入量の減少」と「全要素生産性の伸び悩み」であるが，これらはむしろ「景気が伸び悩むゆえの結果」とも捉えられるものであり，「労働投入量の減少」の背景にある産業構造の変化などにも触れられていない．

もう一つのグループは，藻谷浩介の『デフレの正体』[13]に代表される「人口あるいは生産年齢人口減少ゆえの需要の減退」を骨子とする議論である．「失われた20年」の背景に就業者あるいは労働時間の減少があるというのは厳然たる事実であり，それは停滞ゆえの雇用抑制という側面にとどまらず，需要側の減少ゆえの停滞という面も持ち合わせている．また製造業の生産性上昇がむしろ雇用を抑え，成長に逆作用しているとの指摘は，本論で示した

事実と一致している。しかしながら、製造業の生産性上昇と雇用抑制はほぼ先進国に共通した現象であり、日本の低成長の理由だけがそこにあるわけではない。どの産業のどの部分が低成長とつながっているかという分析がなければ、「生産性を上昇させれば人口減少下でも成長は可能」という空虚な議論と変わらないことになる。なお、人口減少と経済成長についての総括的な議論として文献［14］を挙げておきたい。

改めて本論の結果は次のようにまとめられる。なお、分かりやすいよう Lt 寄与あるいは L 寄与を労働寄与、At あるいは A 寄与を生産性寄与と呼んでいる。

- 高度成長期の成長は、製造業、卸小売・金融・不動産業の生産性上昇と製造業、サービス業の就業増などで実現された。
- オイルショック後の成長鈍化は、製造業の就業者増加が鈍くなり、代わりに生産性上昇が鈍くなったサービス業、卸小売業が雇用の受け皿となったことが原因であり、いわゆるポスト工業化の結果といえる。1980年から1990年の平均成長率3.9%のうち、2.7%が生産性上昇、1.6%が労働時間上昇あるいは就業構造の変化で説明できる。
- バブル崩壊後の成長鈍化は「就業者漸増・労働時間減少→就業者減少・労働時間減少」という2つの段階で進んできた。1990年から1997年まで平均成長率1.5%、生産性寄与2.0%、労働寄与−0.5%であり、1997年から2007年までは平均成長率1.2%、生産性寄与2.0%、労働寄与−0.8%であった。
- 産業別に見ると、製造業は生産性寄与0.7〜0.8%、労働寄与−0.4〜−0.5%でトータルはわずかなプラス寄与、卸小売業は1997年まで生産性で0.7%の寄与であったが、後半は労働寄与−0.3%、生産性寄与0.2%にとどまっている。1997年以降のサービス業は生産性寄与0.3%、労働寄与0.4%と最大の貢献を及ぼしている。
- 欧米先進国について1990年から2005年までの分析では、平均成長率1.2〜2.9%、労働寄与−0.1〜1.1%、生産性寄与0.6〜2.6%であった。産業別では、製造業がプラスの生産性寄与とマイナスの労働寄与、金融不

動産業とサービス業がプラスの労働寄与というケースが多かった。

ここまでの結果からいうと，「失われた20年」における日本の生産性の寄与2.0％は欧米各国のそれと遜色ないものであり，日本の低成長は大幅なマイナスの労働寄与に原因がある。

改めて，人口関係の数値を挙げると，1997年から2007年までの増減率は人口1.3％，生産年齢人口－4.6％，15〜24歳人口－23.1％，さらに労働力調査［5］から求めた就業者数増減率は－2.0％，15〜24歳就業者数－30.0％となっており，就業者数は生産年齢人口ほどは減っていないが，若年就業者は大幅に減っている。2007年から2012年まででは人口－0.2％，生産年齢人口－13.3％，15〜24歳人口－8.9％，就業者－2.4％，15〜24歳就業者－15.2％となっている。すなわち，生産年齢人口の急速な減少に対して，就業者数はそれほど減っていないが，若年就業者の減少は人口減少のペースを上回っている。

産業別の年齢構成および転入・転出については次のようにまとめられる。

- 公務（他に分類されるものを除く）は1995年から緩やかに減少しているが，新規採用抑制によって15〜24歳の就業者数は2010年に46％の減少となっている。
- 製造業，建設業も1990年以降若年層の雇用を大幅に抑えることで就業者を減らしてきた。
- 金融保険業でも1995年から2010年まで20〜34歳の男性が－54％，女性－50％と大幅な雇用削減が進められてきた。
- 不動産業では，高齢層の就業者を中心に就業者数が増える傾向にあったが，若年層の就業者数は減っている。
- 卸小売業では，総数は大きい変化を見せていないが，男性の場合は全年齢層で転出が続き，35〜44歳女性のパート参入などで数が維持されている。
- サービス業は1990年から2000年まで就業者は24％の増加であったが，15〜24歳層は－6.0％と減少となっている。2000年以降もそれほどの

増加は見られない。
- 年齢別の転入・転出状況を見ると，公務，金融（男性）などほとんど増減が見られない安定産業は，主に若年層の雇用抑制という形で就業者の削減が図られてきた。女性の場合はM字型特性の緩和と高齢側へのシフトが見られたが，同時に35〜44歳の転入が大幅に減るケースが多く，雇用の柔軟性が乏しくなっている。

まず，SNA93n2データ③から求めた2012年における産業別の就業者一人当たりGDPは全体平均に対して製造業135％，金融保険業186％，不動産業707％などが高生産性部門，卸小売・宿泊飲食業74％，サービス業60％などが低生産性部門といえる。上記の結果は，高生産性部門では特に若年層の雇用抑制で就業者の圧縮が図られてきたことを示している。これらの産業では，男性の年齢別の転出・転入状況は30歳以上でほぼフラットであり，既得権の対極に若者が置かれている。

高生産性部門からあぶれた若年層の受け皿となったのはサービス業であるが，そもそも若年人口が減少する中，その数も減少している。

以上のように，「失われた20年」の一因となった就業者・労働時間の減少は，主に高生産性部門における人口減少ペース以上の若年層の雇用抑制によるところが大きい。Lt寄与として評価した大幅なマイナスは，このような高生産性部門での雇用抑制に起因している。既述したように，単位労働時間当たりのGDPで測った労働生産性の伸びは欧米先進国と遜色ないのであって，それが既得権部門による差別化という形で保たれてきたことも否定できない。

おわりに

筆者は，大学院時代に目にしたオイルショック時の日本企業の狼狽を鮮明に覚えている。当時，筆者が所属していた学科は40名の卒業生に2,000社の求人申し込みという恵まれた環境にあったが，1974年の求人は激減，多くの学生が不本意な進路を選ばざるを得なかった。確かに1974年のGDP

は戦後初のマイナス成長を記録したが，これに対して多くの企業がとった新規採用ゼロという対応は果たして妥当であったのか．

　しわよせが若者にいくという構図は，必ず将来に禍根を残すといってよい．日本の雇用制度はまだ既卒者に厳しく，いったん生じたミスマッチは容易に解消されず，問題を長引かせる．

　解決は容易でない．「さらに消費を」という成長論はナンセンスであり，人口は増えるが所得の伸びは見込めない高齢者を対象とした産業も厳しい状況が続くことになる．これから中心となるのは資源や環境にできるだけ依存しないソフト産業と考えられるが，稿を改めて論じたい．

参考文献

[1] 厚生労働省『平成25年版 労働経済の分析―構造変化の中での雇用・人材と働き方―』，www.mhlw.go.jp/wp/hakusyo/roudou/13/13-1.html，2013年．

[2] たとえば次のサイトに詳細なデータが公表されている．経済産業研究所「JIPデータベース2013」，www.rieti.go.jp/jp/database

[3] 総務省統計局統計センター『日本の長期統計系列』，www.stat.go.jp/data/chouki/mokuji.htm

[4] 内閣府経済社会総合研究所『国民経済計算』「1998年度国民経済計算（1990基準・68SNA）」，www.esri.cao.go.jp/jp/sna/data/data_list/kakuhou/files/h10/12annual_report_j.html

[5] 総務省統計局統計センター『労働力調査』，www.stat.go.jp/data/roudou/index.htm

[6] 内閣府経済社会総合研究所『国民経済計算』「2009年度国民経済計算（2000基準・93SNA）」，www.esri.cao.go.jp/jp/sna/data/data_list/kakuhou/files/h21/h21_kaku_top.html

[7] 内閣府経済社会総合研究所『国民経済計算』「2012年度国民経済計算（2005基準・93SNA）」，www.esri.cao.go.jp/jp/sna/data/data_list/kakuhou/files/h24/h24_kaku_top.html

[8] Groningen Growth and Development Centre "10-Sector Database"，www.rug.nl/research/ggdc/data/10-sector-database

[9] UN, "UNdata - National Accounts Official Country Data"，data.un.org/Data.aspx?d=SNA&f=group_code%3a205

[10] ILO "Laborsta Internet"，laborsta.ilo.org/STP/guest

[11] 総務省統計局統計センター『国勢調査』，"e-Stat"，www.e-stat.go.jp

［12］金榮慤，深尾京司，牧野達治『「失われた20年」の構造的原因』，RIETI Policy Discussion Paper Series，10-P-004，2010年。

［13］藻谷浩介『デフレの正体』，角川書店，2010年。

［14］上村未緒『人口変動が日本経済に与える影響を再考する―議論は本当に尽くされてきたのか―』，みずほ政策インサイト，www.mizuho-ri.co.jp/publication/research，2007年。

自然の証券化とその通貨

山下　純一

1. 環境オフセットとはなにか？

1.1　はじめに：マングローブ林の消失

　かつて熱帯・亜熱帯地方の沿岸部に20万平方キロも広がっていたマングローブ林が急速に失われつつある。その消失のスピードは熱帯雨林やサンゴ礁のそれと同等かあるいはそれ以上と見積もる研究もある（Duke et al. [21]）。

　よく知られているように，マングローブ林は多種多様な動植物の宝庫である。西表島のマングローブ林では，海水と淡水が交じり合うヤエヤマヒルギの林のなかを，カマスやミズイサキまたアジ類などの稚魚が群れ泳いでいるのが観察される。植物プランクトンおよび動物プランクトンが豊富で，餌に不自由しないからである。さらに，カワセミやサギが小魚を狙って飛来し，シギが渡りの途上で休息する。その特殊な生態系のなかで，様々な栄養段階の動植物が展開する相互依存関係は，まさに生物多様性のショーケースである。

　そこにみられる生命の多様性を支えているのは，マングローブ林のエコシステムとしての機能である。植物は太陽光を利用して無機物を生物組織に転換し，栄養素の循環のような種々の生態系の機能が，生物の多様性を維持する基盤となっている。その機能に立脚して，我々人間が享受する種々の生態系サービスが生み出される。マングローブ林で成長した魚種を収穫する沿岸

漁業は，その典型例である。したがって，生命の多様性を可能にする環境が損なわれると，最終的には自然資本から得られる社会的な富が減少することになる。

懸念されているマングローブ林の縮小を含めて，環境の破壊や劣化をもたらしている社会経済的な第一の要因は，開発である。たとえば，Google Earthで南米北東部の沿岸地帯に広がるマングローブ林を拡大してみると，そのあちこちが伐採され，かわりに矩形の箱を並べたようなエビの養殖場（shrimp ponds）に転換されている様子がみてとれる。エビの養殖によって，エコシステムが分断され，自然環境の微妙なバランスが崩れ，生物多様性が失われる。それだけではなく，養殖場で利用される大量の海水（エビ1トンあたり1,600万ガロン）がそのまま環境中に放出され，地下の帯水層のバランスを崩して，真水層の塩類化を引き起こしている地域もある。飲料水は塩分を含んで飲めなくなる[1]。

1.2 企業の社会的責任の拡大

途上国のマングローブ林で養殖されたエビを，先進国の食卓にとどけることによって成り立っているビジネスがある一方で，現地の自然環境を損なう開発に否定的な企業が増加しつつある。「自然の恵み」がビジネス展開の基盤をなしている企業――特に食品関連の多国籍企業に典型的にみられる。それらの企業では，ビジネスの存続と発展が自然資本の健全性と持続可能性に依拠しているという自覚がいっそう深まり，同時にその意識が企業活動に積極的に反映されるようになっている。

たとえば最近，食品多国籍企業大手のNestlé UKは，英国全土において，75エーカー（サッカーのピッチ250面相当）の牧草地を回復させるという活動に取り組んだ[2]。良質の乳牛は，チョコレート生産に欠くことができないが，それは豊かな牧草地なくしては生産されない。牧草地の回復は，そ

---

1) K. Warne［46］参照。この例はその2章 'Paradise Lost' による。
2) http://www.nestle.com/media/newsandfeatures/wildflower-meadows-uk. 2013年11月最終アクセス。

こを棲家とする蝶やミツバチなどの昆虫および鳥類の生息数の増加をもたらす。牧草地におけるこうした生物多様性の回復が自然環境の健全性のバロメータであり，それを地元の共同体と共有することが，さらなる事業展開に必須であるという意識の高まりである[3]。こうした意識と活動を従来の企業の社会的貢献とは一線を画するものととらえて，「慈善的な CSR の終わり」とみる見方もある。いずれにせよ，自然資本をどのようにして健全に保つかという重要な問題は，公共政策の範疇を超えて，私企業の経営戦略のレベルにまで降りてきている。そして，そこでひとつの新しい展開を見せつつある。

1.3　自然保護の市場化と分散化

それは自然保護の市場化と分散化の進行である。これは自然を証券化して，その自然環境に対する請求権の取引によって，自然保護の誘因を市場プロセスのなかから生み出そうとするアプローチである（Bayon and Jenkins [9]）。その際，証券化の鍵となるのは，あるロケーションで開発によって生じる環境へのダメージを，別の場所の類似した生態環境の保護によって相殺するというメカニズムの導入である。

この種の市場化による環境保護政策がめざすのは，本質的には自然環境のバーター（物々交換）である。そこで現代的なのは，その交換に「通貨」を導入して，本来のバーターの時間的・地理的限界を超えようとする点にある。一種の信用証書が市場で交換されることによって環境の空間的な移転（棲み替え）が可能となる。したがって原理的には，広い範囲にわたって棲息環境の代替的な保護が可能となると期待される。それだけではなく，金融市場を利用するタイプの自然保護が，資本投資の新しいフロンティアとして生み出されつつある（Sullivan [42]）。

とはいえ，CO_2 の排出量取引とは異なり，生態系の等価交換がなされているかどうかの確認は，原理的にも，実際問題としても，難しい問題である。たとえば，K. Warne [46] の 10 章には，セネガルのマングローブ林の植樹プロジェクトの例が紹介されている。それは乳製品をあつかうフランスの多国

---

[3]　『日経ビジネス』，2013 年 1 月 7 日号，29 ページ。

籍企業の資金提供によって推進された計画だが，必ずしも成功しているとは言えない。植樹そのものはなされたが，マングローブ林の全体的な地形的特徴を考慮していないために，マングローブの生態系としての真の回復をもたらすまでには至っていない。環境の生態学的な価値を比較する通貨の定義の難しさを示唆する一例である。

　本章の主題となるのは，この交換の通貨が，いかなる条件のもとで棲息環境の価値尺度となるのかを探ることである。第1節では，環境オフセットの歴史的経緯を振り返る。第2節で，緩和ヒエラルキーの概念とマングローブの生態系動学の例を導入する。そして，開発前と開発後の自然環境の価値変化を，関数空間上の変換として定義する。そのうえで，開発前後の価値変化の比較を，ヒルベルト空間上の関数の固有値問題とみる視点をあたえる。通貨はその問題の解になる。同時に，開発後の環境データから通貨を近似表現し，さらにその経済学的な解釈を試みる。最後のまとめで，自然の証券化の将来を展望する。

1.4　エコシステムサービス評価をめぐる根本的な問題

　自然資本の評価を難しくしているのは，そこから生まれる種々のサービスが機能的にオーバーラップしていたり，相互依存の関係にあったりして，一意的に分類することが困難であるからである。また，仮に厳密に分けることができたとしても，自然プロセスについての理解や情報の不足が，誤った資本評価を生んでいる可能性もある。たとえば，生物多様性がもたらすオプション価値がその例である。将来，難病の治癒を可能にする物質や知見が熱帯雨林から得られるかもしれないが，その価値を前もってどう評価するかは本来的な困難さをもつ。

　同様に，環境の調節機能をになうエコシステムサービスは多かれ少なかれ，ふさわしい評価を得てきたとは言い難い。その供給フローが適正レベルを保っているかどうかのチェックさえ十分であるとは言えない。それが今日の環境問題のベースにある。

　自然資産のサービスが適切な価値評価を受けてこなかったために，動植物の棲息環境の破壊や生物多様性の喪失につながった。これに対処するため

に，法的な規制を設けて開発を制限しても，有効に機能するとは限らない。たとえば，希少種の渡り鳥が，ある湿地帯に渡りの途中で羽根を休めるとしよう。そこは私有地の一部であるとする。近接地一帯にゴルフコース建設の計画が持ち上がるとすれば，土地所有者は渡り鳥への影響を懸念して，自分の土地を保護しようとするだろうか？

開発から得られる利益が大きければ，渡りの場所としての価値を認識して行動するように強制するのは困難であろう．土地所有者が，誰にも気づかれないうちに，棲息環境に意図的に悪影響を与える行動をとることさえあるかもしれない．私的権益を優先するこの種の対処の仕方は，shoot, shovel, and shut up の 3S アプローチとよばれることがある．

この例が教えるのは，生物にとって貴重な棲息環境であっても，それが直接・間接に私的利益につながらないときには，土地所有者に環境を保全する誘因が存在しないということである．したがって，誘引を創造するメカニズムが求められる．そのために，自然資産の市場を創設し，市場取引に誘引を生成させようとするアプローチがある．その一つがこれから考察する環境保護のための銀行の創生である．

1.5 Wetland Mitigation Banking と Conservation Bank

環境保護銀行（conservation banking）のルーツは，1980 年代後半に設立されるようになったアメリカの湿地帯緩和銀行（wetland mitigation banking）にあるといわれる．誕生の原動力となったのは，当局の開発規制に対するコンプライアンスである．

1972 年の米国の水質浄化法（Clean Water Act）の第 404 条によって，ある種の湿地の浚渫あるいは埋め立てを計画する場合には，アメリカ陸軍工兵隊（USACE）の許可証が求められるようになった．その際，許可証発行の付帯条件として，開発者がみずから湿地帯への影響を緩和する措置をとるようにもとめられることが多かった．

この規制をうまく利用した形で，最初の湿地帯緩和銀行が生まれる．米国で最初に湿地帯へのダメージを緩和するための銀行を設立したのは，Steve Morgan である（Bayon [8]）．彼はカモ猟の愛好者で，カモ撃ちを楽しむハン

ティングクラブをつくるために，カリフォルニアに土地を購入する。そこはカモが集まる湿地帯であった。ところが，その土地が高速道路のバイパスの開発計画に入っていたことから問題が起きる。公共の利益を優先する合衆国憲法の規定により，彼は湿地帯を狩猟場として利用できないことを知る。ところが水質浄化法によれば，開発によって湿地帯にダメージを与える主体は，民間・公共部門の如何をとわず，だれであれその損害を最小化し，生じるダメージをオフセットすることが求められる（Mead [32]）。

彼はその規制を逆手に取って，みずから近くの農場の土地 315 エーカーを買い取って，その土地がもとの土地の代替地として機能しうるように改良する。つまり，カモの休息地として別の土地を用意したのである。それが USACE と環境保護局の認可によって，代替地として妥当と認められ，そこで生成された湿地帯クレジット（wetland credits）を，バイパス計画をもつ運輸省（Department of Transportation）に販売する。運輸省は，自らの計画によって発生する湿地帯に対する損害を，それによって相殺することができる。このメカニズムは，根本において，汚染許可証と同一である[4]。

湿地帯へのダメージを緩和するための銀行は，自然の管理に関わる市場（銀行）の拡大を促進した。ある自然資産にマイナスの影響を与える開発が不可避（あるいは経済合理性をもつ）なとき，その損害を補償する等価な（あるいはそれを上回る）物理的な代替環境を生成することによって利益を得る業界の出現である。

ここで，直接的に開発者自身がダメージを補償することもできるが，それは必ずしも必須ではない。同等の棲息環境を別の場所に確保することによって，信用を創造する銀行から，信用証書を購入すればよい。その信用証書の発行を許可するのは，湿地帯にかかわる緩和銀行のケースでは，環境保護局

---

[4] Morgan は湿地帯へのダメージ緩和を目的とする会社 Wildlands Inc を起業することになる。やがて，民間の株式投資会社も，彼の緩和銀行に資本投入するようになった。その後，1991 年までには，第三者が商業的な目的で緩和銀行サイトを整備して，湿地帯クレジットを 404 条の許可証保有者に売ることが USACE によって許可されるようになった。こうした第三者による銀行は，2006 年時点では，アメリカ全体の 400 の緩和銀行の 78％以上を構成している。Robertson [40] 参照。

などの公的な機関である。

米国における湿地帯緩和銀行の総数は400行以上で，その市場規模は3,000億円を超えるとされる（Bayon[8]）。また，2009年にはあらたに89銀行が，2010年には104銀行が誕生した。中心となっているのは，カリフォルニア州であるが，それ以外の州にも拡大している（Becca et al. [10]）。

1.6 環境保護のヒエラルキー

米国における環境保護銀行も同様の仕組みをもっている。これは保護リストに入っている生物種や絶滅危惧種などの棲息域に影響を及ぼす事業・開発計画などについて，環境保護銀行をとおしてその当事者が開発の許可証を購入するという仕組みである。この銀行は，希少種の棲息域を別に確保することによって許可証を得て，それを市場で販売する。こうした生物種の保護銀行の許可証の市場規模も100億円から370億円と推測される（Bayon [8]）。また，2011年の報告[10]によれば，世界全体でも1,100以上の緩和銀行（mitigation banks）が存在し，同様のプログラムの全世界の市場規模は，少なく見積もっても，24－40億米ドルであるといわれる。

湿地帯緩和銀行や環境保護銀行に対応する保護政策は，米国以外の国々でも実行されている。国によって若干の違いはあるが，基本的な政策目標は同一である。開発によって生じる生物多様性への影響がマイナスにならないような仕方で，棲息環境を物理的にできるだけ本来の場所に（in situ）回復するということである。マイナスにならないとは，正確に述べれば，保護対象とされた種が純減少しないあるいは純増する（no net loss or net gain）という意味である。

この政策目標を達成するための手順は数段階からなる。緩和のための段階的な手段（mitigation hierarchy）とよばれるステップがそれで，まず目指すべきは，(1) ダメージの回避で，その次が，(2) ダメージの最小化である。それらの措置によっても避けられないインパクトがあるならば，それは (3)

---

5) 緩和（mitigation）とオフセット（offset）を分けてとらえ，オフセットは緩和できなかったロスの最終的な回復であるとみなされる場合もある。一例として，欧州と北米における緩和（mitigation）という言葉の使い方は異なる。Moilanen et al. [33] 参照。

緩和あるいはオフセットされなければならない[5]。具体的には，土地の間に生物学的な回廊を設けて，希少種の棲息場所の連結を図るといった活動が含まれる。ただし，それをどのようにしてデザインするかは単純ではない。

1.7 利点

環境保護銀行や緩和銀行によって，開発業者は自ら環境のオフセットを管理する必要がなくなった。開発が実際に環境に与える生態学的な影響の査定や長期的なモニタリングなど，規制上の管理責任を第三者に転嫁することができるようになった。もちろんそれには許可証の購入が伴うが，種々の直接的な取引費用が軽減される効用は小さくないと思われる。

上にも述べたが，この制度を利用しているのは，民間部門だけではない。地域社会全体の益を図る開発計画が，その地域の希少種に影響する場合に，公共部門によっても環境保護銀行を経由するオフセットが利用されている[6]。

オフセットを無視して事業展開するとすれば，それは当該企業にとって様々なリスクを冒すに等しい。具体的には，土地や資本へのアクセスが制限されるであろうし，規制当局からの様々な認可も得られないかもしれない。自分の利益を優先した企業は地域社会に受け入れられず，結局，そこで活動する地盤を失うリスクに直面する。

実際，いくつかの多国籍企業が自発的にオフセットプログラムを実行していることをみれば，企業にとってのオフセットの経済合理性が理解できる。たとえば，Royal Dutch Shell は自身の活動が生物多様性にあたえる影響を監視・測定し，ダメージを補償する活動を開始した。本章の最初で言及したように，鉱物や石油等の枯渇性資源の採掘に関わる企業だけではなく，Nestlé Waters, Coca-Cola, Pepsi Co なども，その製品にとって欠くことのできない水資源の保全のために地域社会や環境団体と協働している。

6）カリフォルニア州では，洪水を制御する公共事業のプロジェクトが giant garter snake に悪影響を与えるとみなされたため，100 エーカーのオフセットが利用された（Mead [32]）。

2. オフセットのヒエラルキーと通貨の数学的表現

2.1 インパクト緩和の定量評価

　実際にオフセットをどのように計画し，それをどのように実行することができるかは重要な問題で現在も模索が続いている。この点に関して，BBOP (Business and Biodiversity Offsets Programme) の活動は注目できる。これは 2013 年現在で，90 以上の企業，政府，金融機関，NGO，環境保護の専門家などからなる国際的なパートナーシップである。このプログラムは，様々なパイロットプロジェクトをつうじて，現地の人々の生活上の諸結果と環境保護とを同時に達成することを目標としている。また，緩和ヒエラルキーにしたがったダメージの補償が，生物多様性の no net loss あるいは net gain を可能にすることを例証する。それに基づいて，オフセットのデザインと実現手段のツールキットを編集・拡散し，結果として，企業慣行や立法措置・政策にも影響を与え，環境保護と経営を両立することを目指すプログラムである (Kerry ten Kate and Mira Inbar [44]，BBOP [14]，[15]，[16]，[17])。

　オフセットの実践において最も根本的な挑戦は，おそらくネットロス（あるいはネットゲイン）が達成されたかどうかをどのようにして定量的に確認するか，という点であろう。一つの開発サイトとべつのオフセットサイトの間の比較を可能にする通貨（currency）をどのように定めるかと言い換えることもできる。この通貨による比較が信頼性に欠ければ，回復不能な損害が生じるかもしれない。また，あるオフセットが生態学的に等価であるかどうかの評価が困難であれば，商業的な利益が関係している以上，保護でなく開発動機に拍車がかかる懸念がある。

　Robertson と Hayden の研究 [40] は，この問題を考察する上で参考になる。彼らは湿地帯緩和銀行のインパクトの補償エリアが，元のサイトと物理的に異なる場合の帰結について，シカゴ近郊の湿地帯緩和銀行について実証的に研究している。

　その際，彼らが注目した両者の間の第一の差異は，空間的な隔たりである。つまり，元の場所と空間的に距離がある場所に緩和サイトが設けられた

場合，もとのサイトの棲息環境が離れた場所に設けられた緩和サイトでも十分に補償し得るか，という点である。

　もうひとつの差異は，時間的な問題である。これはロスの補償に関わるタイムラグに関係する。開発によって生じたダメージを，別の緩和サイトによって回復しようとしても，回復の生態学的な基準が完全に満たされるようになるまでには，時間がかかる。生態学的な要求水準（地下水の水位が表土の12インチ以内を2週間以上保っているか，植生が適切なレベルで元の状態に回復されているかなど）が4つのフェーズに分けられ，各段階の基準をみたしたクレジットだけが販売される。彼らは，回復の遅れによって，生態学的な機能がどれほど損なわれるかの定量的な評価を試みている。これは商業的な湿地帯緩和銀行が完全に機能するまでの時間的な損失評価ともいえる。

2.2　面積によるクレジット評価

　前節のRobertsonらの研究が示すように，湿地帯クレジットの認証は，生態学的な環境回復の質的評価に基づく。これをそのままモデル化するのは困難なので，問題を単純化するために，比較的容易な尺度を利用しよう。それは失われるサイトの面積あるいはバイオマスの大きさに基づく評価である。この評価方式をモデル化してみよう。

　いま，ある開発地で失われるバイオマスの大きさを x とおく。このとき，バイオマス x から生じる生態系サービス全体の価値（あるいは生物多様性の貨幣評価）を $u(x)$ と記す。

　湿地帯クレジットでは，開発によって影響される1エーカーに対して，1.5単位のクレジットを求められる場合がある。実際の緩和サイトがもとのサイトから距離的に離れた場所になれば，要求されるクレジット数はより多くなる。たとえば，1エーカーに対して，3単位のクレジットといった具合である。この割増は，回復サイトが遠隔地にあることによるリスクの増加を補償する手段とみることができる。また，すでにのべたように，補償サイトが生態学的にみてどのフェーズにあるかに依存して，求められるクレジット数も異なる。たとえば，フェーズ4であれば，開発1エーカーに対して1クレジッ

トであるが，フェーズ3より低い状態の補償サイトでは，1エーカーに対して1.5クレジットがもとめられることもある（Robertson and Hayden [40]）。

つまり，簡潔に述べれば，生態学的な要求水準とクレジット認証の関係は，ここでは補償面積とクレジットの数の間の比率としてあらわれる。これは乗数とよばれる概念で把握できる。次節でそれをみる。

2.3 オフセットの乗数と通貨

生物多様性オフセットデザインにおいて困難かつ重要な課題は，ダメージを受けるインパクトサイトとそれを補償するオフセットサイトの間に生じる差異を評価する統一的な「通貨」をどう定めるか，という論点であった。

インパクトサイトが地域住民にとって何らかの文化的・宗教的な意味をもつような場所であれば，それを別のサイトで補償することは本質的に困難である。また，生態学的にみて非常に特殊な環境であるようなケースも同様である。そのようなケースでは，インパクトサイトの価値は無限大であるとみることができ，基本的にオフセットできない。前節の表現をもちいれば，面積 x のそのサイトの価値は $u(x)=\infty$ となっているとみなすことができる。

これに対して，原則的にオフセット可能と判断されるケースでは，どんな基準を用いてインパクトとオフセットの間の比較をするのかを示さねばならない。本来は生態学的にみて同等な環境を用意しなければならないが，実際問題として，その同等性の評価は生物種の数や植生などの指標によって代理表現（biodiversity surrogates）される。

このなかでもっともシンプルなのが，前節で言及した面積である。たとえば，ある湿地帯に住む鳥の棲息域が開発で失われるならば，その鳥の数の代替表現として，すくなくともおなじ広さの湿地帯の面積を他の場所に確保する。両方の場所が離れていたり，生態学上の特性が若干異なるとみなされれば，リスクをカバーするため，元のサイトの面積よりも何倍か大きな面積が求められる。危険回避の保険としてのこの倍率は乗数（multiplier）とよばれる（BBOP[15]）。

面積を乗数倍するという尺度は，オフセットの議論においてポピュラーな通貨である。たとえば，オーストラリアのヴィクトリア州では，その固有種

の植物を評価するために，面積にそのサイトのスコア（サイトの構造や種の構成などの視点からの評価）を掛けることによって評価している[7]。この場合のスコアは，サイトの特性を表す一種の乗数であると見ることができる。

とはいえ，インパクトサイトの数倍の面積のサイトを新たに用意すれば，それで等価になり得るということにならない。本来，エコシステムサービスの価値は，その生態系の面積の非線型関数である可能性があり，そこに棲息する動植物の多様性も面積に応じて線型に増減するとは限らない（Danielsen et al. [20], Koch et al. [27], Barbier et al. [5]）。さらに，環境は時間的に変動するから，動学的で不確実な環境の変動という要素も通貨表現に含めるのでなければならない。これらの要素をモデルの中に組み込む必要がある。なかでも厄介なのは，棲息環境の時間的な変化をどのように扱うかという点である。そこには当然，不確実性が関係してくる。以下でその一例を示す。

2.4 マングローブの生態系動学

景観の不確実な時間的発展をより具体的に考察するために，マングローブ林のような生態系を考えよう。決定論的なモデルの例としては，たとえばBarbier [2] や Barbier and Strand [3] などがある。ここでは，モデルに不確実性を導入して，マングローブに棲息する生物と環境の相互依存関係が，時間的に変化する様子を確率微分方程式系であらわす。

時刻 t の植物バイオマスを $X(t)$ とおく。$X(t)$ はマングローブ林の面積（何らかの密度の指標）とみなすこともできる。一方，そのマングローブ林を棲息域とするある生物を考え，その時刻 t の個体数を $H(t)$ とする。H としてもっともわかりやすいのは，マングローブをナーサリーとする魚種である。あるいは，絶滅危惧種でマングローブ林を棲息域とする生物とみなすこともできる。

$X(t)$ と $H(t)$ の変動はある関連をもつと考えることができる。その関連は時間とともに変化し，より広い外部環境でおきる事象からの影響（気候変動

---

[7] habitat-hectares とよばれる指標である。

など）を受けるであろう。予想される不確実性をもつ両者の関係を以下のように定める：

$$dX(t) = \left[rX(t)\left(1 - \frac{X(t)}{K}\right) - H(t)\frac{\beta X(t)^2}{X(0)^2 + X(t)^2}\right]X(t)dt + \sigma_1 X(t)dW_1(t), \quad (1)$$

$$dH(t) = [\alpha(X(t) - x^*)^2 + \alpha_0]H(t)dt + \alpha_2 H(t)dW_2(t) \quad (2)$$

(1)および(2)において，$r>0$ はバイオマスの内生的成長率（定数），K はマングローブ林の環境許容量を示す定数，β，α，α_0，x^*，σ_1，σ_2 も定数である。また，$W_1(t)$，$W_2(t)$ はそれぞれ独立した標準ブラウン運動をあらわす。式(1)は，Mayの論文（May[30]）中のモデルで定数として扱われている動物の密度係数 H を X と連動する変量とみなし，さらに両変数を確率化したモデルとなっている。とくに，パラメータ α の正負に応じてモデルの動きが異なってくる[8]。

図1および図2は，特定のパラメータの値（$\sigma_1=0.2$；$\sigma_2=0.3$；$r=3$；$K=x^*=5$；$\beta=2$；$\alpha=-0.5$；$\alpha_0=1$）に対して，初期値（$X(0)$，$H(0)$）＝(1,1) のときの解経路の一例（モンテカルロ解）を描いた図である。図1は，(X, H) 平面における動きを示し，図2はそれに時間軸をくわえた (t, X, H) 空間における解の動きをあらわす。ただし，いずれの図でも初期値を原点にとっている。

ここでは，$\alpha<0$ となっているので，マングローブに棲息する生物種の個体数の成長率 $dH(t)/H(t)$ はあるレベル x^* まで $X(t)$ とともに増加し，それ以後は減少するというダイナミクスを基本とする。したがって，この例では環境の許容量 $K=x^*$ のあたりで，$X(t)$ が減少に転じると，それ以降は，$H(t)$ もその近傍を彷徨する。

---

[8] たとえば，$\alpha>0$ であれば，海中の藻類とそれを食べるウニの生態系動学とみなすことができる。(1)および(2)のダイナミクスが，パラメータや確率的な影響とともに，その初期点 $(X(0), H(0))$ によっても異なってくることは言うまでもない。

158　　　　　　　　　　　　　　　論　文　編

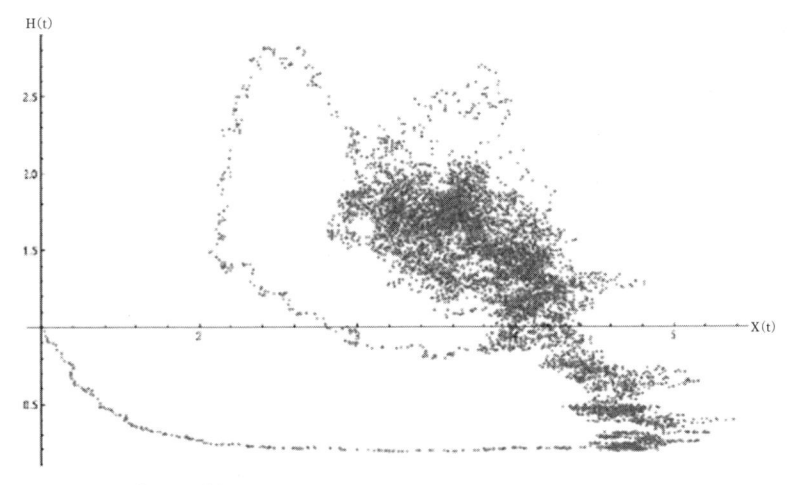

図1　生態系動学 (1)：$\sigma_1 = 0.2$；$\sigma_2 = 0.3$；$r = 3$；$K = x^* = 5$；$\beta = 2$；
$\alpha = -0.5$；$a_0 = 1$

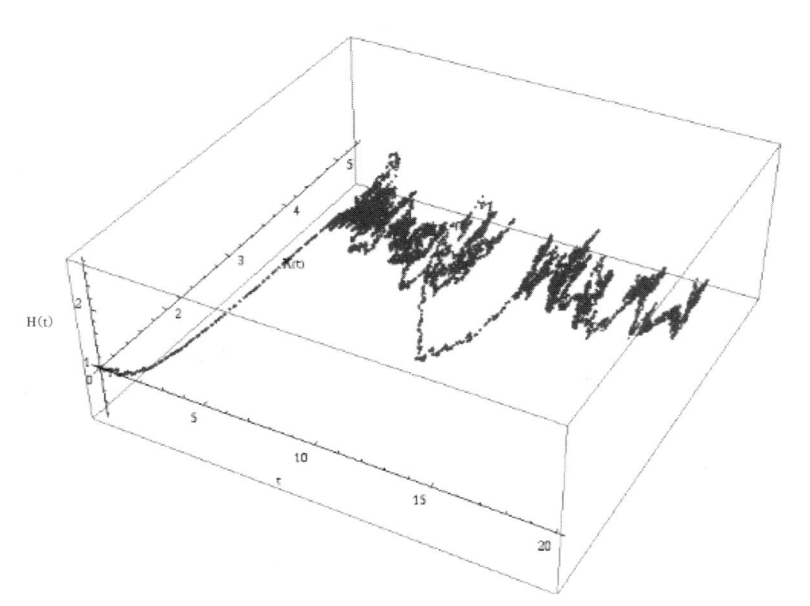

図2　生態系動学 (2)：$\sigma_1 = 0.2$；$\sigma_2 = 0.3$；$r = 3$；$K = x^* = 5$；$\beta = 2$；
$\alpha = -0.5$；$a_0 = 1$

2.5 関数空間上の変換をもちいた問題の記述

　棲息数の動態が，モデル (1) および (2) で記述されるような環境を想定しよう。さらに，現在の時点 ($t=0$) における $X(t)=(X(t), H(t))$ の値を $x=(X(0), H(0))$ とおく：$X(0)=x$．このとき湿地帯のような生物の棲息環境とそこから生み出されるエコシステムサービスの総価値は，(1) および (2) の解経路上で表現される。一例として考えられるのは，経路積分である。そのときの積分の具体的な値がどうなるかは興味ある問題であるが，それを計算する前に，経路上で提供されるエコシステムサービスの価値をあらわす関数が定められていなければならない。それに対応するのが $u(x)$ である。

　以下では，その評価関数の存在のみを考察する。この関数 u は，初期値 x の分布する空間，一般的には，2 次元数空間 R^2 で定義される未知の実数値関数である[9]。状態変数が多くなれば，n 次元空間上で定義された関数となる。この関数が生態環境の指標 x の生み出す生物多様性とエコシステムサービスの価値をあらわす。

　すでに述べたように，一般に u を線型関数と考えることは困難である。それを連続関数と見ることさえ，妥当でないかもしれない。一般に，u は非線型関数であると考えられる。以下では，ルベーグの意味で2乗可積分関数の空間 $X=L^2(R^2)$ を考えて，$u \in X$ と仮定する。これから考察する問題は，ある評価関数 $u \in X = L^2$ が存在して，それが棲息環境へのインパクトとオフセットを比較する通貨の役割を果たすことができるかという問題である。

　最初に注目すべきは，緩和措置のヒエラルキー構造である。開発によって生じると予想されるインパクトは，まず回避措置を講じなければならない。それによっても避けられないインパクトは最小化されねばならず，そのサイトでどうしても不可避な残されたインパクトがオフセットの対象となる。

　まず，影響を受ける前のサイトの価値を $u(x)$ とし，開発によるインパクトを免れて維持されている価値部分を $(1-\lambda)u(x)$ とおく。ここで λ は $0<\lambda$

---

9) 湿地帯のような現実の生息環境をみれば，u は R^2 の有界な部分集合上で定義される方がより適切であろう。ただし，そのような土地は一般的には連結ではないので，数学的な意味での領域とみなすのは妥当ではない。

≤1 の定数である。一方，$\lambda u(x)$ はダメージを受けた価値部分に対応する。$\lambda = 1$ ならば，その生息環境が完全な回復措置を必要とすることを意味する。その回復は，地理的に別の場所にオフセットサイトをもうけることによって生じるかもしれないし，同じ場所に，何らかのリハビリ措置が実施されるかもしれない。本章の冒頭で紹介した Nestlé UK の牧草地の回復活動は，後者に相当する。

　λ は上で言及した乗数に対応する。ただし，この乗数の解釈は，上記の内容と必ずしも一致しない。そこでは，乗数とは独立変数 x に直接影響する大きさであった。いま問題を 1 次元に単純化して考えて，x が湿地帯の面積をあらわすとしよう。そして，そこにパイプラインを通す開発プロジェクトが実行されるとする。その結果，湿地の半分がインパクトを受ける（$\lambda = 1/2$）とすれば，そのときの乗数は $1/\lambda = 2$ である。つまり，$x/\lambda = 2x$ の面積が，別のサイトにオフセットされるべきという議論が，前節の乗数の解釈であった。

　これは $u(x)$ の独立変数 x の変化とその補償に関する議論であり，評価 $u(x)$ に直接的に影響するかどうかははっきりしない。かりに，$u(x)$ が 1 次同次関数であるとすれば，$u(\lambda x) = \lambda u(x)$ となって，面積が半減すれば，その湿地帯の価値も半減することになる。

　このようなケースがあてはまるのは，たとえば $u(x)$ がコブ＝ダグラス型

$$u(x) \equiv u(x_1, x_2) = (x_1)^{\alpha}(x_2)^{1-\alpha}; \quad 0 < \alpha < 1$$

であって，$u(\lambda x_1, \lambda x_2) = \lambda u(x_1, x_2)$ となるような場合である。こうしたケースが妥当なのは，棲息面積 x_1 が半減したときに，生物種の人口 x_2 も半減するような非常に単純なシナリオを前提にするときである。

　以下のモデルでは，棲息環境が面積や生物の棲息密度等の観点でどの程度インパクトをうけるかを直接問題としない。インパクトを回避・最小化しようとする努力の結果として，そのサイトの価値がどの程度影響を受けるかのみをかんがえ，回復すべき価値を $\lambda u(x)$ によって表現する。

2.6 オフセットの会計式

いま，環境保護銀行が環境保全への投資をおこなって，環境ダメージのオフセットを実行するケースを想定しよう。その活動の結果，回復される棲息環境の価値を $v(x)$ とおく。もとの環境の価値を表す関数 u と関数 v の間は，商業上の保護銀行の投資活動によって関連付けられる。その対応関係を

$$v(x) = Au(x) \tag{3}$$

とおこう。ここで A は，ダメージの最小化やロケーションの移転を含めて，銀行がおこなう環境投資全般をあらわす。具体的な実践活動としては，劣化した環境の回復や固有種の植樹，外来種の排除や緩衝地帯の確立などをさす。そうした活動の結果，元の棲息環境の価値が完全に回復されるとは限らない。単にその価値が $u(x)$ から $v(x)$ に変化するとみる。A はその価値変動の作用をあらわす。この価値変動はあくまでも商業的な投資計画として実現されるから，銀行にとってのその他の投資機会の機会費用やリスクが A のなかに組み込まれているとみるべきである。

一方，オフセットのヒエラルキーにしたがえば，残されたダメージ $\lambda u(x)$ は，別の場所への移転等によって等価な復元が必要である。その回復すべき価値の大きさが本来のオフセットの対象となる。そして，保護銀行が完全に機能するためには，$\lambda u(x)$ がすべて補償されて回復されなければならない。つまり，生物多様性のロスとゲインのバランスシート

$$v(x) = \lambda u(x) + g(x) \tag{4}$$

が成り立っていなければならない。これは保護銀行によって回復された棲息環境の価値 $v(x)$ が，元の価値の一定割合をカバーする部分 $\lambda u(x)$ とそれ以外の残りの部分 $g(x) \geq 0$ とに分解されることを示している。$w = -g \leq 0$ とおき，x を省略してかけば，(3) および (4) より

$$\lambda u - Au = w \tag{5}$$

をえる。$g \geq 0$ は保護銀行の活動によるネットゲインを表している。銀行の保護活動 A が，環境保全的であるためには，この関係を常に満たすことが求められる。それが環境オフセットのヒエラルキー構造の表現である。

2.7 棲息地の価値評価

式（5）に注目する。緩和措置によって生まれる（ネットゲイン g にマイナスをつけた値）$w = -g$ および回復率 λ がデータに基づいて推定されているとしよう。そのとき，この式を満たす u が存在すれば，それは本来の棲息環境の価値をあらわす。さらにそれは生態系サービスの比較を可能にする「通貨」とみることができる。

数学的に見れば，式（5）をみたす u は，関数空間 X に属する。前節でふれたように，生物の棲息環境があたえるサービスの価値は，バイオマスあるいは面積などからなる多次元の独立変数の非線型関数と考えられる。そこで，u をヒルベルト空間 $X = L^2(R^n)$ に属する関数とみて，A は X から X への有界な線型作用素と仮定しよう。A についてこれ以上の仮定を設けるためには，保護銀行の投資行動を具体的に分析する必要がある。この点は別の考察を必要とする。ここでは単に A についてのできるだけ弱い仮定のもとで，（5）を満足する評価関数 u が存在するかどうかのみを考察する。鍵を握るのはオフセット率（乗数）λ である。

2.8 オフセット率と保護活動の関係

A のスペクトルとレゾルベント

式（5）から，$(\lambda - A)^{-1}$ が存在すれば，

$$u = (\lambda - A)^{-1} w \tag{6}$$

によって u をしることができる[10]。さらに，(6) において，w がわずかに変

---

10) $\lambda - A$ は，恒等作用素 I をもちいてかけば $\lambda I - A$ とかくべきだが，ここでは I を省略する。

化するとき，対応する評価 u が大きく変動するのは好ましくないので，$(\lambda - A)^{-1}$ は有界であることが期待される。これらの要件が λ や A についてのどのような条件のもとで満たされるかは，固有値問題として知られている。

A のレゾルベント集合を $\rho(A)$ とおく。$\lambda \in \rho(A)$ であれば，(6) は一意解をもち逆作用素 $(\lambda - A)^{-1}$ も線型かつ連続になる。さらに，$\lambda = |\lambda| > \|A\|$ であれば，

$$(\lambda - A)^{-1} = \sum_{n=0}^{\infty} \frac{1}{\lambda^{n+1}} A^n \tag{7}$$

と展開することができる[11]。

他方，λ がスペクトル $\sigma(A)$ に属するときは，逆 $(\lambda - A)^{-1}$ が存在しなかったり，存在しても連続でなかったりするケースが考えられる。ここでさらに仮定を追加して，$A : X \to X$ がコンパクト作用素であるとすれば，$\lambda \in \sigma(A)$ のとき (5) をみたす u が存在するためには，$\lambda f = A^* f$ となる任意の $f \in X^*$ に対して，$f(w) = 0$ となることが，必要十分である（Riesz-Schauder の択一定理）。ただしここで，A^* は A の共役作用素で，X^* は X の共役空間である。またこのようなケースが生じる $\lambda \in \sigma(A)$ は高々可算個であり，そのような λ は 0 以外には集積しない[12]。

2.9 近似評価

実際にデータ w から u を評価するケースを考察しよう。まず，なんらかのソースから w があたえられているとする。たとえばある有限個（k 個）の観察されたデータの組 $\{(x_1, w(x_1)), \ldots, (x_k, w(x_k))\}$ から推定される L^2 関数 w かもしれない。$\lambda > \|A\|$ と仮定して，(7) から有限回 N の反復計算で，u が

$$\sum_{n=0}^{N} \frac{1}{\lambda^{n+1}} A^n w$$

---

11) $\|A\|$ は作用素 A のノルムである。
12) 藤田・黒田・伊藤 [49]，定理 9.9 参照。

によって近似されるとすれば，近似の誤差が

$$\left\| \sum_{n=0}^{N} \frac{1}{\lambda^{n+1}} A^n w - (\lambda - A)^{-1} w \right\| \leq \sum_{n=N+1}^{\infty} \frac{1}{\lambda^{n+1}} \|A\|^n \|w\| = \frac{\|A\|^{N+1}}{\lambda^{N+1}(\lambda - \|A\|)} \|w\|$$

として得られる。

$\lambda = 1$ のケース

とくに $\lambda = 1$ のケースをみよう。これは，もとの環境全体がダメージを受けて損なわれ，そのすべてがオフセットの対象になる場合である。広い範囲に影響を与える観光開発やレジャー関連の施設建設が，典型例として考えられる。

このケースでは，$(\lambda - A)^{-1} = (I - A)^{-1}$ は C. Neumann 級数となる。すなわち，$\|A\| < 1$ のとき

$$(I - A)^{-1} = I + A + A^2 + \cdots \tag{8}$$

である。

一般の λ についての評価誤差をみると，データ w と A から u の粗い1次近似として

$$u \approx \frac{w}{\lambda} + \frac{1}{\lambda^2} Aw \tag{9}$$

がえられる。

2.10 乗数の変化の影響

λ がわずかに変化するときの u への影響をみてみよう。$\lambda \in \rho(A)$ であるとすれば，$\rho(A)$ は複素平面の開集合であり，

$$R(\lambda) = (\lambda - A)^{-1}$$

は λ の関数として $\rho(A)$ で正則な線型写像である。したがって，λ がわずかに変化したときの u への影響を調べることができる。レゾルベント方程式より

$$\frac{du}{d\lambda} = \left(\frac{d}{d\lambda}R(\lambda)\right)w = -R^2(\lambda)w \tag{10}$$

をえる。

　(10) は経済的な解釈が可能である。これまでは明示的に考察してこなかった点であるが，「通貨」という経済的な意味付けに合致して，(6) をみたす u が任意の $w \leq 0$ に対して非負値の関数 $u \geq 0$ として得られるという保障はない。これは作用素 A についての考察がなされていないことによる。

　その点を認めた上で，いま仮に $u \geq 0$ であるとしてみよう。すると，任意の $w = -g \leq 0$ に対して，非負の通貨 $u = R(\lambda)w \geq 0$ が決定される場合を考えていることになる。このときには，$du/d\lambda \geq 0$ とみなすのが経済学的にみても自然に思える。実際，$R(\lambda)w = u \geq 0$ であり，したがって，(10) において $-R^2(\lambda)w = R(\lambda)(-R(\lambda)w) \geq 0$ となるからである。

　これはあくまでも経済学的な解釈に過ぎないが，仮に成り立っているとすれば，u は $\lambda \in \rho(A)$ の範囲でその増加関数になる。したがって，上で仮定した前提のもとでは，オフセットされる価値部分が大きく（λ がより大きく）なり，環境保護銀行の活動が活発になるほど，それにつれて生息環境の価値評価も上昇することになる。

3. 自然の証券化の残された課題

3.1 オフセットの問題点

　λ と作用素 A の間に関係 $\lambda > \|A\|$ があれば，(9) に示されているように，棲息環境の価値 u は，近似表現 $u \approx (\lambda w + Aw)/\lambda^2$ が可能である。こうした「通貨」表現をみとめれば，異なる棲息環境の間の比較が可能となる。そしてそれは，ある種のクレジットや許可証の市場を生成させ，開発と自然保護とが市場システムを利用して両立する可能性を示唆する。

しかし，実際はこれまでの原理的な議論ほど単純ではないと思われる。いくつかの問題点をみてみよう。二酸化炭素のような温室効果ガスは，生物の棲息環境に対する開発計画のダメージ評価に比較して，影響の定量化が比較的容易である。それが排出量取引の基礎にある。一方，生物多様性のような環境保護のより広い領域に，同様の証券化を導入しようとすると，棲息環境の質的な相違を評価にどう反映するかが最も困難な問題となる。

　棲息域は，機能的に同一ではない。同じ棲息環境でも，生物のライフステージに応じて異なる意味をもつ。地理的に異なる環境についてはなおさらである。また，別の棲息環境を用意しても，その場所が実際に意図した生物の棲み替え場所となるには，時間がかかる。単に失敗か成功かを知るだけでも，時間を要する。また，開発場所の近くに希少種の棲息環境があるような場合には，実際に開発される地点だけではなく，その近接した環境全体への影響を重視しなければならない。

　これらは，元の環境を開発するときの機会費用が，時間的・地理的に同一ではないということを意味する。上のモデルで，この機会費用をあらわすのは，定数 λ であった。したがって，λ は少なくとも環境の状態 x の関数 $\lambda(x)$ とみなすのが妥当である。経済学的な文脈におきなおせば，これは金利を確率変数として扱うことに相当する。上のモデルでは，λ が定数であったので，このような質的な環境の相違を捉えきれてはいない。

3.2　生物多様性デリバティブ

　これまでの議論で空白となっているのは，作用素 A がどのように定義されるかという点である。これは環境開発緩和銀行の投資行動に関連する。この点に関連して，生物多様性デリバティブについての議論が重要であると思われる。

　湿地帯や絶滅危惧種保護のための銀行の設立は，環境保護の手段として有力である。しかし一方で，この制度がうまく機能するためには，代替地のモニタリングや継続的な認証が求められる。公的な機関がその役割を担うとしても，それに関連する取引費用が高ければ，投資阻害要因となる可能性がある。とくに必要の大きな発展途上国での市場拡大にブレーキとなるかもしれ

ない。

　緩和投資に必要なコストとそれに伴うリスクの軽減のために，生物多様性デリバティブを利用することができる。様々な種類の多様性デリバティブが考えられるが，モデルとなる派生証券のひとつは，天候デリバティブ (weather derivative) である。たとえば，乾燥地帯における降雨量がある水準を下回った場合，飢饉が発生するリスクが高まる。そのリスクに対応するために，あらかじめ公的な主体が債権を発行して，降雨量がある閾値を下回った場合，あつまった資金を食糧援助等に流用するという金融インストラメントである。一方，一定の雨が降れば，投資家は債権の金利に相当する収益をえることができる。

　これらのアイデアにならえば，最もわかりやすいのは，ある棲息環境における生物種の絶対数を基礎資産とするデリバティブである。つまり，株式価格に相当するのが，生物の棲息数ということになる。これは確率変数とみることができるから，まさに株式市場における株価に対応している。棲息数がある一定水準以下に下落するとき，なんらかの権利行使がなされる。

　Mandel らは次のようなデリバティブを提案している (Mandel et al. [29])。まず，環境保護に責任をもつ公的機関が期間限定の債権を発行する。棲息数がある一定の水準を保つ限り，満期日に債権の元本は投資家に返済されるが，満期日前に棲息数が生物学的に定められたある一定水準を下回れば，環境回復のために元本が利用されるというデリバティブである。この場合，デリバティブへの投資家自身が，棲息地の保全や回復活動に従事する誘因をもつ。つまり，BBOP で提唱されている棲息地の保全活動に積極的に参加することによって，自らのデリバティブ投資を安全に保ちたいと思うかもしれない。さらに，その活動によって棲息数がレッドラインに落ち込むリスクが減少すれば，多様性デリバティブ資産の安全性が高まり，それを転売して投資収益を回収することもできる。これらすべてが，結果として，棲息環境を保全するという目的にかなうという主張である。

　A がこうしたデリバティブ投資を反映するとしてみよう。つまり，デリバティブ投資を含めた環境保全活動によって，環境の価値を u から $v=Au$ に変化させる作用素であると考えてみよう。金融デリバティブのリスク中立評価

と (1) や (2) のような棲息数の確率動学を前提とすれば，A は微分作用素（楕円型作用素）となるであろう。そして，環境オフセットのヒエラルキー構造を表現する方程式 (5) の左辺は Schrödinger 作用素に似た形になるであろう。こうした場合の方程式 (5) の解の経済学的な考察は，次の課題である。

3.3　Stacking

自然資産の証券化に際して，扱いにくい別の問題の一つにスタッキングがある (Fox [23])。これはたとえば，ある土地や森林，湿地帯などの一つの物理資産が多数のエコシステムサービスを提供していることから生じる。ある森林は希少種の棲息域となっていて，それゆえに生物多様性保全に関わるクレジットを生成しうるが，同時に，その同じ森林がたとえば炭素隔離サービスや水質浄化サービスを提供しており，その一つひとつがクレジットの対象となる可能性がある。

ひとつの土地が複数のクレジットを生むので，全体の価値をどのようにそれぞれのサービスに分解して捉えるかという問題が起きる。ひとつの土地にバンドリングされた状態になっているサービスの個別評価である。当然のことながら，すでに市場が存在するクレジットだけが評価の対象となるので，新たに別のエコシステムサービスの市場が後から生まれるケースでは，二重計算のリスクが生まれる。

まとめ

自然をいわば証券化して，マーケットメカニズムの誘因を利用して自然環境の保護を効率的に達成しようとするアプローチには，いくつかの懸念される問題点がある。Walker et al. [45] はその点に触れて，棲息環境のバーターが交換基準となる通貨の不十分性によってうまくいかない可能性に言及している。比較を困難にする要素として，生物の棲息域がそのタイプごとの特性をもち，空間的・時間的な面でも異なっているからである。そのすべての相違を数量的に把握して表現することには限界がある。にもかかわらず，そこが揺らいだままで市場原理を導入すれば，実質的な棲息環境の劣化の進行

が，オフセットという名目的な回復で糊塗されるリスクがある．本章では，この通貨表現が原理的に可能かという問題を理論的に考察し，元の棲息環境が保存される割合をあらわす λ と変換作用素 A の間に一定の関係があるときに，通貨 u の近似表現をえた．

化石燃料の燃焼による温室効果ガス排出が，温室効果にどの程度影響を与えるかは，たとえば排出される CO_2 の単位数で測定することができる．したがって，地理的に世界のどの場所でも，環境へのダメージとその補償を一様に定量化できる．これが，排出量取引に信頼性を与えている根拠の一つである．

一方，生物多様性のオフセットについては，定量的な比較が困難である．たとえば，開発によって失われた棲息環境と別の場所に回復された環境とが，同程度の生物多様性を保障するかどうかは明らかではない．さらに，ダメージを受けたサイトは，より大きな棲息環境の一部として機能していたかもしれず，それが損なわれることによって，より広い環境も影響を受けるかもしれない．

また，たとえ同質の棲息環境が別の場所に回復されたとしても，そこに保護されるべき生物がコロナイズするには，時間的なラグが存在する．そのラグが最終的に定着する生息数等にどのように影響するかは，前もって知ることはできないだろう．これらのケースでは，作用素 A は時間的な遅れをもって作用すると定義することができるかもしれない．

クレジットの売買によって，生物種の保護を図るというアイデアは，漁業における by-catch の削減へも応用できるのではないかという指摘がある(Agardy [1])．それだけにとどまらず，自然環境保護にかかわる証券化の領域は今後も拡大し，様々な議論をよぶと思われる．

参考文献

[1] Agardy, T. The marine leap: conservation banking and the brave new world, in Carroll, N., Fox, J., and Bayon R., eds., *Conservation and Biodiversity Banking: A Guide to Setting Up and Running Biodiversity Credit Trading Systems*, Earthscan, 2008, chapter 12.

[2] Barbier E. B. Valuing the environment as input: review of applications to

mangrove-fishery linkages, *Ecological Economics*, Vol. 35 (2000), 47-61.

[3] Barbier E. B., and Strand I., Valuing mangrove-fishery linkage—a case study of Campeche, Maxico, *Environmental and Resource Economics*, vol. 12 (1998), 151-166.

[4] Barbier, E. B., Baumgärtner, S., Chopra, K., et al. The valuation of ecosystem services, in Naeem, S., Bunker, D. E., Hector, A., Loreau, M., and Perrings, C. eds., *Biodiversity, Ecosystem Functioning, and Human Wellbeing: an ecological and economic perspective*, Oxford University Press, 2009, chapter 18, 248-262.

[5] Barbier, E. B., Koch, E. W., Silliman, B. R., et al. Coastal ecosystembased management with nonlinear ecological functions and values, *Science*, Vol. 319 (2008), 321-323.

[6] Barnosky, A. D., Hadly, E. A., Bascompte, J., et al. Approaching a state shift in Earth's biosphere, *Nature*, Vol. 486 (2012), 52-58.

[7] Bateman, I. J., Mace, G. M., Fezzi, C., Atkinson, G., and Turner, K. Economic analysis for ecosystem service assessments, *Environmental and Resource Economics*, Vol. 48 (2011), 177-218.

[8] Bayon, R. Banking on biodiversity, in *State of the World 2008: Innovations for a Sustainable Economy*, Worldwatch Institute, 2008, chapter 9, 123-137, http://worldwatch.org/files/pdf/SOW08_chapter_9.pdf

[9] Bayon, R. and Jenkins, M. The business of biodiversity, *Nature*, Vol. 466(2010), 184-185.

[10] Becca, M., Carroll, N., Kandy, D., and Benett, B. 2011 update: state of biodiversity markets, 2011, http://www.ecosystemmarketplace.com/reports/2011_update_sbdm

[11] Bekessy, S. A., and Wintle, B. A. Using carbon investment to grow the biodiversity bank, *Conservation Biology*, Vol. 22 (2008), 510-513.

[12] Brock, W. A., Finnoff, D., Kinzig, A. P., et al. Modelling biodiversity and ecosystem services in coupled ecological-economic systems, in Naeem, S., Bunker D. E., Hector, A., Loreau, M., and Perrings, C. eds., *Biodiversity, Ecosystem Functioning, and Human Wellbeing: an ecological and economic perspective*, Oxford University Press, 2009, chapter 19, 263-278.

[13] Bull, J. W., Suttle, K. B., Navinder, J. S., and Milner-Gulland, EJ. Conservation when nothing stands still: moving targets and biodiversity offsets, *Frontiers in Ecology and the Environment*, Vol. 11(2013), 203-210.

[14] Business and Biodiversity Offsets Programme (BBOP) Biodiversity offset design handbook-updated, 2012, http://bbop.forest-trends.org/guidelines/Updated_ODH.pdf

[15] Business and Biodiversity Offsets Programme (BBOP) Resource paper: no net loss and loss-gain calculations in biodiversity offsets, 2012, http://bbop.forest-trends.org/guidelines/Resource_Paper_NNL.pdf

[16] Business and Biodiversity Offsets Programme (BBOP) Standard on biodiversity offsets, 2012, http://bbop.forest-trends.org/guidelines/Standard.pdf

[17] Business and Biodiversity Offsets Programme (BBOP) To no net loss and beyond: an overview of the business and biodiversity offsets programme, 2013, http://www.forest-trends.org/biodiversityoffsetprogram/guidelines/Overview_II.pdf

[18] Cadotte, M. W., Carscadden, K., and Mirotchnick, N. Beyond species: functional diversity and the maintenance of ecological processes and services, *Journal of Applied Ecology*, Vol. 48 (2011), 1079-1087.

[19] Cardinale, B. J., Duffy, J. E., Gonzalez, A., et al. Biodiversity loss and its impact on humanity, *Nature*, Vol. 486 (2012), 59-67.

[20] Danielsen, F., Sorensen, M. K., Olwig, M. F., et al. The Asian tsunami: a protective role for coastal vegetation, *Science*, Vol. 310 (2005), 643.

[21] Duke, N. C., Meynecke, J.-O., Dittmann, S., et al. A world without mangroves ?, *Science*, Vol. 317 (2007), 41-42.

[22] Ewald, C.-O. Derivatives on nonstorable renewable resources: fish futures and options, not so fishy after all, *Natural Resource Modeling*, Vol. 26 (2013), 215-236.

[23] Fox, J. Getting two for one: opportunities and challenges in credit stacking, in Carroll, N., Fox, J., and Bayon, R. eds., *Conservation and Biodiversity Banking: A Guide to Setting Up and Running Biodiversity Credit Trading Systems*, Earthscan, 2008, chapter 11.

[24] Fujita, R., Lynham, J., Micheli, F., et al. Ecomarkets for conservation and sustainable development in the coastal zone, *Biological Reviews*, Vol. 88 (2013), 273-286.

[25] Guerry, A. D., Ruckelshaus, M. H., Arkema, K. K., et al. Modeling benefits from nature: using ecosystem services to inform coastal and marine spatial planning, *International Journal of Biodiversity Science, Ecosystem Services & Management*, Vol. 8 (2012), 107-121.

[26] Habib, T. J., Farr, D. R., Schneider, R. R., and Boutin, S. Economic and ecological

outcomes of flexible biodiversity offset systems, *Conservation Biology*, Vol. 27(2013), 1313-1323.

[27] Koch, E. W., Barbier, E. B., Silliman, B. R., et al. Non-linearity in ecosystem services: temporal and spatial variability in coastal protection, *Frontiers in Ecology and the Environment*, Vol. 7 (2009), 29-37.

[28] Maltby, L. Ecosystem services and the protection, restoration, and management of ecosystems exposed to chemical stressors, *Environmental Toxicology and Chemistry*, Vol. 32 (2013), 974-983.

[29] Mandel, J. T., Donlan, C. J., and Armstrong, J. A derivative approach to endangered species conservation, *Frontiers in Ecology and the Environment*, Vol. 8 (2010), 44-49.

[30] May, M. R. Thresholds and breakingpoints in ecosystems with a multiplicity of stable states, *Nature*, Vol. 269(1977), 471-477.

[31] McKenney, B. A. and Kiesecker, J. M. Policy development for biodiversity offsets: a review of offset frameworks, *Environmental Management*, Vol. 45 (2010), 165-176.

[32] Mead, D. L. History and theory: the origin and evolution of conservation banking, in Carroll, N., Fox, J., and Bayon, R. eds., *Conservation and Biodiversity Banking: A Guide to Setting Up and Running Biodiversity Credit Trading Systems*, Earthscan, 2008, chapter 2.

[33] Moilanen, A., van Teeffelen, A. J. A., Ben-Haim, Y., and Ferrier S. How much compensation is enough? A framework for incorporating uncertainty and time discounting when calculating offset ratios for impacted habitat, *Restoration Ecology*, Vol. 17 (2009), 470-478.

[34] Mumby, P. J., Alasdair, J. E., Arias-González, J. E., et al. Mangroves enhance the biomass of coral reef fish communities in the Caribbean, *Nature*, Vol. 427 (2004), 533-536.

[35] Murdoch, W., Polasky, S., Wilson K. A., et al. Maximizing return on investment in conservation, *Biological Conservation*, Vol. 139 (2007), 375-388.

[36] Parr, M. and Henk, S. Business & Biodiversity : a guide for Netherlands based enterprises operating internationally, Technical report, IUCN NL, 2007.

[37] Quétier, F. and Lavorel, S. Assessing ecological equivalence in biodiversity offset schemes: key issues and solutions, *Biological Conservation* vol. 144 (2011), 2991-2999.

[38] Quigley, J. T. and Harper, D. J. Effectiveness of fish habitat compensation in Canada in

achieving no net loss, *Environmental Management*, Vol. 37 (2006), 351-366.

[39] Ring, I. and Schröter-Schlaack, S., eds. Instrument mixes for biodiversity policies, Technical report, Helmholtz Centre for Environmental Research, 2011, http://policymix.nina.no

[40] Robertson, M. and Hayden, N. Evaluation of a market in wetland credits: entrepreneurial wetland banking in Chicago, *Conservation Biology*, Vol. 22 (2008), 636-646.

[41] Rodríguez, L. C., Pascual, U., and Niemeyer, H. M. : Local identification and valuation of ecosystem goods and services from Opuntia scrublands of Ayacucho, Peru, *Ecological Economics*, Vol. 57 (2006), 30-44.

[42] Sullivan, S. Banking nature? the spectacular financialisation of environmental conservation, *Antipode*, Vol. 45 (2013), 198-217.

[43] Tallis, H., Goldman, R., Uhl, M., and Brosi, B. Integrating conservation and development in the field: implementing ecosystem service projects, *Frontiers in Ecology and the Environment*, Vol. 7 (2009), 12-20.

[44] ten Kate, K. and Inbar, M. Biodiversity offsets, in Carroll, N., Fox, J., and Bayon, R. eds., *Conservation and Biodiversity Banking: A Guide to Setting Up and Running Biodiversity Credit Trading Systems*, Earthscan, 2008, chapter 13.

[45] Walker, S., Brower, A. L., Stephens, R. T. T., and Lee, W. G. Why bartering biodiversity fails, *Conservation Letters*, Vol. 2 (2009), 149-157.

[46] Warne, K. *Let Them Eat Shrimp: The Tragic Disappearance of the Rainforests of the Sea*, Island Press, 2011.

[47] Wilcove, D. S., and Lee, L. Using economic and regulatory incentives to restore endangered species, *Conservation Biology*, Vol. 18 (2004), 639-645.

[48] Wissel, S. and Wätzold, F. A conceptual analysis of the application of tradable permits to biodiversity conservation, *Conservation Biology*, Vol. 24 (2010), 404-411.

[49] 藤田宏, 黒田成俊, 伊藤清三『関数解析』岩波書店, 1991.

産業連関表による中国産業構造の分析[1]
―― 製造業を中心として ――

山田　和敏
曹　峙偉

はじめに

　本章の目的は，中国の産業連関表（17部門，1997年表，2000年表，2002年表，2005年表，2007年表）を用いて，産業構造の特徴の一端を導出することを試みることにある。特に，製造業の動向を中心に考察する。

　具体的には，第1節で産業連関モデル（主に，記号の定義と基本式）を説明した後，第2節で，影響力係数と感応度係数を用いて各産業の特徴を考察する。また，産業別の中間投入比率および中間需要比率の推移から，加工度の程度や生産過程の特徴を検討する。次に，第3節ではDPG（Deviation from Proportional Growth）分析により，経済成長に貢献した産業がどの産業なのか，また，どのような要因が経済成長に貢献したのかを考察する。第4節では，要因の数を増やして，第3節と同様の要因分解をおこなう。

　第3節で用いるDPG分析の手法は，例えば，藤川（1999）により詳しい解説と多くの分析が掲載されていて有用である。中国におけるこの分析手法を用いた研究は，李・王（2012）や周・韩（2012）などがある。李・王（2012）

---

[1］本章は，第18回社会経済シンポジウム予稿集である山田・曹（2013）に加筆修正を施したものである。

は，1992年・1997年・2002年・2005年の各産業連関表を用いて，この間の経済成長に貢献した要因が，主として輸出，固定資産投資，技術変化であると分析している。また，産業別では，近年，重化学工業から機械産業や電子部品産業へリーディング産業が移りつつあると述べている。周・韩（2012）では，1997年・2002年・2005年の産業連関表を用いて，一貫して，輸出が経済成長の主要な要因となっていること，国内消費要因の力は低下傾向にあり，代わって政府のマクロ経済政策要因が重要性を増してきていることを指摘している。

1．産業連関モデル

産業連関モデルの基本的な形式は下記のようになる。本章では，中国の産業連関表に誤差項目が設けられているため，誤差ベクトルを設けている。

$$\begin{pmatrix} x_1 \\ \vdots \\ x_n \end{pmatrix} = \begin{pmatrix} x_{11} \\ \vdots \\ x_{n1} \end{pmatrix} + \cdots + \begin{pmatrix} x_{1n} \\ \vdots \\ x_{nn} \end{pmatrix} + \begin{pmatrix} f_{11} \\ \vdots \\ f_{n1} \end{pmatrix} + \cdots + \begin{pmatrix} f_{1k} \\ \vdots \\ f_{nk} \end{pmatrix} + \begin{pmatrix} e_1 \\ \vdots \\ e_n \end{pmatrix} - \begin{pmatrix} m_1 \\ \vdots \\ m_n \end{pmatrix} + \begin{pmatrix} u_1 \\ \vdots \\ u_n \end{pmatrix}$$

$$= \begin{pmatrix} \frac{x_{11}}{x_1} & \cdots & \frac{x_{1n}}{x_n} \\ \vdots & \ddots & \vdots \\ \frac{x_{n1}}{x_1} & \cdots & \frac{x_{nn}}{x_n} \end{pmatrix} \begin{pmatrix} x_1 \\ \vdots \\ x_n \end{pmatrix} + \begin{pmatrix} f_{11} \\ \vdots \\ f_{n1} \end{pmatrix} + \cdots + \begin{pmatrix} f_{1k} \\ \vdots \\ f_{nk} \end{pmatrix} + \begin{pmatrix} e_1 \\ \vdots \\ e_n \end{pmatrix}$$

$$- \begin{pmatrix} \dfrac{m_1}{\sum_{j=1}^{n} x_{1j} + \sum_{j=1}^{k} f_{1j}} & \cdots & 0 \\ \vdots & \ddots & \vdots \\ 0 & \cdots & \dfrac{m_n}{\sum_{j=1}^{n} x_{nj} + \sum_{j=1}^{k} f_{nj}} \end{pmatrix} \begin{pmatrix} \sum_{j=1}^{n} x_{1j} + \sum_{j=1}^{k} f_{1j} \\ \vdots \\ \sum_{j=1}^{n} x_{nj} + \sum_{j=1}^{k} f_{nj} \end{pmatrix} + \begin{pmatrix} u_1 \\ \vdots \\ u_n \end{pmatrix}$$

上式をベクトル・行列表示すると

$$\left.\begin{array}{l}\mathbf{x} = \mathbf{Ax} + (\mathbf{f}_1 + \cdots + \mathbf{f}_k) + \mathbf{e} - \mathbf{M}\{\mathbf{Ax} + (\mathbf{f}_1 + \cdots + \mathbf{f}_k)\} + \mathbf{u} \\ (\mathbf{I} - \mathbf{A} + \mathbf{MA})\mathbf{x} = (\mathbf{I} - \mathbf{M})(\mathbf{f}_1 + \cdots + \mathbf{f}_k) + \mathbf{e} + \mathbf{u} \\ \mathbf{x} = (\mathbf{I} - (\mathbf{I} - \mathbf{M})\mathbf{A})^{-1}\{(\mathbf{I} - \mathbf{M})(\mathbf{f}_1 + \cdots + \mathbf{f}_k) + \mathbf{e} + \mathbf{u}\} \\ \mathbf{x} = \mathbf{B}\{\mathbf{Df} + \mathbf{e} + \mathbf{u}\} \quad \cdots\cdots \text{基本モデル} \end{array}\right\} \quad (1.1)$$

ただし,

産出量ベクトル:$\mathbf{x} = (x_i),\ i = 1, 2, \cdots, n,$
輸出ベクトル:$\mathbf{e} = (e_i),\ i = 1, 2, \cdots, n,$
輸入ベクトル:$\mathbf{m} = (m_i),\ i = 1, 2, \cdots, n,$
誤差ベクトル:$\mathbf{u} = (u_i),\ i = 1, 2, \cdots, n,$
第 j 最終需要ベクトル:$\mathbf{f}_j = (f_{ij}),\ i = 1, 2, \cdots, n,\ j = 1, 2, \cdots, k$

輸入係数行列:$\mathbf{M} = \begin{pmatrix} \dfrac{m_1}{\sum_{j=1}^{n} x_{1j} + \sum_{j=1}^{k} f_{1j}} & \cdots & 0 \\ \vdots & \ddots & \vdots \\ 0 & \cdots & \dfrac{m_n}{\sum_{j=1}^{n} x_{nj} + \sum_{j=1}^{k} f_{nj}} \end{pmatrix},$

投入係数行列:$\mathbf{A} = \begin{pmatrix} a_{11} & \cdots & a_{1n} \\ \vdots & \ddots & \vdots \\ a_{n1} & \cdots & a_{nn} \end{pmatrix} = \begin{pmatrix} \dfrac{x_{11}}{x_1} & \cdots & \dfrac{x_{1n}}{x_n} \\ \vdots & \ddots & \vdots \\ \dfrac{x_{n1}}{x_1} & \cdots & \dfrac{x_{nn}}{x_n} \end{pmatrix},$

最終需要ベクトル:$\mathbf{f} = \mathbf{f}_1 + \cdots + \mathbf{f}_k$
$\mathbf{D} \equiv (\mathbf{I} - \mathbf{M})$
$\mathbf{B} \equiv (\mathbf{I} - (\mathbf{I} - \mathbf{M})\mathbf{A})^{-1} = (\mathbf{I} - \mathbf{DA})^{-1}$

とする。

2. 産業構造の概要

2.1 構成比でみた最終需要構造

図1に見るように，最終需要の構成比率の大きな項目は固定資本形成（2007年で40％）と輸出（2007年で36％）であり，共に構成比率は増大傾向にある。また，控除項目である輸入の構成比も大きく増大している。つまり，貿易総量（輸出＋輸入）は急速に伸びていることを物語っている。

消費需要を見ると，都市部の消費割合は大きいが（2007年で27％），農村部の消費割合は時間と共に急激な低下傾向を示している（1997年24％→ 2007年9％）。また，政府部門の消費割合は10％強程度である。

2.2 生産誘発量

誤差ベクトル $\mathbf{u}$ を無視すれば，(1.1) 式は，

$$\mathbf{x} = \mathbf{B}(\mathbf{Df} + \mathbf{e}) \tag{2.1}$$

である。この式は，$\mathbf{f}$, $\mathbf{e}$ の各需要が発生したときに誘発される産出量を表していると考えるとき，左辺の $\mathbf{x}$ を生産誘発量ベクトルと呼ぶ。各最終需要ベクトル $\mathbf{f}_j$ を右辺に代入すれば，各最終需要ベクトルから誘発される個

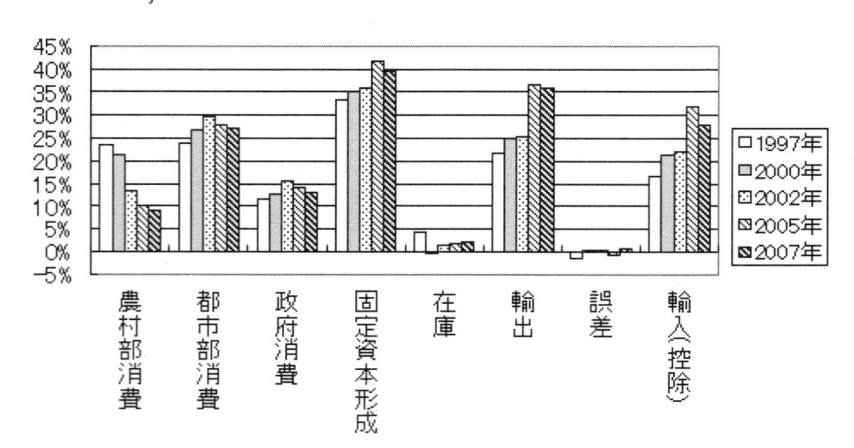

図1 最終需要項目別構成比の推移（％）

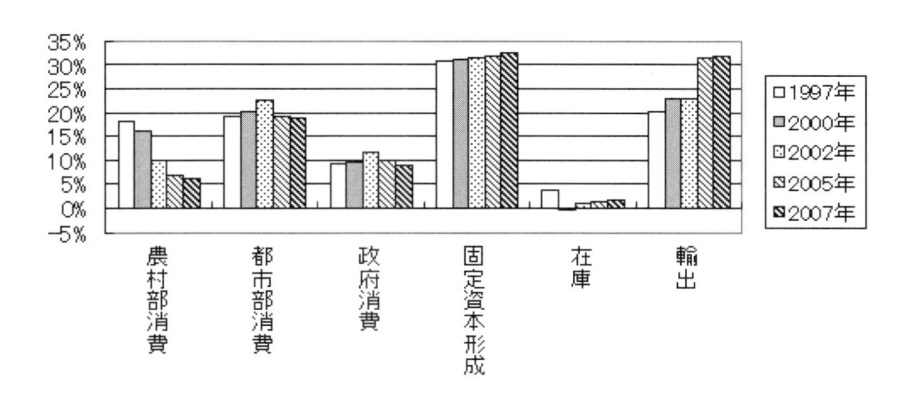

図2　生産誘発量の構成比の推移（％）

別の生産誘発量を求めることができる。

2.3　影響力係数と感応度係数

いま，(2.1) 式　$\mathbf{x} = \mathbf{B}(\mathbf{Df} + \mathbf{e})$　において，

$$\mathbf{B} = (\mathbf{I} - \mathbf{DA})^{-1} = \begin{pmatrix} b_{11} & & b_{1n} \\ & \ddots & \\ b_{n1} & & b_{nn} \end{pmatrix} \quad (2.2)$$

と表すとき，影響力係数と感応度係数は次のように定義される。

$$\text{第}j\text{部門の影響力係数} = \sum_{i=1}^{n} b_{ij} \Bigg/ \left(\frac{1}{n} \sum_{j=1}^{n} \sum_{i=1}^{n} b_{ij} \right), \quad (2.3)$$

$$\text{第}i\text{部門の感応度係数} = \sum_{j=1}^{n} b_{ij} \Bigg/ \left(\frac{1}{n} \sum_{j=1}^{n} \sum_{i=1}^{n} b_{ij} \right). \quad (2.4)$$

影響力係数 (2.3) 式の分子は逆行列の列和であり，第j産業に1単位の追加的需要が発生したときに，各産業で誘発される産出量の総量を表している。影響力係数は，その値が1より大きければ第j産業に1単位の追加的需要が発生したときに，全体で平均以上の生産が誘発されることを意味してい

る。逆に，1より小さい産業は，他産業に対して生産を誘発する力が小さいことを意味する。

感応度係数（2.4）式の分子は，逆行列の行和であり，各産業に1単位ずつの追加的需要が発生したときに，第i産業にもたらされる追加的生産総量を表している。分母を行和の平均と考えれば，感応度係数が1より大きい産業は影響を受けやすい産業であり，1より小さい産業は影響を受け難い産業である。

表1 影響力係数と感応度係数（1997, 2000, 2002, 2005, 2007）

	1997		2000	
	影響力係数	感応度係数	影響力係数	感応度係数
①農業	0.796	1.246	0.819	1.160
②採掘業	0.873	1.373	0.823	1.243
③食品製造業	1.058	0.754	1.027	0.718
④紡織，裁縫及び革製品製造業	1.113	1.031	1.180	1.026
⑤その他製造業	1.052	1.067	1.063	0.891
⑥電力，熱エネルギー及び水の生産及び供給業	0.933	0.820	0.952	1.093
⑦コークス，石炭ガス及び石油加工業	1.081	0.757	0.999	1.067
⑧化学工業	1.124	1.491	1.173	1.589
⑨建築材料及びその他非金属鉱物製造業	1.084	0.858	1.096	0.665
⑩金属製品製造業	1.212	1.354	1.200	1.209
⑪機械設備製造業	1.132	1.589	1.168	1.659
⑫建築業	1.151	0.529	1.148	0.526
⑬運輸郵便業	0.848	0.934	0.886	0.959
⑭卸売小売り，宿泊と飲食業	0.911	1.152	0.949	1.130
⑮不動産業，賃貸とビジネスサービス業	0.918	0.799	0.936	0.814
⑯金融保険業	0.781	0.716	0.657	0.715
⑰その他サービス業	0.935	0.531	0.923	0.535
最大値	1.212	1.589	1.200	1.659
最小値	0.781	0.529	0.657	0.526

（注）網掛部分は製造業。以下同じ。

産業連関表による中国産業構造の分析

　影響力係数と感応度係数の値は表1の通りである。製造業の各産業は，概ね，Ⅰ型，Ⅱ型の領域に分布している。つまり，影響力は1より大きいが，感応度は1より大きい製造業もあれば，1より小さい製造業もある。2007年時点では，製造業以外では，建築業を除けば，大体，Ⅲ型，Ⅳ型に分類されている。

2002		2005		2007	
影響力係数	感応度係数	影響力係数	感応度係数	影響力係数	感応度係数
0.834	1.193	0.794	1.191	0.782	1.115
0.838	1.308	0.914	1.378	0.898	1.320
1.074	0.742	1.045	0.758	1.057	0.852
1.175	0.818	1.166	0.801	1.247	0.899
1.074	0.995	1.089	0.951	1.081	0.976
0.876	0.949	0.962	1.088	1.090	1.357
1.101	0.853	1.030	0.913	1.012	0.933
1.133	1.418	1.136	1.434	1.172	1.517
1.068	0.657	1.086	0.702	1.093	0.714
1.189	1.330	1.185	1.364	1.202	1.477
1.135	1.437	1.134	1.369	1.183	1.455
1.177	0.548	1.140	0.535	1.184	0.443
0.932	1.085	0.918	1.267	0.861	0.991
0.907	1.196	0.884	1.069	0.828	0.849
0.819	0.945	0.828	0.757	0.763	0.661
0.768	0.835	0.768	0.703	0.662	0.753
0.901	0.690	0.920	0.718	0.884	0.688
1.189	1.437	1.185	1.434	1.247	1.517
0.768	0.548	0.768	0.535	0.662	0.443

表2 影響力係数と感応度係数による分類

産業	1997	2000	2002	2005	2007
①農業	Ⅳ	Ⅳ	Ⅳ	Ⅳ	Ⅳ
②採掘業	Ⅳ	Ⅳ	Ⅳ	Ⅳ	Ⅳ
③食品製造業	Ⅱ	Ⅱ	Ⅱ	Ⅱ	Ⅱ
④紡織,裁縫及び革製品製造業	Ⅰ	Ⅰ	Ⅱ	Ⅱ	Ⅱ
⑤その他製造業	Ⅰ	Ⅲ	Ⅰ	Ⅱ	Ⅱ
⑥電力,熱エネルギー及び水の生産及び供給業	Ⅲ	Ⅰ	Ⅲ	Ⅰ	Ⅰ
⑦コークス,石炭ガス及び石油加工業	Ⅱ	Ⅰ	Ⅱ	Ⅱ	Ⅱ
⑧化学工業	Ⅰ	Ⅰ	Ⅰ	Ⅰ	Ⅰ
⑨建築材料及びその他非金属鉱物製造業	Ⅱ	Ⅱ	Ⅱ	Ⅱ	Ⅱ
⑩金属製品製造業	Ⅰ	Ⅰ	Ⅰ	Ⅰ	Ⅰ
⑪機械設備製造業	Ⅳ	Ⅰ	Ⅳ	Ⅳ	Ⅳ
⑫建築業	Ⅱ	Ⅱ	Ⅱ	Ⅱ	Ⅱ
⑬運輸郵便業	Ⅲ	Ⅲ	Ⅳ	Ⅳ	Ⅳ
⑭卸売小売り,宿泊と飲食業	Ⅳ	Ⅰ	Ⅳ	Ⅳ	Ⅲ
⑮不動産業,賃貸とビジネスサービス業	Ⅲ	Ⅲ	Ⅲ	Ⅲ	Ⅲ
⑯金融保険業	Ⅲ	Ⅲ	Ⅲ	Ⅲ	Ⅲ
⑰その他サービス業	Ⅲ	Ⅲ	Ⅲ	Ⅲ	Ⅲ

(注) 産業区分は以下のとおりである。
Ⅰ型：影響力係数≧1,感応度係数>1 ⇒ 影響力が強く,影響も受け易い。
Ⅱ型：影響力係数>1,感応度係数≦1 ⇒ 影響力が強いが,影響は受け難い。
Ⅲ型：影響力係数≦1,感応度係数<1 ⇒ 影響力は弱く,影響も受け難い。
Ⅳ型：影響力係数<1,感応度係数≧1 ⇒ 影響力は弱いが,影響は受け易い。

2.4 マクロ中間投入比率とマクロ中間需要比率

ここで,以下のように定義する。

$$\text{マクロ中間投入比率} = \left(\sum_{j=1}^{n}\sum_{i=1}^{n} x_{ij}\right) \bigg/ \left(\sum_{i=1}^{n} x_i\right) \tag{2.5}$$

$$\text{産業別マクロ中間投入比率} = \left(\sum_{j=1}^{n} x_{ij}\right) \bigg/ \left(\sum_{i=1}^{n} x_i\right) \tag{2.6}$$

$$\text{第}i\text{産業中間投入比率} = \left(\sum_{i=1}^{n} x_{ij}\right) \bigg/ x_j \tag{2.7}$$

$$\text{マクロ中間需要比率} = \left(\sum_{j=1}^{n}\sum_{i=1}^{n} x_{ij}\right) \Big/ \left(\sum_{i=1}^{n}(x_i + m_i)\right) \tag{2.8}$$

$$\text{第} i \text{産業中間需要比率} = \left(\sum_{j=1}^{n} x_{ij}\right) \Big/ (x_i + m_i) \tag{2.9}$$

(2.5) を図3に, (2.8) を図4に示す。(2.5) のマクロ中間投入比率は, 全産業からみた, 1単位の生産を行う際の中間投入の割合を表す比率で, (2.8) のマクロ中間需要比率は総需要 (中間需要＋国内・国外最終需要) に対する中間需要の比率である。図より, 2つの値とも同じような動きを示している。2000年から2002年に2つの比率はいずれも低下が見られるが, これは, 2000年表が1997年の延長表であることが影響しているのかもしれない。2002年以降は2つとも増加傾向になっている。換言すれば, 付加価値率の低下と生産額に占める最終需要率の低下を意味する。つまり, 生産のための原材料生産割合が高まり, 高加工度化が生じていると言えるであろう。

次に, 表3は産業別の中間投入比率である。表から各産業の中間投入比率をみると第一次産業つまり農業の変動があまり見られないことがわかる。

卸売小売り, 宿泊と飲食業不動産業, 賃貸とビジネスサービス業, 金融保険業, その他サービス業の中間投入比率は, 減少している。

全産業の値を超えている産業は以下の通りである。1997年, 2000年, 2002年では, 食品製造業／紡織, 裁縫及び革製品製造業／その他製造業／コークス, 石炭ガス及び石油加工業／化学工業／建築材料及びその他非金属

図3 マクロ中間投入比率 (全産業)

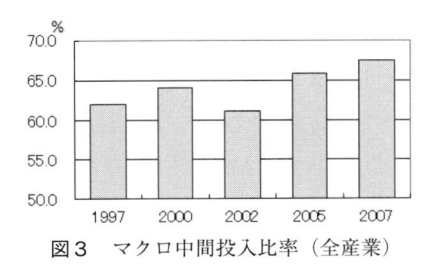

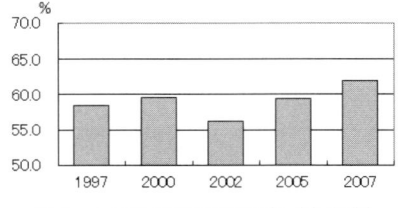

図4 マクロ中間需要比率 (全産業)

表3　産業別中間投入比率

産業	1997	2000	2002	2005	2007
①農業	40.3	42.2	41.8	41.4	41.4
②採掘業	47.7	42.1	42.2	53.4	52.7
③食品製造業	72.3	68.5	68.9	71.5	75.6
④紡織，裁縫及び革製品製造業	70.6	73.7	75.3	77.0	79.3
⑤その他製造業	64.8	66.4	65.0	70.7	69.2
⑥電力，熱エネルギー及び水の生産及び供給業	56.8	59.4	49.9	65.0	71.4
⑦コークス，石炭ガス及び石油加工業	77.8	75.1	82.6	80.5	82.1
⑧化学工業	73.1	75.8	73.1	77.7	79.7
⑨建築材料及びその他非金属鉱物製造業	68.4	70.4	67.1	72.0	72.5
⑩金属製品製造業	78.5	80.0	75.8	78.8	80.2
⑪機械設備製造業	71.8	76.0	75.1	79.3	80.8
⑫建築業	71.3	73.2	76.6	74.4	76.9
⑬運輸郵便業	44.2	48.5	51.9	55.3	50.5
⑭卸売小売り，宿泊と飲食業	51.6	56.6	49.9	50.8	47.5
⑮不動産業，賃貸とビジネスサービス業	51.3	54.2	41.1	45.6	39.3
⑯金融保険業	39.0	25.6	36.1	38.5	31.1
⑰その他サービス業	53.3	52.2	47.9	53.1	51.1
全産業	62.1	64.1	61.1	65.9	67.5

(出所) 中国国家統計局『中国統計年鑑（各年版）』より作成。

鉱物製造業／金属製品製造業／機械設備製造業／建築業の9産業である。

2007年には，食品製造業／紡織，裁縫及び革製品製造業／その他製造業／電力，熱エネルギー及び水の生産及び供給業／コークス，石炭ガス及び石油加工業／化学工業／建築材料及びその他非金属鉱物製造業／金属製品製造業／機械設備製造業／建築業の10産業となった。電力，熱エネルギー及び水の生産及び供給業の中間投入比率が，2005年で全産業の値に近づき，2007年で全産業の値を超えている。

具体的な値を見ると，1997年と2000年では，特に，コークス，石炭ガス及び石油加工業と金属製品製造業が大きく，2002年，2005年，2007年ではコークス，石炭ガス及び石油加工業と機械設備製造業が大きい。

以上から中間投入比率を産業別にみると，第二次産業の値がすべて大きい

表4 産業別中間需要比率

産業	1997	2000	2002	2005	2007
①農業	53.1	52.5	57.2	67.9	70.7
②採掘業	93.5	92.9	92.0	97.5	97.4
③食品製造業	36.6	36.0	42.4	43.5	53.0
④紡織，裁縫及び革製品製造業	52.9	56.7	48.3	48.9	54.7
⑤その他製造業	71.5	71.2	73.9	74.0	73.1
⑥電力，熱エネルギー及び水の生産及び供給業	88.8	91.9	84.9	90.0	91.9
⑦コークス，石炭ガス及び石油加工業	90.0	95.5	92.4	91.6	92.7
⑧化学工業	83.1	84.9	84.5	86.8	85.9
⑨建築材料及びその他非金属鉱物製造業	87.1	83.3	86.3	87.7	92.3
⑩金属製品製造業	89.5	89.8	90.4	87.9	87.4
⑪機械設備製造業	56.3	57.5	53.3	47.8	53.0
⑫建築業	5.8	5.9	6.3	7.9	3.2
⑬運輸郵便業	77.3	77.4	74.3	73.1	70.2
⑭卸売小売り，宿泊と飲食業	63.7	67.2	58.0	59.5	53.4
⑮不動産業，賃貸とビジネスサービス業	52.0	51.4	56.8	51.8	44.6
⑯金融保険業	74.1	72.5	80.8	68.5	76.4
⑰その他サービス業	11.6	12.3	13.9	19.7	22.7
全産業	58.1	59.6	56.4	59.3	62.0

(出所) 中国国家統計局『中国統計年鑑（各年版）』より作成。

ことがわかる。

　今度は，表4から産業別中間需要比率の推移を見てみよう。第一次産業の中間需要が1997年から2000年までに減少しているが，2002年から増え2005年，2007年とも全産業値以上である。

　中間需要比率が減少している産業は，機械設備製造業，建築業と卸売小売り，宿泊と不動産業，賃貸とビジネスサービス業である。これらの産業はすべて，全産業の中間需要比率以下にある。同じく全産業の中間需要比率以下ではあるが，比率が増えている産業は，卸売小売り，宿泊と飲食業および紡織，裁縫及び革製品製造業がある。その他の産業はすべて全産業の値以上である。特に，中間需要比率が大きい産業は，採掘業とコークス，石炭ガス及び石油加工業である。

3. DPG 分析について

3.1 DPG とは

DPG（Deviation from Proportional Growth）分析とは，2時点間の産出量に関して，比例的成長経路から各産業部門の成長がどのような要因により乖離するかを分析することを目的として考案された手法である（藤川（1999）参照）。通常，産出量の差分では，ほとんどの産業部門における産出量水準の変化はプラスの値をとることが多い。特に，経済成長が著しい場合はそうである。ゆえに，単なる産出量の差分では全てがプラスになることが多いので，どの産業部門が経済成長にどの程度貢献したのか，また，どのような要因が貢献しているのかを抽出することは難しい。そこで，一定の比率で各産業部門の産出量が伸びたと仮定したときの値と，現実の値とを比較して，産出量の動きを要因分解する。これが DPG 分析である。

第1期と第2期を，変数の右肩に数字1，2を付けて表すことにする。例えば，産出量ベクトル $\mathbf{x}^1$ は第1期の産出量ベクトルであり，$\mathbf{x}^2$ は第2期の産出量ベクトルである。以下，この表記法を用いることにする。

まず，成長倍率 α を以下のように定義する。

$$\alpha = \text{第2期の総産出量} / \text{第1期の総産出量} = \sum_{i=1}^{n} x_i^2 \Big/ \sum_{i=1}^{n} x_i^1 \qquad (3.1)$$

次に，$\Delta \mathbf{x}$ を以下のように定義する。

$$\Delta \mathbf{x} \equiv \mathbf{x}^2 - \alpha \mathbf{x}^1 \qquad (3.2)$$

この式は，すべての産業部門が一定の比率 α で成長したとするときの総産出量（$\alpha \mathbf{x}^1$）と，現実の総産出量（$\mathbf{x}^2$）との食い違いを表している。もし，すべての部門が同時に α で成長したとするならば $\Delta \mathbf{x}=\mathbf{0}$ となる。しかし，通常，そのようなことはないので，一般には $\Delta \mathbf{x} \neq \mathbf{0}$ である。成長が α 以上に大きかった産業部門では $\Delta x_i>0$ となり，逆に成長が α より小さかった部門では $\Delta x_i<0$ となる。ただし，α の定義からすぐに分かるように，全産業部門

表5　成長倍率 α

期間	α
1997～2000	1.2888
2000～2002	1.2170
2002～2005	1.7445
2005～2007	1.4976

で Δx_i を合計すれば必ず0となる。すなわち，$\sum_{i=1}^{n} \Delta x_i = 0$ である。ちなみに，α の値を産業連関表から求めると表5のようになっている。

(3.2) 式を展開すると以下のように変形することが可能である。

$$\begin{aligned}
\Delta \mathbf{x} &= \mathbf{x}^2 - \alpha \mathbf{x}^1 \\
&= \mathbf{B}^2 \{\mathbf{D}^2 \mathbf{f}^2 + \mathbf{e}^2 + \mathbf{u}^2\} - \alpha \mathbf{B}^1 \{\mathbf{D}^1 \mathbf{f}^1 + \mathbf{e}^1 + \mathbf{u}^1\} \\
&= (\mathbf{B}^2 - \mathbf{B}^1)\left\{\frac{(\mathbf{D}^2 \mathbf{f}^2 + \mathbf{e}^2 + \mathbf{u}^2) + \alpha(\mathbf{D}^1 \mathbf{f}^1 + \mathbf{e}^1 + \mathbf{u}^1)}{2}\right\} \\
&\quad + \left(\frac{\mathbf{B}^2 + \mathbf{B}^1}{2}\right)\left\{(\mathbf{D}^2 \mathbf{f}^2 + \mathbf{e}^2 + \mathbf{u}^2) - \alpha(\mathbf{D}^1 \mathbf{f}^1 + \mathbf{e}^1 + \mathbf{u}^1)\right\} \\
&= 第1項（\textbf{構造変化要因}）＋第2項（\textbf{最終需要変化要因}）
\end{aligned} \quad (3.3)$$

$(\mathbf{B}^2 - \mathbf{B}^1)$ は投入係数行列の変化によって生じる影響を表しており，第1項全体を構造変化要因と呼ぶことにする。これは，技術変化要因と呼ぶこともできよう。第2項に現れる $(\mathbf{D}^2 \mathbf{f}^2 + \mathbf{e}^2 + \mathbf{u}^2) - \alpha(\mathbf{D}^1 \mathbf{f}^1 + \mathbf{e}^1 + \mathbf{u}^1)$ は最終需要項目の変化スピードによって生じる部分であり，第2項全体を最終需要変化要因と呼ぶことにする。

3.2　相対比について

(3.3) において，$\Delta \mathbf{x} = \begin{pmatrix} \Delta x_1 \\ \vdots \\ \Delta x_n \end{pmatrix}$ と表記しよう。このとき，プラスの値をとる要素 $\Delta x_i (>0)$ のみの合計額を w とすると，相対比は以下の式で定義される。

$$\text{相対比ベクトル} \equiv \frac{1}{w}\Delta\mathbf{x}\times 100 = \begin{pmatrix} (\Delta x_1/w)\times 100 \\ \vdots \\ (\Delta x_n/w)\times 100 \end{pmatrix} \qquad (3.4)$$

ここで，$\sum_{i=1}^{n}\Delta x_i = 0$ なので $\frac{1}{w}\sum_{i=1}^{n}\Delta x_i \times 100 = 0$ で，マイナスの値をとる要素 $\Delta x_i (<0)$ の合計は $-w$ である。ゆえに，(3.4) 式右辺のプラス要素の合計は 100 となり，したがって，マイナス要素の合計値は -100 となる。このように単純な合計額でなく相対比に変換することのメリットは，データの単位に関係なく DPG 分析の結果を比較することができることにある。通常，期間が異なるとデータによっては物価変動を考慮しないといけなかったり，国際比較では単位が異なることも多いが，相対比に変換すればこれらの問題を回避することができる。本章でも，相対比を用いて，異なる期間の DPG 分析結果を比較する。

3.3　2要因分解による分析結果

(3.3) 式を基に，産出量の増加分 $\Delta\mathbf{x}$ を構造変化要因と最終需要変化要因に分解して計測した。ここでは，全産業に関しての結果を表 6 に示す。DPG 分析によれば，構造変化要因は 2000 〜 2002 年は負であるが，他の 3 期間は正の値を示している（当然，最終需要変化要因は完全に逆の値）。このことから，特に，2002 年以降，産出量を増加させる要因は産業構造変化要因（あるいは技術変化要因）であり，最終需要変化要因ではなかったということである。

次に，産業別・期間別の成長経路からの乖離状況を図 5 に示す。正の値を取る産業がリーディング産業，負の値を示す産業が停滞産業である。

表 6　DPG 2 要因分解（全産業）

	1997〜2000	2000〜2002	2002〜2005	2005〜2007
構造変化要因（相対比）	19.10	-70.33	60.27	112.75
最終需要変化要因（相対比）	-19.10	70.33	-60.27	-112.75

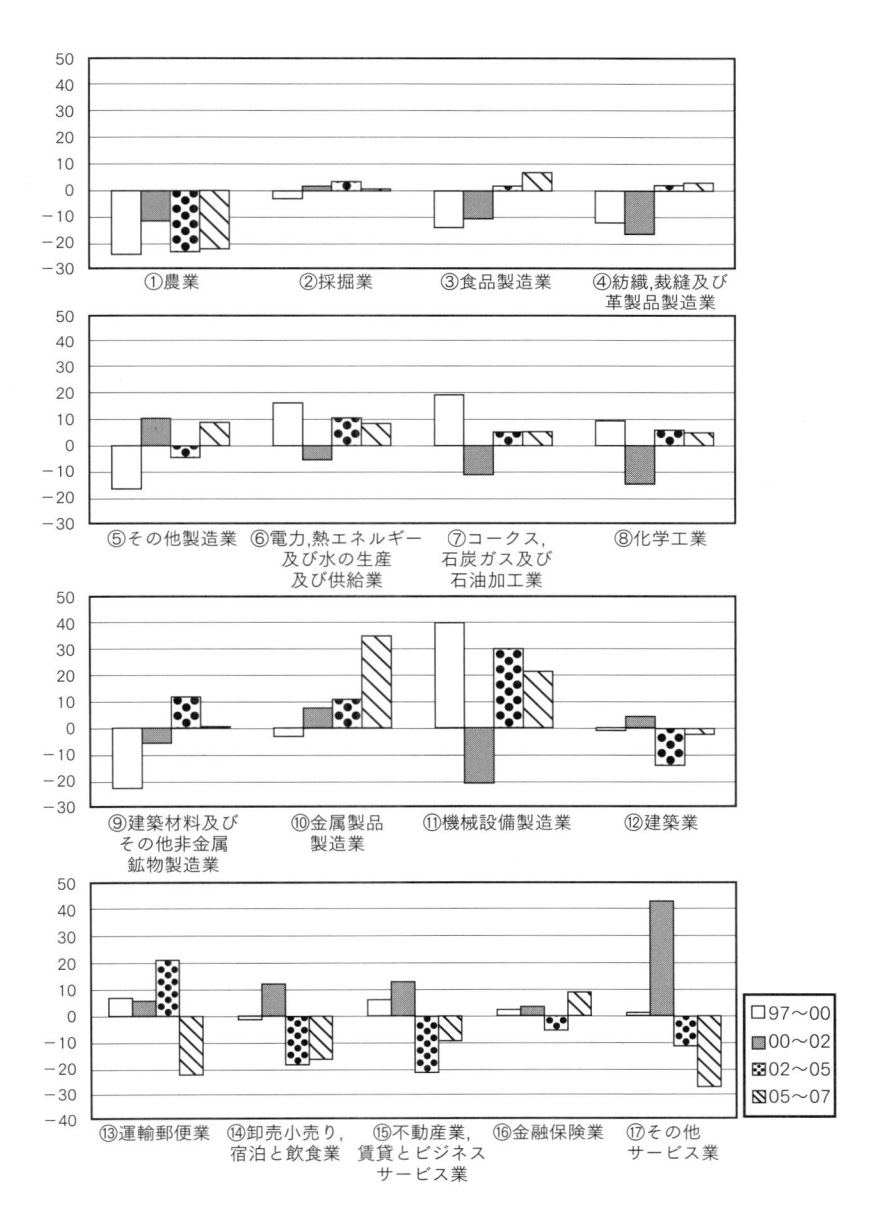

産業連関表による中国産業構造の分析　　　　　　189

図5　DPG産業別比例成長経路からの乖離（相対比）

リーディング産業は期間と共に変化しているが，金属製品製造業や機械設備製造業などが該当すると言えるだろう。製造業の各産業の動きにはバラツキがあるが，全般的には1997〜2000年，2000〜2002年よりも，2002〜2005年，2005〜2007年の期間で正値をとる産業が多い。

サービス関連の産業は，2002〜2005年，2005〜2007年と負値を示したものが多く，停滞産業に分類される。しかし，その他サービス業の2000〜2002年の値は高い正値である。この間に大きく成長したことが窺える。

農業部門は，常に停滞産業である。化学工業は正値も負値も大きくないので，リーディング産業とは考え難い。

3.4 年代別DPG分析

(3.3)式により，生産のDPG分析を実施し，年代ごとにいずれの要因（構造変化要因と最終需要変化要因）が影響しているのかを考察する。そして，各産業の生産活動への貢献度を考え，年代別に製造業の貢献度の特徴を探ることにする。

図6は1997〜2000年，2000〜2002年における各産業の構造変化要因，最終需要変化要因，そしてそれらの合計を図示したものである（その他の期間の図は省略する）。以下，年代別の特徴を記す。

(1) 1997〜2000年

総要因合計図より，リーディング産業は，⑪機械設備製造業，⑥電力，熱エネルギー及び水の生産及び供給業，⑦コークス・石炭ガス及び石油加工業の3つの産業であると言えよう。特に，機械設備製造業の値が一番大きい。これら3つの産業は，いずれも製造業である。逆に，マイナスの値が大きい産業は①農業と，⑨建築材料及びその他製造業である。

要因別の図を見るとき，最終需要の変化が機械設備製造業の相対比を大きく上昇させていることがわかる。また，農業は最終需要要因が大きくマイナスに作用したためであり，建築材料等製造業は構造変化要因がマイナスに大きく作用したためである。

(2) 2000〜2002年

この期間では，おもな製造業の相対比は，概ねマイナスである。つまり，

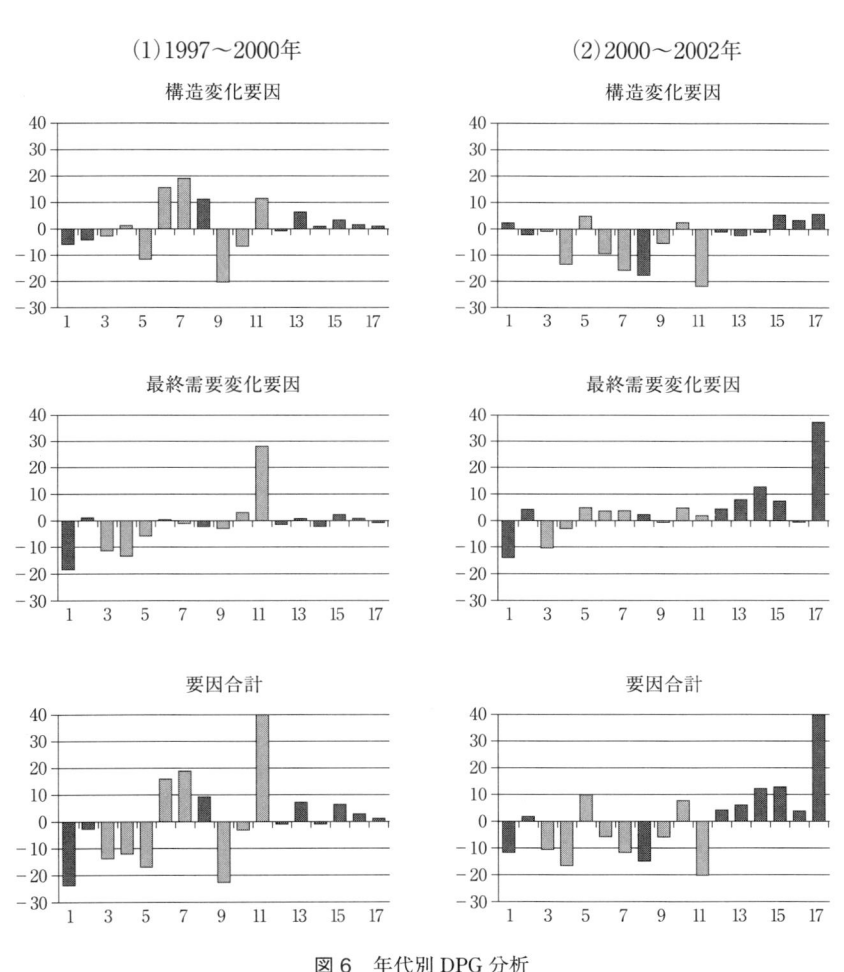

産業連関表による中国産業構造の分析　　191

(1) 1997～2000年　　　　　　　　　　(2) 2000～2002年
　　構造変化要因　　　　　　　　　　　　構造変化要因

　　最終需要変化要因　　　　　　　　　　最終需要変化要因

　　要因合計　　　　　　　　　　　　　　要因合計

図6　年代別 DPG 分析

注) 横軸の番号は下記の産業番号を示す。縦軸は，相対比を示している。また，③・④・⑤・⑥・⑦・⑨・⑩・⑪は製造業を示す。

①農業，②採掘業，③食品製造業，④紡繊・裁縫及び革製品製造業，⑤その他製造業，⑥電力・熱エネルギー及び水の生産と供給業，⑦コークス・石炭ガス及び石油加工業，⑧化学工業，⑨建築材料及びその他非金属鉱物製造業，⑩金属製品製造業，⑪機械設備製造業，⑫建設業，⑬運輸郵便業，⑭卸売小売り・宿泊と飲食業，⑮不動産業・賃貸とビジネスサービス業，⑯金融保険業，⑰その他サービス業

製造業はリーディング産業となっていない。産業番号③, ④, ⑥, ⑦, ⑨, ⑪の各製造業は総要因合計で相対比がマイナスとなっており, 1997～2000年で成長の担い手であった⑪機械設備製造業もマイナスに転じている。このような状況に至った原因は, 多くの製造業において構造変化要因の相対比がマイナスになったため, 最終需要変化要因のプラス値を打ち消して, 総要因合計でマイナスとなったためである。また, 最終需要変化要因のプラス値も大きなものではなかった。

この期間, 経済成長の牽引車となったのは製造業ではなく, それ以外の非製造産業である。産業番号⑫～⑰が, それらである。特に, ⑰その他サービス業の貢献が著しかった。

(3) 2002～2005年

この期間は, 1997～2000年のように製造業の相対比が総じて高く, 特に, ⑪機械設備製造業の値が大きい。非製造業では, ⑬運輸郵便業の相対比が大きい。ゆえに, ⑪と⑬の2つの産業がこの期間のリーディング産業となっている。⑪機械設備製造業の相対比が高かったのは最終需要変化要因によるところが大きく, ⑬運輸郵便業は構造変化要因によるところが大きい。

相対比がマイナスの値を示しているのは, ①農業, ⑫建設業, ⑭卸売小売り, 宿泊と飲食業, ⑮不動産業, 賃貸とビジネスサービス業, ⑯金融保険業, ⑰その他サービス業である。これらは全て非製造業の産業である。

(4) 2005～2007年

1997～2000年, 2002～2005年と同様, この期間も各製造業の相対比が高く, とりわけ⑩金属製品製造業と⑪機械設備製造業が大きな値を示している。この期間の特徴は, 各製造業の構造変化要因の相対比が高いことである。逆に, ①農業, ⑬運輸郵便業, ⑭卸売小売り, 宿泊と飲食業, ⑮不動産業賃貸とビジネスサービス業, ⑰その他サービス業は, マイナスの相対比となっている。

4. 5要因分解

(3.3) 式を以下のように, さらに展開して変形すれば, **Δx** を5つの項に

分解することができる。

$$\begin{aligned}
\Delta \mathbf{x} &= \mathbf{x}^2 - \alpha\, \mathbf{x}^1 \\
&= \mathbf{B}^2 \{\mathbf{D}^2 \mathbf{f}^2 + \mathbf{e}^2 + \mathbf{u}^2\} - \alpha \mathbf{B}^1 \{\mathbf{D}^1 \mathbf{f}^1 + \mathbf{e}^1 + \mathbf{u}^1\} \\
&= (\mathbf{B}^2 \mathbf{D}^2 \mathbf{f}^2 - \alpha \mathbf{B}^1 \mathbf{D}^1 \mathbf{f}^1) + (\mathbf{B}^2 \mathbf{e}^2 - \alpha \mathbf{B}^1 \mathbf{e}^1) + (\mathbf{B}^2 \mathbf{u}^2 - \alpha \mathbf{B}^1 \mathbf{u}^1) \\
&= (\mathbf{B}^2 - \mathbf{B}^1)\left\{\left(\frac{\mathbf{D}^2 \mathbf{f}^2 + \alpha \mathbf{D}^1 \mathbf{f}^1}{2}\right) + \left(\frac{\mathbf{e}^2 + \alpha \mathbf{e}^1}{2}\right) + \left(\frac{\mathbf{u}^2 + \alpha \mathbf{u}^1}{2}\right)\right\} \\
&\quad + \left(\frac{\mathbf{B}^2 + \mathbf{B}^1}{2}\right)\left(\frac{\mathbf{D}^2 + \mathbf{D}^1}{2}\right)(\mathbf{f}^2 - \alpha \mathbf{f}^1) + \left(\frac{\mathbf{B}^2 + \mathbf{B}^1}{2}\right)(\mathbf{e}^2 - \alpha \mathbf{e}^1) \\
&\quad + \left(\frac{\mathbf{B}^2 + \mathbf{B}^1}{2}\right)(\mathbf{u}^2 - \alpha \mathbf{u}^1)
\end{aligned} \quad (4.1)$$

(4.1) 式の最右辺の5つの項を，順に，①第1要因：産業構造変化（または，技術変化）要因，②第2要因：国内産品需要構造（または，輸入構造）変化要因，③第3要因：国内需要変化要因，④第4要因：海外需要（または，輸出構造）変化要因，⑤第5要因：誤差要因と呼ぶことにしよう。もちろん，ここでも $\sum \Delta x_i = 0$ で，比例成長率以上のスピードで成長した産業では $\Delta x_i > 0$ で，その他の産業では $\Delta x_j < 0$ となる。

表7から表10に，各分析期間における産業別・要因別の分析結果を示す。これらの表より，産出量の増加に対する各要因の効果として以下のことが分かる。

〈要因別〉

①第1要因の産業構造変化要因は2000～2002年を除けばすべてプラス要因で，とくに，2002～2005～2007年で大きなプラスの値を示している。つまり，経済成長に大きく貢献している。

②第2要因の国内産品需要構造変化要因は第1要因とは完全に逆の動きを見せており，2000～2002年のみプラスで，他の期間はマイナスである。このことから，経済成長への貢献は平均以下であったことがわかる。輸入の拡大による影響と思われる。

③第3要因の国内産品需要構造変化要因は，1997～2000～2002～2005年

表7 1997～2000年　要因分解（％）

	第1要因	第2要因	第3要因	第4要因	第5要因	合計
①農業	-6.1	-21.6	-0.1	4.0	-0.6	-24.4
②採掘業	-4.6	-0.3	0.3	1.6	-0.2	-3.3
③食品製造業	-3.0	-11.5	-0.1	0.8	-0.4	-14.2
④紡織，裁縫及び革製品製造業	1.0	-12.6	-3.7	2.8	0.2	-12.4
⑤その他製造業	-11.7	-3.2	-2.0	0.3	-0.7	-17.4
⑥電力，熱エネルギー及び水の生産及び供給業	15.4	-0.2	0.4	0.4	-0.1	15.9
⑦コークス，石炭ガス及び石油加工業	19.2	-0.8	0.5	0.0	0.0	18.9
⑧化学工業	11.0	-4.9	1.6	1.5	-0.2	9.0
⑨建築材料及びその他非金属鉱物製造業	-20.3	-1.9	0.5	-1.2	-0.1	-23.1
⑩金属製品製造業	-6.7	-0.5	3.9	0.5	-0.5	-3.3
⑪機械設備製造業	11.4	0.9	20.7	8.3	-1.7	39.6
⑫建築業	0.1	0.6	0.0	-1.9	0.1	-1.1
⑬運輸郵便業	6.3	1.0	0.6	-0.9	-0.1	6.9
⑭卸売小売り，宿泊と飲食業	1.0	-5.6	0.0	3.9	-0.2	-0.9
⑮不動産業，賃貸とビジネスサービス業	3.3	3.2	0.5	-0.7	0.0	6.3
⑯金融保険業	1.5	0.9	0.3	0.0	-0.2	2.4
⑰その他サービス業	1.1	1.9	0.1	-2.1	0.1	1.0
合計	19.1	-54.8	23.6	16.9	-4.8	0.0

表8 2000～2002年　要因分解（％）

	第1要因	第2要因	第3要因	第4要因	第5要因	合計
①農業	2.3	-14.1	-0.5	0.9	-0.4	-11.8
②採掘業	-2.7	2.3	0.2	2.1	-0.3	1.6
③食品製造業	-0.5	-10.1	-0.5	0.1	0.0	-11.0
④紡織，裁縫及び革製品製造業	-13.9	-1.5	0.8	-1.2	-1.2	-17.0
⑤その他製造業	4.7	2.4	2.5	0.1	0.2	9.9
⑥電力，熱エネルギー及び水の生産及び供給業	-10.0	3.2	0.6	0.4	-0.4	-6.2
⑦コークス，石炭ガス及び石油加工業	-16.1	2.0	0.5	1.9	-0.3	-12.1
⑧化学工業	-17.9	1.2	0.4	2.2	-1.3	-15.4
⑨建築材料及びその他非金属鉱物製造業	-5.8	-0.5	-0.1	0.4	-0.1	-6.0
⑩金属製品製造業	2.4	4.1	-0.2	2.2	-1.1	7.3
⑪機械設備製造業	-22.5	9.2	3.6	-4.8	-6.0	-20.5
⑫建築業	-0.8	4.2	0.4	0.2	-0.1	3.8
⑬運輸郵便業	-2.5	4.1	2.5	2.1	-0.5	5.7
⑭卸売小売り，宿泊と飲食業	-0.9	12.3	4.5	-3.3	-0.5	12.1
⑮不動産業，賃貸とビジネスサービス業	5.3	6.7	0.0	1.1	-0.3	12.8
⑯金融保険業	3.0	0.6	0.4	-0.5	-0.2	3.4
⑰その他サービス業	5.7	36.7	3.9	-1.8	-1.1	43.4
合計	-70.3	62.8	19.1	2.2	-13.8	0.0

表9　2002～2005年　要因分解（％）

	第1要因	第2要因	第3要因	第4要因	第5要因	合計
①農業	3.6	-25.6	0.7	-1.0	-1.0	-23.3
②採掘業	8.9	-5.0	3.7	-4.0	-0.4	3.3
③食品製造業	4.4	-3.2	0.5	-0.1	-0.2	1.4
④紡織，裁縫及び革製品製造業	2.1	-3.4	1.6	0.9	0.6	1.8
⑤その他製造業	-0.6	-6.2	3.7	-1.7	-0.5	-5.3
⑥電力，熱エネルギー及び水の生産及び供給業	10.4	-4.2	2.7	1.6	-0.3	10.3
⑦コークス，石炭ガス及び石油加工業	6.6	-1.6	2.5	-2.5	-0.2	4.7
⑧化学工業	9.1	-11.7	9.0	-0.3	-0.7	5.3
⑨建築材料及びその他非金属鉱物製造業	10.9	-2.4	1.4	1.7	-0.1	11.6
⑩金属製品製造業	7.0	-4.9	14.6	-5.2	-0.9	10.7
⑪機械設備製造業	-4.2	4.5	33.9	-0.6	-3.8	29.7
⑫建築業	1.6	-15.1	0.2	-1.1	-0.1	-14.5
⑬運輸郵便業	19.1	1.5	4.8	-3.6	-0.5	21.3
⑭卸売小売り，宿泊と飲食業	-5.2	-11.7	3.2	-3.5	-1.2	-18.4
⑮不動産業，賃貸とビジネスサービス業	-12.0	-7.2	-0.8	-1.1	-0.3	-21.4
⑯金融保険業	-5.9	0.0	1.2	-0.7	-0.1	-5.5
⑰その他サービス業	4.7	-24.9	0.4	8.7	-0.4	-11.5
合計	60.3	-121.1	83.5	-12.8	-9.9	0.0

表10　2005～2007年　要因分解（％）

	第1要因	第2要因	第3要因	第4要因	第5要因	合計
①農業	-7.5	-16.1	-2.8	3.9	0.3	-22.2
②採掘業	3.4	-1.8	-2.2	-0.2	0.8	0.0
③食品製造業	14.4	-7.2	-2.5	1.7	0.3	6.7
④紡織，裁縫及び革製品製造業	14.6	-5.0	-3.8	-4.8	1.6	2.7
⑤その他製造業	7.7	0.5	-1.7	1.1	0.8	8.3
⑥電力，熱エネルギー及び水の生産及び供給業	17.5	-3.3	-1.3	-5.8	0.8	7.9
⑦コークス，石炭ガス及び石油加工業	7.3	-2.2	-1.4	0.7	0.5	4.8
⑧化学工業	4.3	-4.0	-4.1	-3.4	1.7	4.5
⑨建築材料及びその他非金属鉱物製造業	5.7	-4.5	0.1	-2.0	0.3	-0.4
⑩金属製品製造業	35.4	-4.5	2.4	-1.4	2.9	34.9
⑪機械設備製造業	36.4	-18.7	-9.5	2.3	10.6	21.1
⑫建築業	-6.5	-5.1	0.1	9.4	-0.1	-2.3
⑬運輸郵便業	-18.0	-7.9	-2.1	5.2	0.6	-22.2
⑭卸売小売り，宿泊と飲食業	-15.4	-2.4	-7.3	7.5	1.3	-16.3
⑮不動産業，賃貸とビジネスサービス業	-8.0	-5.9	4.2	1.3	-1.1	-9.4
⑯金融保険業	9.1	-3.5	-0.6	3.5	0.5	9.1
⑰その他サービス業	2.4	-19.3	-5.2	-5.3	0.2	-27.2
合計	112.7	-110.9	-37.5	13.6	22.1	0.0

でプラス,最後の 2005 ～ 2007 年でマイナスの値となった。最後の期間で －37.5 となっていることは,経済成長への内需要因の貢献度が比較的小さかったことを意味しており,中国にとって内需拡大が今後の課題といえるであろう[2]。

④第 4 要因の海外需要変化要因は輸出の変化から計算される要因部分であり,2002 ～ 2005 年を除けば,すべてプラスの値を示している。ゆえに,経済成長に平均以上の貢献をしていることとなる。

⑤第 5 要因の誤差要因は,中国の産業連関表特有の要因でもある。解釈は困難であるが,期間によっては 2 桁の値を示しており,今後,精度の高い産業連関表の作成が望まれるところである。

全体としてみるとき,第 1 要因の産業構造変化要因と第 2 要因の国内産品需要構造変化要因の値が大きく,特に,2000 ～ 2002 ～ 2005 ～ 2007 年の値は絶対値で 50 ポイント以上を示し,3 桁を記録した期間もある。国内産品需要構造は自給率と密接に関連しているので,輸入係数の変化の影響が大きかったのではないかと推測される。いずれにしても,要因分解の計算は,この二要因が他の要因以上に経済成長へ（プラスおよびマイナスの両面で）影響したことを示している。

おわりに

歴史的に見れば,中国経済のリーディング産業は農業から重化学工業へ,そして現在,機械設備・電気電子機器製造業を中心とした製造業産業へと移行しつつある。本章では,産業連関表を利用した DPG 分析法により,どのような要因が各産業の産出量増大へ大きく貢献したかを数量的に考察した。

分析結果からみれば,期間により程度の差はあるが,製造業（特に,機械設備製造業）の産出量増大への貢献度は,概して高かった（ただし,2000 ～ 2002 年の期間では,製造業の経済成長率への貢献度は大きいとは言えない）。また,生産量増大の要因としては,産業構造変化要因（技術変化要因）

---

2) 正確には,国内産品に対する国内での需要。

と海外需要変化要因（輸出構造変化要因）が比較的大きなプラス要因であったことが示された。これらの結果は，海外直接投資と輸出に依存した中国の経済成長戦略の一端をよく示す結果である。

2.4の考察から，通常，需要の増大は乗数過程を通して生産量を増大させると考えられるが，DPG分析の枠組みの下では，中国における最終需要の変化スピードは現実の産出量を大きく増加させる主役ではなかったことを物語っている。換言すれば，最終需要成長スピードが不足して最終需要率が低下したために生じたマクロ中間需要率の上昇は，生産量を大きく増加させるのには効果が小さかったことを意味している。マクロ中間需要率の上昇は，結局，生産量を大きく増大させることには繋がらず，経済成長を力強いものとするためには最終需要を増大させることが必要であることを示唆している。

本章では，17産業分類と比較的大まかな産業分類を用いているが，産業分類を細かくしてもよいかもしれない。また，要因分解では，最終需要 $\mathbf{f}$ を各項目 $\mathbf{f}_1, \mathbf{f}_2, \cdots, \mathbf{f}_k$ に分類することなく要因分解を実施したが，もちろん，消費や投資などに分類すればさらに詳細な分析を行うことが可能である。最後に，今回の分析では全て名目値を用いて計算したことを付け加えておく。これらの点は，今後，改善する必要がある。

参考文献

中国国家統計局『中国統計年鑑（各年版）』。

曹峙偉「産業連関表による中国経済の分析—製造業を中心として—」，久留米大学大学院比較文化研究科修士論文，2014年。

藤川清史『グローバル経済の産業連関分析』，創文社，1999年。

胡秋陽「I-O表から見た中国産業の連関構造—日本との比較を中心に—」，神戸大学大学院経済学研究会，『六甲台論集』第50巻，第2号，pp.1-22, 2013年。

新飯田宏『産業連関分析入門』，東洋経済新報社，1981年。

刘佳，朱桂龙「基于投入产出表的我国产业连关与产业构造演化分析」，湖北省统计局统计科学研究所『统计与决策』，第2期，pp.138-141, 2012年。

李娜，王飞「中国主导产业演变及其原因研究—基于DPG方法」，『数量经济技术经济研

究』,第 1 期,pp.19-34, 2012 年。

岡本信広「中国の産業連関分析　特徴と応用」,『産業連関　イノベーション＆I-O テクニーク』,Vol.20, No.1, pp.23-35, 2012 年。

王科唯「中日制造业产业连关研究」,辽宁大学博士論文, 2009 年。

山田和敏,曹峙偉「産業連関表による中国産業構造の分析」,第 18 回社会経済シンポジウム予稿集, 2013 年。

周东,韩君玲「基于 DPG 要因分析法的中国产业结构变化」,『山东大学学报（哲学社会科学版)』,第 4 期,pp.96-103, 2012 年。

日本的雇用の変化と今後の労働市場の在り方

高畑　雄嗣

はじめに

　日本の雇用状況は，いわゆる「失われた20年」と呼ばれる期間に大きな変化を見せた。例えば失業率は，1980年代後半までは約2～3％台で推移していたが，それ以降上昇を続けて2000年代には5.4％にまで上昇した。その後いったん低下傾向を見せた失業率はリーマンショック後に急上昇して，やはり5％を超える水準に達した。

　2013年の時点では再び低下して4％台に落ち着いているものの，もはやかつてのような低水準の失業率を期待することはできない。さらには全体的な失業率低下の一方で，日本的雇用の変化という観点から見て，いくつか注目される事態が生じている。

　まず注目されるのは年功賃金と長期雇用の変化である。日本企業は大企業を中心として，年功賃金・長期雇用・企業別組合を相互補完的に用いて人事制度を作り上げてきた。言うまでもなくそれは企業と労働者双方にとって経済合理性を有するからである。

　ところが近年は賃金プロファイルがフラットになり，年齢増加に伴う賃金上昇率が低下している。また勤続年数自体も従来に比べると短期化していることが確認されている。

　さらにこうした変化と表裏一体の現象として多くの耳目を集めているもの

に，雇用形態の変化が挙げられる。総務省「労働力調査」によると，非正規雇用比率はほぼ一貫して上昇傾向が観察され，単に景気後退のみに起因するものではないことが分かる。また従来は非正規雇用の多くがパートタイムやアルバイトとして働いており，なおかつ家計補助的な主婦パートや学生アルバイトが多かったため，世帯間所得格差に対する影響は軽微であると考えられてきた。そして学校を卒業すると同時に長期雇用を前提とした正規雇用として就職することが多くの若者にとって当然のことであった。

しかし1990年代以降は派遣社員・契約社員などの非正規雇用が増加するとともに，主な家計の担い手が非正規雇用であるケースが増えてきたとも言われている。また若年期は職業能力を高めるために集中的な訓練が行われる時期であるが，非正規雇用で働く若年層の増加はそうした機会が少ないために，より良い転職が阻まれている側面も指摘されている。

ではなぜこうした変化が生じているのだろうか。本章では先行研究から得られる知見を基に，こうした雇用情勢の変化が生じた原因を整理することで現状を確認する。その後に現状を踏まえた上での雇用状況改善策の方向性と論点を示すことで，さらなる研究のきっかけとしたい。

1．日本的雇用の変化

1.1 長期雇用の変化

日本的雇用の特徴として長期雇用が挙げられるが，近年は勤続年数に短期化の傾向がみられると指摘されている。この点についてまずデータを確認しておきたい。図1は厚生労働省「賃金構造基本統計調査」を基に男性一般労働者（大卒・大学院卒）の平均勤続年数を描いたものである。これを見ると40歳代以上では1990年代から緩やかながら短期化の傾向が進んでいることが見て取れる。また30歳代前半でも2000年代に入ってから短期化していることが分かる。

ただしこの図は各調査時点での異なるコーホートの平均勤続年数をプロットしたものである。したがって日本的雇用そのもの以外の変化によって，ある時点での平均勤続年数が変化する影響を排除できていない。例えば高学歴

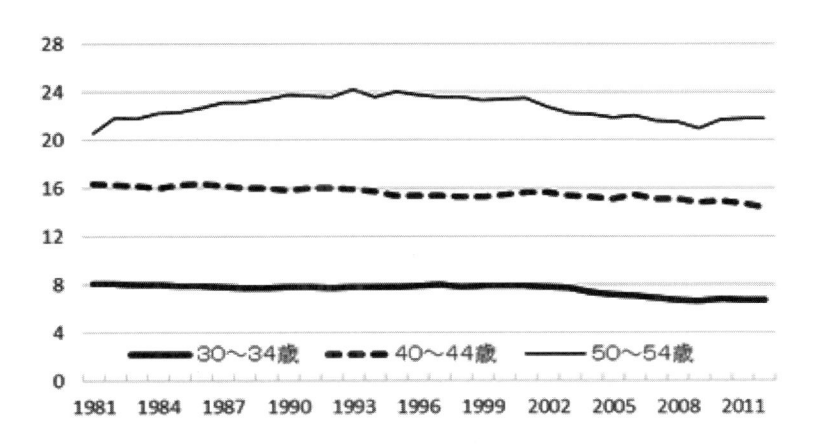

図1　平均勤続年数（大卒・大学院卒，産業計，企業規模計）
(出所) 厚生労働省「賃金構造基本統計調査」

化が進めば入職時期が先延ばしになるので，勤続年数は短くなるといったケースが想定される。

こうした問題に対処しながら，Kawaguchi and Ueno (2013) は同一コーホートごとに勤続年数の変化を検証している。その結果，やはり勤続年数の短期化が進んでいることが確認されている。例えば1981年生まれと1944年生まれでは30％ほどの差が生じていると報告している。

また濱秋他 (2011) でも25～34歳の比較的若い大卒者において終身雇用比率が1990年代半ば以降低下していることが確認されている。そしてこうした傾向は企業規模にかかわらず生じているが，その程度は大企業において顕著である。

従来の先行研究においては，長期雇用に関して大きな変化はなく，日本的雇用慣行が維持されているとの見方も多かった。しかしそれらの研究はバブル崩壊後の「失われた10年」を主たる対象期間としており，先述したKawaguchi and Ueno (2013) および濱秋他 (2011) のように2000年代以降の状況を説明するものではない。したがって長期雇用の変化は現在進行中の現象であり，今後どのような影響をもたらすのか不透明な部分も少なくない。

しかし長期雇用が変化している原因を考察する中で、今後とるべき方策を考えることができよう。この点については後述することとする。

1.2 年功賃金の変化

次に年功賃金の変化について確認していく。図2は厚生労働省「賃金構造基本統計調査」を基に男性一般労働者（大卒・大学院卒）の賃金プロファイルを描いたものである。ここからはすでに1990年代から賃金プロファイルのフラット化が生じており、その傾向は近年に至るまで一貫して続いていることが分かる。ただしこの図も前節と同様に、異なるコーホートの賃金を各時点でプロットしたものである。そこで本節でも濱秋他（2011）によって、同一コーホートの賃金プロファイルの変化を見ていく。

濱秋他（2011）は企業規模・学歴別の賃金プロファイルを導出し、1950年代以降に生まれたコーホートでは、生まれ年がおそくなるほどフラットになっていることや40歳代以降になると賃金の伸びが弱まっていることを示している。さらに濱秋他（2011）では大卒者を対象にして年齢別の賃金分布

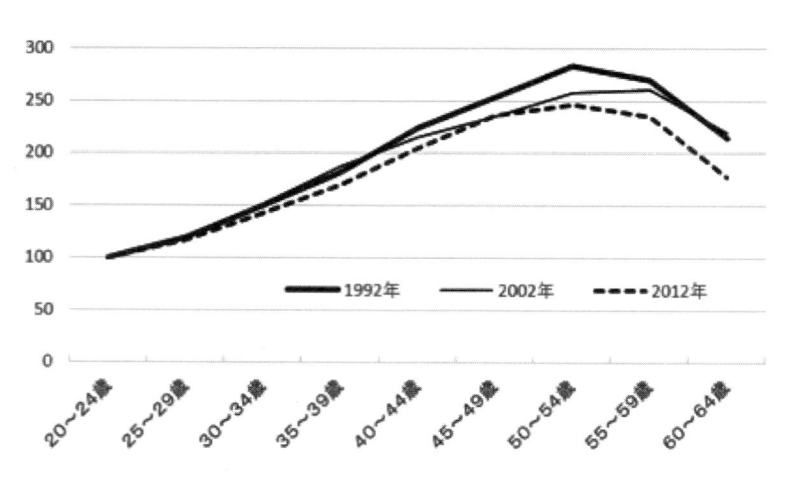

図2　賃金プロファイル（大卒・大学院卒，産業計，企業規模計）
（出所）厚生労働省「賃金構造基本統計調査」
（注）：20～24歳の賃金を100に基準化

がどのように変化してきたかを検証している。それによると1990年代までは年齢の上昇とともに賃金分布は右方（高賃金）にシフトしている。しかし2000年代に入ると分布の形状自体に違いはないものの，40歳代半ばから50歳代半ばにかけて賃金分布の右方シフトが見られなくなっている。

つまり40歳代以降の賃金の伸びが抑制された理由は，労働者の質が変化したことによる賃金分布の形状変化ではなく，年齢に伴い賃金が上昇する仕組みが弱まったことだといえる。

こうした先行研究が示すように，近年では長期雇用と同様に日本的雇用の特徴として認識されてきた年功賃金にも変化が現れていることは明らかといえよう。なおここで重要なことは，長期雇用と年功賃金は相互補完的な関係にあり，両者の変化は不可分の関係だということである。この変化の理由についても後に述べることとする。

1.3 非正規雇用の増加

前節までは主に正規雇用の雇用条件について，近年の変化を概観してきた。しかしそもそも学卒後，入職する時点において正社員になることができず，非正規雇用として働く者も少なくない。もし従来のように，とりわけ大企業において新卒一括採用が大量に行われ続ければ，現在のような状態は生じないであろう。しかし原（2005）が示すように，規模の大きな企業であっても新卒採用が抑制されることも観察されている。そこでまず図3と図4から非正規雇用の推移を見たうえでその原因について言及したい。

まず確認しておきたい点は，非正規雇用の増加はバブル崩壊後の景気低迷期から始まったのではないということである。もちろん景気変動に応じてその推移は変化し，景気の影響を受けはするがそれだけでは説明できない部分が多い。実際に図3では1980年代から非正規雇用者数と非正規比率は，景気変動にかかわらず共に増加し続けていることが見て取れる。つまり景気変動以外の要因も作用して企業の採用・人材活用方法が変化したと推測できる。

また正規雇用比率が低下しているが，正規雇用者数はほぼバブル期以前の状態に戻っている。したがってバブル期の過剰雇用が解消されたという側面

論文編

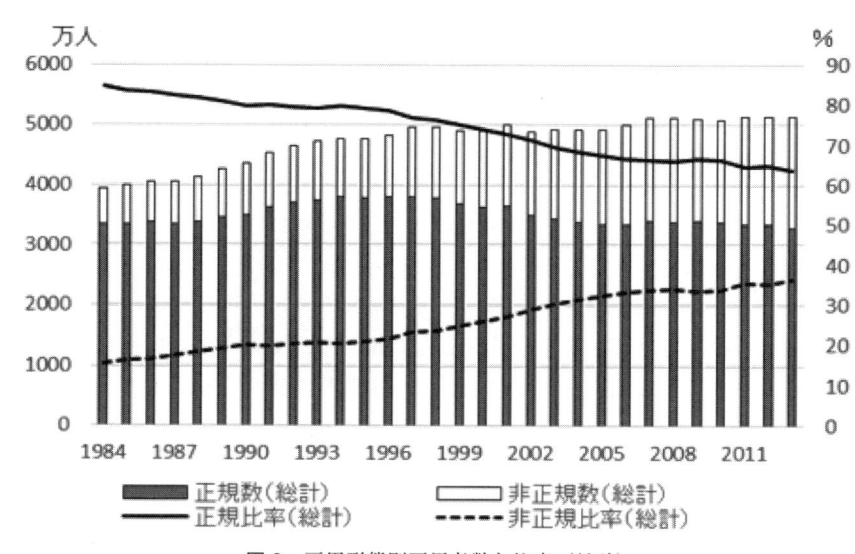

図3 雇用形態別雇用者数と比率（総計）
（出所）総務省「労働力調査」

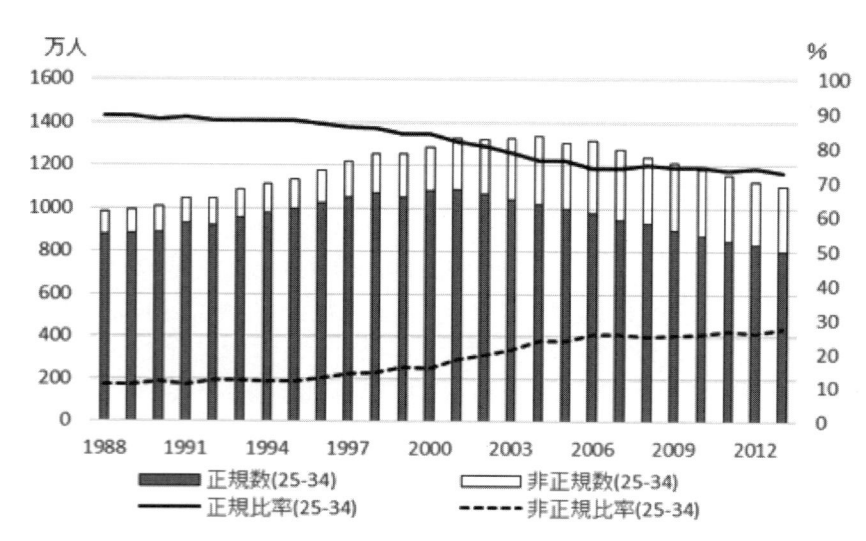

図4 雇用形態別雇用者数と比率（25-34歳）
（出所）総務省「労働力調査」

しかし図4からも分かるように若年層でも同様の傾向を見せていることは、本来なら正規雇用として採用され訓練を通じて受けるスキルアップの機会が減少していることを意味する。若年層の正規雇用者数についても、ほぼバブル期の水準に戻っているだけだという見方もできるが、今後少子高齢化が進展していく中で企業の中核を担うべき人材が育っていかない懸念もある。

このことは図5からも推察できる。ここからは非正規雇用全体に占める25〜34歳のシェアは1990年代半ばから上昇して2006年にピークを迎えてそれ以降は低下していることが分かる。一方で35〜44歳のシェアは1990年代末から上昇して高止まりしている。

こうした事実が観察される理由としては、かつて25〜34歳の年齢層に属していた非正規雇用者が、数年たった後に35〜44歳になった時点においても非正規雇用者であり続けているからと考えられる。

非正規雇用として働き続けることには、正規雇用に比べるとスキルアップの機会が少ないために、低所得や不安定雇用にとどまる懸念がある。

ではなぜ非正規雇用が増加したのだろうか。すでに多くの先行研究が蓄積

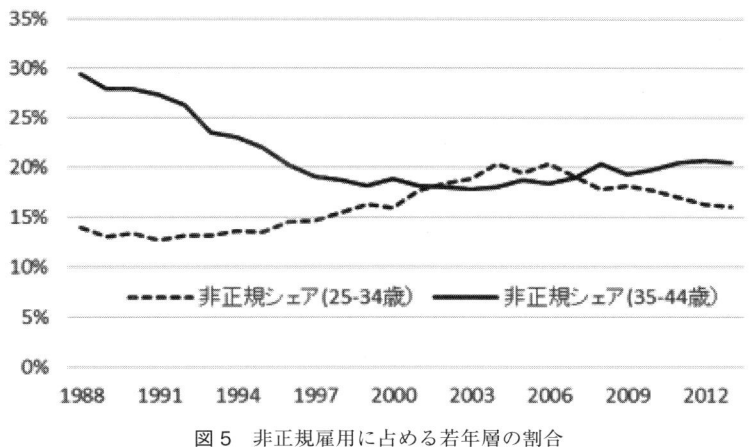

図5 非正規雇用に占める若年層の割合
（出所）総務省「労働力調査」

されているが，ここでは阿部（2010）に基づき理由を挙げていく。

阿部（2010）は先行研究を紹介しながら，景気変動以外にとりわけ若年層の非正規雇用を増やす理由として，1. 働き方に対する考え方の変化，2. 経済のグローバル化による人件費削減圧力，3. 情報通信技術の進展による仕事の標準化，4. 従来の日本的雇用では雇用の受け皿を拡大できないこと，等を挙げている。

さらに浅野・伊藤・川口（2011）でも非正規雇用が増加した理由を分析している。それによると，女性の労働参加など就業者の人口属性の変化や産業構成の変化だけでは十分説明できないことが示されており，同一産業内あるいは同じ年齢や教育水準のグループ内で非正規雇用が増加していると述べている。そして非正規雇用増加を説明する要因として日本的雇用の変化を候補として挙げている。

非正規雇用増加の理由の一つとして，ここでも日本的雇用の限界が挙げられている。つまり日本的雇用の変化は，既存の正規雇用とこれから労働市場に参入する求職者の双方に大きな影響を与えているということである。ではそもそも日本的雇用はなぜ普及していたのか，それを知らなければその変化が生じた背景を理解できないし，正規雇用と求職者の双方の働き方に影響を及ぼすに至った理由も分からない。そこで次節では日本的雇用の経済合理性という観点からその普及と変化，そして雇用に与えた影響を考察する。

2．日本的雇用の経済合理性と変化

2.1 日本的雇用の経済合理性

日本的雇用を理解する上で鍵となるのは，企業特殊スキルの習得である。人的資本理論では仕事を行うためのスキルを2つに分け，一般的スキルと企業特殊スキルに大別する。前者はどの企業でも有用なスキルであり，後者は特定の企業でのみ役立つものである。

いずれのスキルでもその習得にはコストが生じるが，一般的スキルのコストは労働者のみが負担する。もし企業がコストを負担して一般的スキルを習得させても，労働者が他社に転職すると，そのコストを回収できないからで

ある。一方，企業特殊スキルの習得では労使双方がコストを負担するインセンティブがある。

訓練に従事している間は，業務のみに従事することはできないので労働者の生産性は低下するが，訓練終了後には生産性が上昇する。そこで企業は，訓練期間中は生産性を上回る賃金を支払うことで労働者を企業内に引き止めて訓練に従事させる。訓練終了後は賃金がスキル向上を反映して高くなっても，上昇した生産性の水準がそれを上回る限り，企業は訓練コスト（訓練期間中に支払った生産性よりも高い賃金）を回収できる。

次に労働者の側からコスト負担を考える。業務にのみ従事して訓練を受けない場合よりも，訓練期間中は低い生産性を反映して賃金は低い。しかし訓練終了後に生産性上昇に基づく賃金上昇が約束されているならば，訓練コストの負担（訓練を受けない場合と比較すると低くなる訓練期間中の賃金）を受け入れ，他社では有用ではない企業特殊スキルの取得にコミットする。

このように入社後に企業は生産性より高い賃金を支払い，労働者は訓練に取り組むことで生じる低い賃金を受け入れるという形で訓練コストを負担する。そして訓練終了後は，高くなった生産性の上昇を分かち合うことでコストを回収する。そしてこうした仕組みを可能にするのが，訓練期間中（若年期）は低い賃金だが，訓練終了後は賃金が高くなる年功賃金である。

またこうした年功賃金が確実に支払われるには，労働者にとっては長期間雇用され続けることが必要であり，年功賃金と長期雇用は相互補完的な関係の下成り立つ。しかも訓練終了後に大きく生産性が上昇する，あるいは習得したスキルが長期間生産性向上に寄与するほど，こうした仕組みが受け入れられやすくなるため，堅実な経済成長の下では合理的な人事制度である。

なおかつこうした日本的雇用は，従来，若年層を新卒一括採用することにも関係してきた。企業は訓練投資の回収期間が長いほど，訓練実施に積極的になるが，そのためには長期間の雇用継続が見込める若年層が好まれる。さらには職務遂行に必要なスキルに企業特殊的な要素が強いほど，若年採用を志向するようになる（太田（2013））。そのため日本的雇用慣行は，訓練が手厚く行われる正社員として若年層を採用する傾向をもたらすことになった。

2.2 日本的雇用の経済合理性が希薄化した要因

上述したように，企業特殊スキルを習得するための仕組みとして年功賃金は合理的な賃金体系であり，また長期雇用によって将来の高い賃金の支払いを確実なものにしていた。

しかしこの仕組みが十分に機能する前提として，企業特殊スキルを習得することで将来高い収益率が実現されることが必要である。もし訓練を実施してもそれに見合う高い生産性を発揮できなければ，訓練を実施する意味が失われる。そしてそれは，企業特殊スキルの習得に裏打ちされた年功賃金と長期雇用が経済合理性を失うことになる。また将来の不確実性も訓練コストが必要な正規雇用の採用を抑制させ，長期雇用と年功賃金を得られない者が増えることになる。本章で述べてきた日本的雇用慣行の変化は，こうした理由によって説明できる。

また訓練の収益率低下や将来の不確実性によって，手厚い訓練を実施して長期間にわたって雇用される正規雇用の採用数が絞られることになり，採用枠から外れた求職者が非正規雇用者になる。しかも企業が正規雇用の採用を増やしにくいので，一度非正規雇用になると正規雇用に転換されることや，解雇された正規雇用の再就職が困難になる。例えば太田（2010）ではこうした推論と整合的な実証分析が紹介されている。

なお訓練の収益率が低下する理由について言及したものとして宮川他（2013）がある。宮川他（2013）は，近年日本のTFP（全要素生産性）成長率が低迷したため，訓練の収益率が低下したとの見解を紹介している。産業別のTFPの変化を検証した先行研究もその中で紹介されており，製造業・非製造業でのTFP成長率が抑制されていることが述べられている[1]。ここまでいくつかの先行研究に基づき，日本的雇用の変化やそれと関連の深い非正規雇用増加が生じた背景を概観してきた。次節では，こうした傾向を強めるものとして近年指摘されている解雇規制について触れる。

---

[1] ただしTFP成長率低下による訓練の収益率低下で非正規雇用の増加を説明できるかについては，その中で異論も提起されている。

3. 雇用状況の変化と法制度

3.1 解雇規制の影響

ここまで先行研究に基づいて，将来の不確実性や訓練の収益率低下，経済構造の変化などが年功賃金・長期雇用の変化および非正規雇用の増加につながったことを述べた。さらに近年では非正規雇用の増加を促す要因の一つとして，解雇規制の影響が盛んに議論されている。そこで本節では，解雇規制の緩和に関する議論を整理しておきたい。

企業にとって採用段階での自由は広く認められており，どういった労働者を雇用するかは企業側の意向が実現しやすい。しかし解雇に関しては，企業側の自由は制限されている。それは正当な理由のない解雇を制限するためであり，労働契約法（16条）において触れられている。特に整理解雇については，「整理解雇の四要件」として，1. 人員削減の必要性，2. 解雇回避努力，3. 被解雇者選定の相当性，4. 労働者側との協議の相当性，が解雇紛争を判断する際の基準となっている。

しかしこうした解雇規制はすでに雇用されている労働者の雇用保障にはなりうるが，求職者にとってはむしろ就業機会を狭める懸念がある。例えば解雇回避努力としては，非正規雇用の解雇や新規採用の抑制などが挙げられているため，企業は既存の正規雇用を維持する一方で求職者の就業機会が減少する。また被解雇者の選定についても，非正規雇用の解雇のほうが妥当であると判断される。

さらに解雇紛争が生じて裁判になった場合，上記の四要件が満たされているか否かは，裁判官の判断によって左右されるために，どのような結論が下されるのか，企業側にとっても予見が困難である。しかも解雇紛争の内容は個々の案件によって企業側の事情が異なるために，裁判官がそうした個別の事情を十分に知ることができるのか，そして正確な情報に基づいて適切な判断を下せるのかという点についても疑問が残るため，やはり司法判断の予見可能性が低くなる。

こうした理由のために，結果的に解雇規制は過剰雇用や解雇無効を懸念す

る企業の採用行動を慎重にさせるため，正規雇用が増えにくく非正規雇用を用いることになる。また試用期間・中途採用に対しても適用されるため，非正規雇用から正規雇用への転換や中途採用が増えにくくなる（八代（2009），大内（2013））。

3.2 解雇規制緩和に関する議論

上記のような解雇規制がもたらす影響を小さくするために，近年は解雇規制を緩和して新規雇用が生まれやすくする環境を作るべきとの議論も多くなってきた。もちろんその一方で解雇規制緩和については慎重な立場をとる意見もある。ここでは解雇規制のメリットとデメリットを念頭に置きつつ，双方の立場に関して述べておきたい。

まず解雇規制のメリットについては，既存の労働者の雇用保障につながることが第一に挙げられよう。また中馬（1998）は解雇が簡単には行われないので，訓練投資が充実して生産性が高まる可能性を指摘している。つまり解雇規制は雇用保障と訓練投資を後押しする機能を有しており，日本的雇用の維持に寄与する面があると言えよう。

一方デメリットとしては，先述したように，新卒採用の抑制，非正規雇用から正規雇用への転換が進まない，解雇されにくいために勤労意欲が削がれる，といったことが指摘されている。いずれも適切な労働力の配分を妨げ，労働市場の効率性を損なうとともに，雇用格差や所得格差をもたらすと考えられており，こうした負の影響は大竹・奥平（2006）や奥平（2008）で検証されている。さらに奥平・滝澤・鶴（2009）は，整理解雇無効判決が相対的に多く蓄積されるときには，企業のTFP伸び率が低下することを見出した。また解雇規制の強化によって労働生産性の伸び率が減少することも明らかにしている。

先に解雇規制は正規雇用の就業機会減少によって，非正規雇用が増えやすくなることを指摘した。しかしそれだけではなく，TFP伸び率を低下させ，日本的雇用の変化をもたらすというルートを通じて，正規雇用の働き方にも影響を与える可能性がある。

このように解雇規制に対する経済学的観点からの評価は，分析モデルの設

定等の違いも反映しているが，必ずしも意見の一致を得ているものではない。それでもなお，現在の雇用環境の状態を勘案して対策を講じるならば，どのような方法が考えられるのか。次節では解雇規制も含め，日本的雇用の変化を踏まえた他の対応策を先行研究の知見を基に検討していきたい。

4．雇用状況改善のための対策

　前節までの議論では，長期雇用と年功賃金の変化，および非正規雇用の増加といった現象は景気変動以外に経済構造の変化という要因も重要だということが示された。したがって，今後景気が好転しても現状が大きく変化するとは限らない。また雇用者の3分の1が非正規雇用であるという現状を考えると，正規雇用が通常の働き方であるとして，非正規雇用の増加を食い止めるような対策をとることは困難であろう。したがって，正規雇用の増加や非正規雇用から正規雇用への転換を図りつつも，非正規雇用が存在することを前提として労働市場の在り方を考えねばならない。そこで以下では勤続年数の短期化が進んでいる正規雇用に対して必要となる対策について触れるとともに，非正規雇用を対象とした対策を検討する。

4.1　長期雇用と年功賃金の変化への対応

　長期雇用が変化して勤続年数が短期化すると，従来と比べて転職する労働者が増えることになる。転職が円滑に行われるならば，勤続年数の短期化が大きな影響をもたらすことはないが，日本の転職市場は欧米と比較すると十分に発達していないと言われている。その理由の一つには，長期雇用が広く普及しているならば，転職の必要がなかったことが挙げられるが，それに加えて長期雇用から外れた労働者は，社内の訓練や業務に適合することができない労働者だとみなされるために，企業側の採用意欲が低く，中途採用が少なくなりがちだったことが指摘されている。

　つまり長期雇用の普及が転職市場の発達を妨げてより良い転職・中途採用の増加につながりにくくなる。さらに他の原因にも言及すれば，転職者に関する情報の非対称性が中途採用を難しくすることも注目すべきである。こ

うした点に関する研究として，黒澤（2002）は中途採用者の転職満足度を規定する要因に，会社からの誘いや以前の勤務先の取引先を介することを挙げている。また大橋・中村（2002）は前職の在職中から職探しをすることでマッチングの質が改善することを示している。

　これらの研究は，情報の非対称性を緩和することで転職・中途採用を増やすと共にその質を高めることができることを示唆する。ではいかにして転職希望者の職業能力を伝達し，転職市場の拡大・活性化を図るべきだろうか。現在すでに実施されている方法としてジョブカードによる職業能力と職業履歴の客観的評価が参考になる。現にジョブカードは職歴が短い者と長い者に特化した2種類のものがあり，求職者の特徴に応じたアピールが可能になっている。

　情報の非対称性を緩和する別の方法として，非自発的離職の場合は，前職の企業によって労働者の職業能力を証明する仕組みを取り入れることも一考に値しよう。実際に当該求職者を雇用していた企業からの情報は精度が高いことが期待される。

　次に年功賃金の変化について検討する。これも経済構造の変化に起因するものである以上，すべての企業が維持することは困難である。なおかつ高年齢者雇用安定法によって，何らかの形で65歳まで雇用を維持することが求められるようになった（定年年齢を65歳まで延長，定年制の廃止，定年後の継続雇用措置）。雇用関係を定年時にいったん解消し，定年退職時点よりも低い賃金・簡単な業務で新たな雇用関係を結ぶ継続雇用ならば，企業のコスト負担は軽減される。しかし定年延長や廃止で対応するならば，賃金プロファイルをフラットにしないと生産性を上回る賃金コストを長期間支払うことになり，新卒採用・中途採用が縮小する恐れがある。

　今後，訓練実施によって大幅な生産性の向上が見込めないならば年功賃金の見直しは不可避であり，そのことを前提にして賃金制度を設計する必要があるだろう。つまり雇用の確保・定年延長と年功賃金がトレードオフの関係になるのだが，労働者がリスク回避的であるという前提の下では賃金制度の再設計も十分に受け入れられる余地はあろう。

4.2 非正規雇用増加への対応

　日本的雇用の変化は非正規雇用の増加と関連している以上，その増加傾向を前提とした対応が必要である。ここではまず解雇規制の見直しについて触れるが，勤続年数の短期化が進む正規雇用と共通する課題として，中途採用の増加とマッチング機能の改善にも再度触れる。また正規雇用の増加・正規雇用への転換制度についても，限定正社員制度との関連を念頭に置きつつ述べることにする。さらに社会保障制度の面からも非正規雇用を支える必要があることに言及する。

　既に述べたように解雇規制の問題は，企業が正規雇用の採用を抑制することにある。つまり解雇規制に関する議論は，正規雇用の代わりに用いられる非正規雇用の増加に対して，いかなる対応をとるかを考えることを意味する。

　まず解雇規制緩和を前提とする場合に必要なことは，失職期間が出来るだけ短くなるような手段を講じることである。そうしなければ，現在解雇規制で保護されている正規雇用からの支持を得ることはできない。そのためにはやはり労働市場のマッチング機能を向上させるべきであり，求職者と企業間での情報の非対称性を緩和することが求められる。またマッチング機能向上の他にとるべき対策は，正規雇用への転換制度の普及，非正規も含めた雇用保険の適用拡大である。

　マッチング機能を向上させる方法については前節でも触れたが，特に若年層を念頭に置いたものとして太田（2010）は，ジョブカフェを取り上げている。ジョブカフェに相当する仕組みの構築（求人に関する情報提供，職業訓練，職業紹介，就職後のケアなど）は，若年層のみならず働き盛りの30～50歳代の正規雇用にとっても有益である。したがって公的職業紹介機関の機能充実が不可欠である。その際に，若者や中高年など個々の求職者の特性に基づき支援内容をきめ細かく作り上げることが肝要である。

　情報の非対称性を緩和してマッチング機能を高めるためには，公的機関だけに頼るわけにはいかないだろう。求人側・求職側双方が自らの取り組みによって必要な情報を共有することが望ましい。例えば現在でもトライアル雇用によって非正規雇用の仕事能力を企業が把握したうえで正社員採用につな

げていく手段があるが，今後も継続・拡大させることが求められる。また大企業と異なり中小企業は，求人内容を効果的に伝達できていないとの懸念もある。良質の雇用を創出している中小企業の求人活動を商工会議所などがサポートすることで採用コストの軽減と情報発信強化をより一層進めるべきである。

　ただここで注意すべきは求人側・求職側の双方が情報を共有する場合，良い情報のみに限定すべきではない点である。堀田（2009）はRJP（Realistic Job Preview）という概念を紹介している。これは組織や仕事の実態について良い面だけでなく，悪い面も含めて情報を提供することである。その効果として堀田（2009）は先行研究に基づいて，1. ワクチン効果（企業や仕事への過剰な期待を緩和し入社後の失望を和らげることで離職を減らす），2. スクリーニング効果（十分な情報を基に自己選択して入社を決断する），3. コミットメント効果（組織の誠実さを示すことで企業への帰属意識を高める），4. 役割明確化効果（入社後の役割期待を明確にすることで新しい仕事への対応を効率化する），を挙げているが，これらはいずれも仕事満足度の改善や定着率向上につながると考えられている。

　RJPの考え方に基づく採用方法は不況期では機能しにくいが，中途採用には効果的との研究も紹介されており，いったん正規雇用から離れた求職者にとってメリットのある採用方針と言えよう。実際，トライアル雇用や紹介予定派遣はRJPに基づく採用方法として位置づけられており，より一層の普及が期待される。

　次に正社員転換制度について言及する。原（2009）が述べているように，正社員転換制度もまた，求職者と求人側の間の情報の非対称性を緩和する手段と捉えることができる。解雇規制などによって正社員採用を増やしにくい企業にとっては，まずは非正規雇用として採用することで十分時間をかけて生産性や適合性を観察することができる。その結果，非正規雇用の中から正社員にしたいと考える労働者を少ないリスクで選択できる。非正規雇用として働く労働者としても，すぐに正社員にはなれなくとも，新卒採用や中途採用以外の方法で正規雇用になる機会が増えるメリットがある。

　また非正規雇用から正規雇用へと就業形態が変化する者も一定程度存在す

表1 現職・前職別の転職就業者の割合（2012年，男性）

		前職の雇用形態			
		パート	アルバイト	労働者派遣事業所の派遣社員	契約社員
現職の雇用形態	正規の職員・従業員	28.3%	36.9%	40.7%	43.0%
	非正規就業者	71.8%	63.1%	59.3%	57.0%
	パート	43.9%	3.9%	6.2%	6.5%
	アルバイト	13.4%	45.6%	9.6%	9.0%
	労働者派遣事業所の派遣社員	3.9%	4.0%	26.8%	6.5%
	契約社員	6.6%	7.3%	14.0%	29.4%
	嘱託	2.2%	0.7%	1.2%	2.4%
	その他	1.8%	1.6%	1.4%	3.2%

(出所) 総務省「就業構造基本調査」

る。例えば表1によると，前職が非正規雇用で正規雇用になった男性労働者は2012年では，前職パートで5万人（前職パートの28％），前職派遣社員で11万人（前職派遣社員の40％），前職契約社員で16.8万人（前職契約社員の43％）である。前職パートでは，同じ雇用形態にとどまる者のほうが多いが，雇用形態間の移動が必ずしも少ないとは言えない。正社員転換制度の普及によってこうした労働移動をさらに活発化させることが望まれる。

ただし正社員転換制度が機能するためには，非正規雇用労働者が一定程度長期間，当該企業で勤務し，企業がその能力を正確に把握する必要がある。そのためには橘木・高畑（2012）が先行研究を踏まえて言及しているように，非正規雇用に対する雇用管理施策の見直しや修正を行って定着性を高める必要もあろう。特に生産性に応じた賃金の支給や能力開発の機会を増やすことは，定着性を改善し，公平性を確保する上で不可欠である。また現在は正社員になるまでの試用期間も解雇規制の対象となるので，試用期間中は規制対象外とすることも検討されるべきだろう。

正社員転換制度の重要な特徴は，いきなり正社員採用を増やすのではなくまずは非正規雇用として働く者が多くいることを前提とした上で，正社員になるための窓口を増やす点にある。先に述べたように，企業側には採用リス

表2 雇用期間の定め・勤続年数別雇用者数（2012年，短時間労働者，正社員・正職員以外）

	20〜59歳		
	勤続年数計 （10人）	勤続5年以上 （10人）	勤続年数5年以上の 割合
雇用期間の定めなし	139,533	58,788	42.1%
雇用期間の定めあり	262,982	114,847	43.7%
計	402,515	173,635	43.1%
	20〜49歳		
	勤続年数計 （10人）	勤続5年以上 （10人）	勤続年数5年以上の 割合
雇用期間の定めなし	99,109	33,509	33.8%
雇用期間の定めあり	183,349	63,814	34.8%
計	282,458	97,323	34.5%

（出所）厚生労働省「賃金構造基本統計調査」

クの軽減になり，求職者にとっては正社員への入り口が増えるというメリットがある。こうした観点から見ると，勤務地限定正社員制度の導入も類似の効果を持つと考えられる。実際，解雇規制との関連では，勤務地限定であるために配置転換などの解雇回避努力を求められないので，正社員として採用しやすくなる。

また正規雇用以外でも勤続期間の長い労働者も存在する。表2によると，正規雇用以外の雇用形態で雇用期間の定めがない労働者（20〜59歳）のうち42.1%が5年以上の勤続年数を有している。20〜49歳までの年齢層に限っても33.8%という値であり，勤続年数の長い非正規雇用の存在は決して珍しくはない。

そうした現状は長期間当該企業で働けるが，経営上の理由によって現地の事業所がなくなる場合は仕事を失うという点で，勤務地限定正社員制度に近い働き方が広まっているとも言える。また先述したように，必ずしも非正規雇用から正規雇用への転職ができないわけではない。したがって勤務地限定正社員制度が普及し，なおかつ事業所撤退による解雇が法的に有効であると認められる素地ができれば，不本意ながら短期間しか働けない不安定な非正

規雇用に甘んじるというケースを回避できる．さらに言えば，解雇規制の緩和に反対ならば，求職者が正規雇用ではなく，非正規雇用のまま閉じ込められる状態を避けるためにも正社員転換制度や勤務地限定正社員制度の拡大が必要である．

最後に非正規雇用への対策として雇用保険の適用拡大について触れておく．従来，非正規雇用の雇用保険加入はあまり重視されてこなかった．しかし2009年の雇用保険制度改正によって，「6ヶ月以上の雇用が見込まれる」場合にも加入資格が与えられて非正規雇用も加入しやすくなった．さらに翌年からはその期間が31日以上に短縮化された．しかし今後は正規雇用・非正規雇用双方に共通する課題として，給付期間と給付額の充実が課題となる．これらは当面の生活水準を維持するだけではなく，十分な時間をかけて納得のいく求職活動を行うためにも有益である．不本意な転職は仕事や職場に対する満足度を低くして離職につながるので，こうした事態を避けるためにも必要な措置である．また非正規雇用が多く存在する以上，当然着手すべきものである．

結　語

本章では日本的雇用の変化とその背景を紹介し，そうした現状を踏まえて今後どのような対策が必要か先行研究をサーベイすることで論じてきた．既に雇用者の3分の1が非正規雇用として働いているのであれば，正規雇用への転換を後押ししつつも，一定期間・一定数の非正規雇用が存在することを踏まえた対策が必要である．本章で触れたいくつかの方法は，大多数の人が長期雇用で働くことを前提とせず，労働市場の流動化が進展することを念頭に置いたものである．

今後どの程度雇用の流動化が進むかは，景気動向や経済構造の変化によって左右され，不確実な部分も多い．しかし失職時のセーフティーネットを拡充させながら，失業状態から速やかに就業状態へと移動し，なおかつ安定した雇用を手にするための間口を広げることは基本的な方向性として継続されるべきだろう．

参考文献

Kawaguchi, D. and Y. Ueno (2013), "Declining Long-Term Employment in Japan", *Journal of the Japanese and International Economics*, vol.28, pp.19-26.

浅野博勝・伊藤高弘・川口大司 (2011)「非正規雇用者はなぜ増えたか」, 鶴光太郎・樋口美雄・水町勇一郎編著『非正規雇用改革』, pp.63-91, 日本評論社。

阿部正浩 (2010)「非正規雇用増加の背景とその政策対応」, 樋口美雄編『バブル／デフレ期の日本経済と経済政策6 労働市場と所得分配』, pp.439-468, 慶應義塾大学出版会。

大内伸哉 (2013)「解雇規制の論点（上）」, 日本経済新聞2013年4月9日, 26面。

太田聰一 (2010)『若年者就業の経済学』, 日本経済新聞出版社。

太田聰一 (2013)「経済学的アプローチによる若年雇用研究の論点」, 樋口美雄・財務省財務総合政策研究所編著『若年者の雇用問題を考える―就職支援・政策対応はどうあるべきか』, pp.33-57, 日本経済評論社。

大竹文雄・奥平寛子 (2006)「解雇規制は雇用機会を減らし格差を拡大させる」, 福井秀夫・大竹文雄編著『脱格差社会と雇用法制』, 日本評論社。

大橋勇雄・中村二朗 (2002)「転職のメカニズムとその効果」, 玄田有史・中村喜文編『リストラと転職のメカニズム』, pp.145-173, 東洋経済新報社。

奥平寛子 (2008)「整理解雇判決が労働市場に与える影響」,『日本労働研究雑誌』572号, pp.75-92.

奥平寛子・滝澤美帆・鶴光太郎 (2009)「雇用保護は生産性を下げるのか」, 鶴光太郎・樋口美雄・水町勇一郎編著『労働市場制度改革』, pp.153-177, 日本評論社。

黒澤昌子 (2002)「中途採用市場のマッチング―満足度，賃金，訓練，生産性」,『日本労働研究雑誌』499号, pp.71-85.

橘木俊詔・高畑雄嗣 (2012)「入職・転職経路に対する課題と有効な施策は何か」,『働くための社会制度』, pp.149-170, 東京大学出版会。

中馬宏之 (1998)「「解雇権濫用法理」の経済分析―雇用契約論の立場から」, 三輪芳明・神田秀樹・柳川範之編著『会社法の経済学』, pp.425-451, 東京大学出版会。

濱秋純哉・堀雅博・前田佐恵子・村田啓子 (2011)「低成長と日本的雇用慣行―年功賃金と終身雇用の補完性を巡って」,『日本労働研究雑誌』611号, pp.26-37.

原ひろみ (2005)「新規学卒労働市場の現状―企業の採用行動から」,『日本労働研究雑

誌』542 号，pp.4-17.

原ひろみ（2009）「非正社員から正社員への転換―正社員登用制度の実態と機能」,『人事マネジメント』,pp.246-272, ミネルヴァ書房。

堀田聰子（2009）「ミスマッチを軽減する採用のあり方―RJP を手がかりにして」,『人事マネジメント』, pp.103-132, ミネルヴァ書房。

宮川努・深尾京司・岩本康志・川口大司（2013）「日本経済の構造問題：生産性，高齢化，労働市場 パネル討論 I」, 小川一夫・神取道宏・塩路悦朗・芹澤成弘編『現代経済学の潮流 2013』, 東洋経済新報社。

八代尚宏（2009）『労働市場改革の経済学』, 東洋経済新報社。

欧州金融危機の一視角

—— 米国金融危機の波及の視点から ——

木下　悦二

はじめに

　筆者は欧州経済問題の研究から久しく離れていたので，本章では米国の金融危機がいかに欧州に波及していったか，あるいはそれとは無関係であったのかに視点を絞って捉えてみることとする。そのことが欧州危機そのものに直接切り込むのとは多少違った展望を与えてくれるのではないかと考えるからである。そうした発想を抱いたのは米国の今次金融危機に欧州銀行があまりにも深く関わっていた事実に気づかせられたからである。

1．欧州銀行と米国金融危機

　米国では金融危機に際して大きな役割を果たしたのは財務省と連銀である。財務省が主体となった救済策は 7,000 億ドルに及ぶ不良資産救済プログラム（TARP）で米国金融機関と GM の救済に当てられた。これに対して連銀の役割は窮迫した金融市場への資金供給だったのだが，その多くは制度的に連銀の監督下にない「陰の銀行組織」に振り向けられた。表 1 は連銀が行った緊急資金供給計画の実施実績を調査した GAO（米国会計検査院）報告書による総括表である。

　この表で具体的に銀行名を掲げた 22 行の内 10 行は欧州系銀行であること

表1 連銀の救済計画に基づく支出額（2007年12月1日～2010年7月21日）

単位：10億ドル

Dollar in billions Boorrowing Parent Company	TAF	PDCF	TSLF	CPFF	Subtotal	AMLF	TALF	Total loans
Citigroup Inc.	$110	$2,020	$348	$33	$2,511	$1	-	$2,513
Morgan Stanley	-	1,913	115	4	2,032	-	9	2,041
Merill Lynch & Co.	0	1,775	166	8	1,949	-	-	1,949
Bank of America Corporation	280	947	101	15	1,342	2	-	1,344
Barclays PLC (United Kingdom)	232	410	187	39	868	-	-	868
Bear Steams Companies, inc.	-	851	2	-	853	-	-	853
Goldman Sachs Group Inc.	-	589	225	0	814	-	-	814
Royal Bank of Scotland Group PLC (United Kingdom)	212	-	291	39	541	-	-	541
Deutsche Bank AG (Germany)	77	1	277	-	354	-	-	354
UBS AG (Switzerland)	56	35	122	75	287	-	-	287
JP Morgan Chase & Co.	99	112	68	-	279	111	-	391
Credit Suisse Group AG (Switzerland)	0	2	261	-	262	0	-	262
Lehman Brothers Holdings Inc.	-	83	99	-	183	-	-	183
Bank of Scotland PLC (United Kingdom)	181	-	-	-	181	-	-	181
BNP Paribas SA (France)	64	66	41	3	175	-	-	175
Wells Fargo & Co.	159	-	-	-	159	-	-	159
Dexia SA (Belgium)	105	-	-	53	159	-	-	159
Wachovia Corporation	142	-	-	-	142	-	-	142
Dresdner Bank AG (Germany)	123	0	1	10	135	-	-	135
Societe Generale SA (France)	124	-	-	-	124	-	-	124
All other borrowers	1,854	146	14	460	2,475	103	62	2,639
Total	$3,818	$8,951	$2,319	$738	$15,826	$217	$71	$16,115

(出所) GAO; FEDERAL RESERVE SYSTEM: Opportunities Exist to Strengthen Policies and Processes for Managing Emergency Assistance, July 2011

に注目して頂きたい。このことは有力欧州諸銀行が米国の「陰の銀行組織」に極めて深く関わっていて，今次の金融危機によって大きな打撃を受けていたことを示唆している。

その点をいっそうよく示しているのが次の二つの図である。これは同じ報告書によって連銀の一連の危機救済策から二つの措置を拾ったものである。TAF（ターム物入札ファシリティ）もCPFF（コマーシャル・ペーパー資金供給ファ

シリティ）も連銀が金融危機深化を阻止するために発動したプログラムである。TAFは2007年後半に不動産関連債権を抱えた商業銀行の信用不安の広がりで，銀行間貸出市場が突然損なわれたことで，同年末に連銀が割引窓口の条件を緩和して一ヶ月以上長期資金の供給を拡大するために採った措置だが，その貸出額の65%は外国銀行関係でその大半は欧州銀行だった。一方，CPFFだが，これはリーマン・ショック後のCP市場の崩壊を阻止する救済プログラムであって，ここでも融資額の半分以上は欧州系銀行に振り向けられている。このTAFとCPFFは連銀が国内措置として採った救済措置の中で金額支出の多いプログラムであった。

CPFFは短期資金調達手段であるコマーシャル・ペーパー（ABCPを含む）を発行体から直接買取る措置である。「陰の銀行組織」の危機はそれへの資金供給源であったMMF（投資信託）からリーマン危機後大量の資金流出が起こったためである。そこで連銀は「陰の銀行組織」を救済するために一連の対策を打ち出したのだったが，その中でCPFFが欧州銀行の救済にとって重要だったのは，欧州銀行は米国内での預金獲得活動に制約があるため，ドル不足問題があったからである。欧州銀行はドル資金源としてMMFとのレポ取引を利用していたが，それには資産担保コマーシャル・ペーパーの価値安定が不可欠だった。

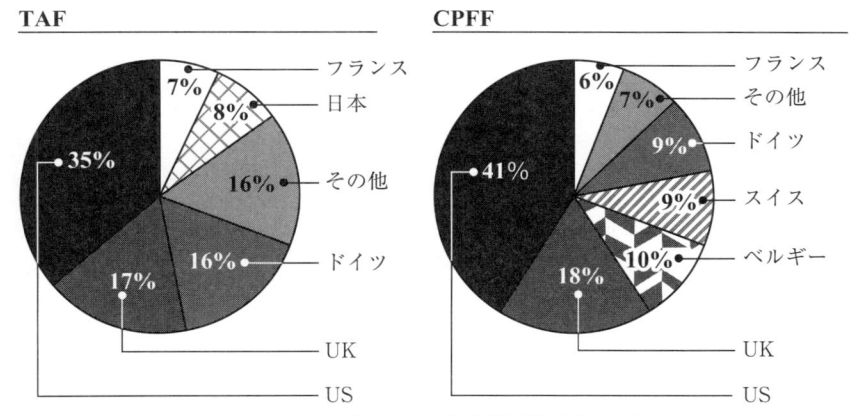

図1 TAF及びCPFFの親会社国籍別総取引額

以上の指摘で明らかなように欧州銀行は今次危機の元凶だった米国でのサブプライム証券取引に極めて深く関わっていた。それだけに，金融危機によって欧州大銀行自身が大きな損失を抱えたばかりでなく，彼らの手を経て欧州に多く持ち込まれたサブプライム関連証券は1.25兆ドルを上回ったというから，それを買って抱えていた非進出銀行や欧州のMMFなどにも大きな損害を及ぼした。その最大の被害者はドイツの中堅銀行であるIKBドイツ工業銀行だった。240億ドルを超えるサブプライム関連証券を抱えて破綻している。

2．欧州における金融危機展開の三類型

　米国発金融危機の欧州波及の視点を踏まえて欧州危機の展開を欧州の三地域に分けて，それぞれの展開を類型化して捉えてみよう。

A．英国，アイスランド，アイルランドについて

　三国とEUの関係は三様である。英国はEUに参加しているがユーロ圏に参加していない。アイスランドはEUにも加盟しないが「欧州経済地域」(EEA) に加入して欧州共同市場へのアクセスと商品，人，サービス，資本の四つの移動自由を適用されている。アイルランドはユーロ圏に参加している。言うまでもなく英はポンド，アイスランドはクローナの独自通貨を維持している。この三様の条件の下で三国はそれぞれが三様の"home made"のブームと破綻を引き起こしていた。

　a) 英国はややスケールに劣る米国型住宅ブームと破綻だったとみてよい（図2）。それには米国の投資銀行子会社も荷担していた。勿論英国の繁栄は世界金融センターを抱えた好調によっていた。それだけに反動も大きかった。米国の危機とはかかわりない住宅ブームの果てに，ノーザン・ロック銀行は預金取付に陥り，英国政府は一時的に国有化して救済した。

　b) 人口30万余の北海の島国アイスランドでは，1980年代から銀行の民営化を推進したが監督規制が怠られていた。1994年アイスランドが欧州経済地域（EEA）に参加したことで，銀行は欧州の金融市場で低利の資金借入

図2 英国における住宅価格動向

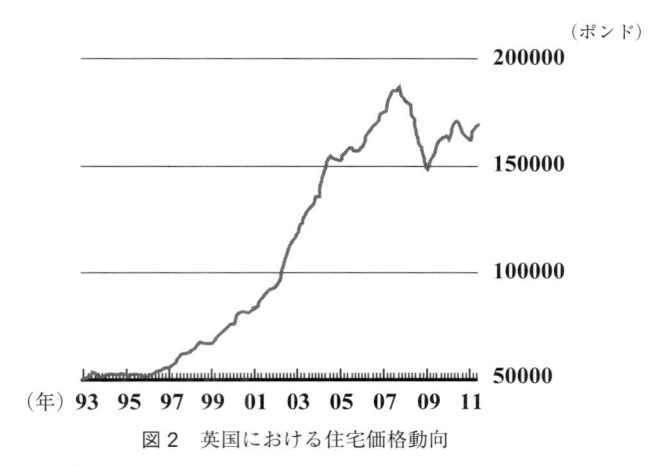

(出所) Jesse Colombo; The Post-2009 Northern & Western European Housing Bubble

が可能になり，急速に肥大化するようになった。資本流入が経済成長を刺激し，資産価格の高騰を予想した企業や個人への貸出が拡大し，2003年から2007年にかけて銀行は急成長を遂げた。その結果，三大銀行のバランス・シートが2004年にはほぼ国のGDPに等しかったが，2007年には9倍に達するまでになった。彼らの国際的事業活動に比較して国内の預金ベースがあまりに小さいため，ヘッジファンドなどの空売り騒ぎが起こった（2006年のガイザー危機）。これに対し反撃して危機を収束させたが，危機収束後アイスランドの三銀行は預金拡充の必要を痛感させられた。ランズパンキ銀行はIcesaveと名付けた6％を超える高金利の個人向けインターネット預金を創設し，英国では2006年から2008年までに30万人から40億ポンドの預金を獲得し，オランダでも2008年に開設して12.5万人から17億ユーロ超の預金を獲得した。

　こうしてアイスランドの銀行全体の債務は2008年にはGDPの10倍に達していたが，その大半は外貨建てのため預金保証能力が問われることとなった。加えて世界危機で通貨のクローナが暴落し，銀行は破綻した。そこでアイスランド政府は破綻銀行を国有化し，国内操業部分のみを新銀行に移した。その上で住宅ローンの軽減措置や外貨建てローンを違法として債務者の

表2 米国対外直接投資の累計額推移（単位100万ドル）

	総額	欧州 (A)	アイルランド (B)	B/A
1950-1959	20,363	3,997	10	0.3%
1960-1969	40,634	16,220	127	0.8%
1970-1979	122,721	57,937	1,846	3.2%
1980-1989	171,880	94,743	5,736	6.1%
1990-1999	869,489	465,336	21,370	4.6%
2000-2009	2,050,792	1,147,717	121,052	10.5%
2010-2011	712,741	377,493	55,674	14.7%

（出所）Joseph P. Quinlan; The lrish-US Economic Relationship 2012

負担軽減を図った。アイスランド国外の預金口座は放置したので、英国とオランダ両国政府はそれぞれの国内預金保険金を負担し、アイスランド政府にそれを返済するよう求めたが、拒否された。これに対して、英国は「反テロリスト法」を適用してアイスランドの銀行資金凍結の措置を執った。

c）アイルランドではユーロ圏に参加したことに加えて、英語国であることと、法人所得税率が12.5％と低いことで、米国企業の欧州進出拠点となった。さらにアイルランドでは世界各地に大量の移民を出しているが、4千万人は米国在住という。それが労働力需要増減の調整の役割を果たした。加えてアイルランド側の積極的誘致策も働いて、米国の様々な高技術産業による欧州進出の拠点となった。表2は米国企業の欧州向け直接投資に占めるアイルランドへのシェア拡大状況を示している。

図3はアイルランドが欧州15ヶ国平均一人当たりGDPの70％にも届かず、富裕な北西欧州の中で最も貧しい国とされていたのが、20世紀末には著しい高成長を遂げた姿を示している。2000年初頭には一人当たりGDPが25,500ドルと英独を上回るまでになり「ケルトの虎」と呼ばれた。

この繁栄で国内銀行主導の不動産ブームが生まれた。1996〜2006年のアイルランドの一人当たり可処分所得は年平均増加率9.1％となって、他の工業国を大きく上回った。それに移民の流入による人口増も加わって住宅需要の拡大を引き起こした。また消費増に伴う商業不動産需要も広がった。こう

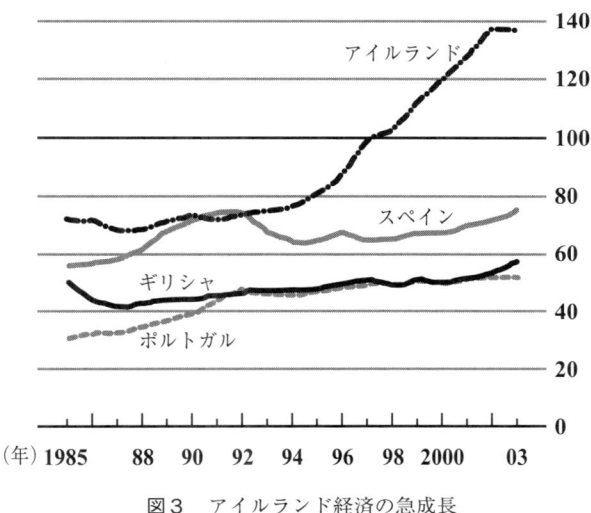

図3 アイルランド経済の急成長
EU15ヶ国一人当たりGDP平均(=100)に対する%

(出所) The luck of the Irish; The Economist, Oct 14th 2004

してアイルランドは二重経済を抱えることになる。米系外国企業はサービスおよび製造業の付加価値の50.6％を占める反面，異常とも言える住宅ブームで雇用の78.2％をアイルランド企業が占めるに至った。不動産関連融資には英国系銀行も加わったが，アイルランド系銀行の融資総額はGDPの3倍にも達した。ブームは2008年に破綻し，政府の行った銀行の債務保証額はGDPの2倍を超えた。当然財政は大きく赤字に転じた。2010年9月にはEUとIMFの救済融資に加えて，欧州金融安定基金からの借款と英国，デンマーク，スウェーデンからも資金を得ている。だがこの危機下で米国の直接投資はむしろ増え，輸出も回復の傾向を見せている。

B．中東欧の危機について

中東欧の範囲についてはここではCISとトルコを除いている。これらの地域はアルバニアを除けば，第二次大戦後ソ連圏諸国と旧ユーゴスラビアでいずれも社会主義経済圏に含まれていた。したがって中東欧はソ連崩壊後の

90年代の初めから社会体制変換に直面していた。しかも，この地域の特徴は社会主義計画経済から資本主義市場経済への移行と同時に，欧州連合との経済関係の強化，さらには加盟の方向を辿っているところにある。

　これらの諸国のEUとの関係は多様であるものの，中東欧経済の西欧諸国による包摂という側面から見れば，極めて明快な二つの過程が推進されてきた。一つはFDI，すなわち先進国，特に西欧企業の進出である。さしあたり銀行を除くと，企業進出には商業や建設もあるが，主力は言うまでもなく工業分野である。コメコン体制下で「社会主義国際分業」を展開していただけに，それぞれの国に一定の工業生産基盤が育っていた。西欧企業は国有企業の私有化に便乗してそれらを買収し，高技能労働力を低賃金で雇用できる利点を生かすことができた。地域内諸国間に不均等であるが，欧州規模での近代的な生産ネットワーク，ないしは国際サプライ・チェーンの構築が進み，労働生産性も増大し，東欧経済の改造が大きく進展した。それに伴い，各国の貿易依存度は拡大し，地域内分業も進んだ。

　社会制度転換を大きく推進した第二の側面は銀行制度の転換と外国銀行の支配である。社会主義下で銀行制度は計画経済に対応してすべて国有化されていた。これをまず中央銀行と国有商業銀行に分離し，さらに民営商業銀行活動が容認される。こうした制度改革が進展しても，銀行業務について経験の乏しい国内の民営銀行は外国銀行に対抗できず，中東欧のほとんどの国では外銀支配が確立する結果になった。先進国銀行が熟達した銀行業務を持ち込むことで銀行経営の近代化を推し進めると共に，企業や住民への貸出を拡大した。

　FDIと外国銀行の貸出を通じての資金流入によって，中東欧では信用の拡大に伴い，資産価格が上昇し，国内需要は大きく増大した。こうして中東欧は2000年と2007年の間に一人当たり実質GDP成長率が8.2%に達し，中国，インドを除くと，新興経済で最速とされている。それにより，EUの39.8%水準だった一人当たりGDPは48.9%水準にまでキャッチアップを遂げることが出来た。

　中東欧への米国金融危機の波及は，リーマン・ショックによって西欧の親銀行の資金繰り難に伴い，中東欧の子会社銀行から親銀行へと資金の流れに

逆転が生まれる。そのため債務の取立はもちろん，先立つ好況を背景に債務を拡大していた地元経済にとって借入の削減はそのまま厳しい不況に導かれる結果になった。つまり米国発金融危機の中東欧への波及は西欧金融市場経由の間接的波及であった。此処に中東欧の今次危機の特徴がある。

　こうした状況を前に，東欧に深入りしていたオーストリア政府と進出銀行が先ず動き，2009年1月にIMF，世銀，欧州復興開発銀行などの国際金融機関，EU理事会とECB，それに主要銀行，加えて関係銀行の本国と現地国の財政当局と監督機関が集まって協議し，ロシア，トルコを含む全中東欧を対象に「ウィーン・イニシアティブ」が打ち出された。内容は中東欧のマクロ経済的安定を維持するために，無秩序な資金引き上げを阻止するとともに，金融秩序の維持にむけて広汎な協調行動を取ろうというのであった。中東欧諸国の満期を迎えた対外債務の借換支援に加えて，銀行組織の支援と中東欧の実物経済への貸出について「国際金融機関共同行動計画」を打ち出し，2009～2010年に支援は332億ユーロに達した。危機に伴って経済情勢への不安の拡大，銀行への信頼の動揺が拡がっていただけに，こうした措置で中東欧は2008～2009年の危機を乗り切ることが出来た。さらに2011年には「ウィーン・イニシアティブ2」が打ち出され，無秩序なデレバレッジを避け，国際間に潜む金融安定課題を解決し，本国と現地国の共通利害のために最善の行動を取ろうとしている。

C．南欧の危機とユーロ圏

　南欧の危機は2009年10月にギリシャから始まった。選挙の結果，新たに登場した「全ギリシャ社会主義運動党」（PASOK）政権は前政権が財政赤字を過小報告していたと暴露したことに始まる。ユーロ圏では参加四条件として物価の安定，為替相場の安定，長期金利制御，年間財政赤字をGDP比3％以内に抑えることが義務づけられている。ところが前ギリシャ政府の下で財政赤字は2008年には7.7％，2009年には12.5％になっていた事実を隠蔽していたというのである。

　隠蔽があったにせよ，これほどの財政赤字を生み出せたのはユーロ圏に参加したお陰でドイツ並みの低利で国債を発行できるようになったからであっ

た。低利資金の大量借入で経済成長率が上昇し，インフレも沈静化し，失業率を大幅に引き下げることができた。そのため，2001～2008年をギリシャ経済の黄金時代と呼ぶ表現さえも見られる（Alogoskoufis, 2012）。とはいえ，観光と海運以外に有力な産業を持たないギリシャのこの繁栄は産業の国際

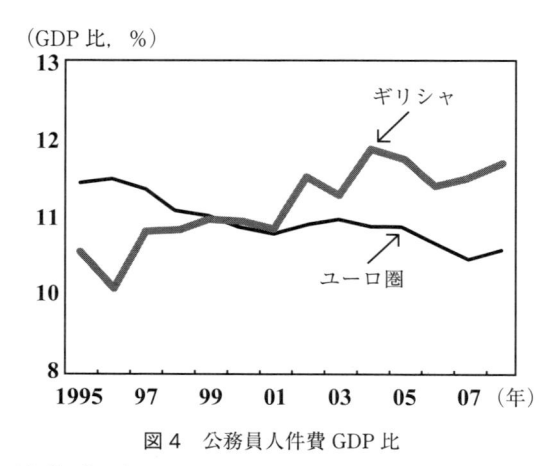

図4 公務員人件費GDP比
（出所）内閣府；世界経済の潮流，2010年I, 第1-4-40図（2）

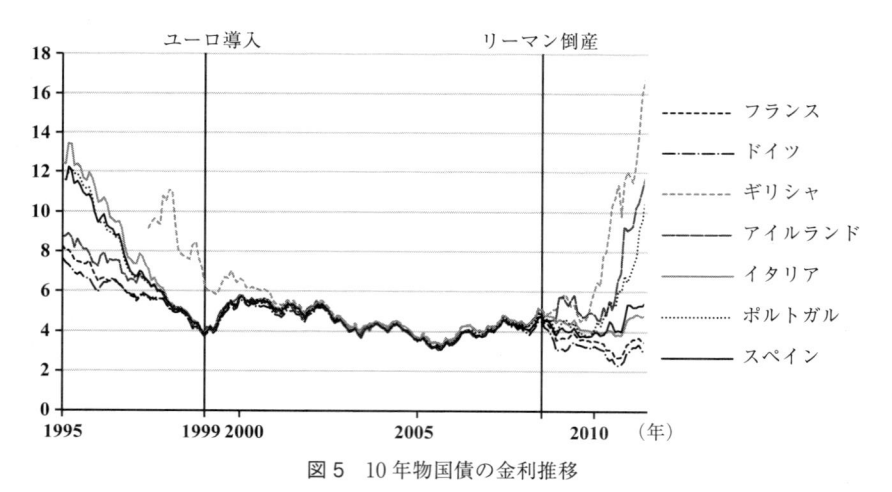

図5 10年物国債の金利推移

（出所）Jacob Goldstein (2012); The Crisis In Europe, Explained

競争力を通じて達成できた経済成長などではなく，借入金依存の財政支出拡大，とりわけ選挙の投票目当てに公務員の雇用を拡大したというのである（図4）。それだけに経済実態が明らかになるに伴って，外国資金が流出すると共に経済危機が深刻化していったのは当然の成り行きだった。

ギリシャ危機の表面化はギリシャのようにユーロ圏参加の制約条件を無視した経済運営を行っていたのではないものの，同じく低利の外資流入に大きく依存していたポルトガルやスペインにも危機は波及することになった。それは図5が物語っている。共通通貨ユーロの導入でこれらの国がドイツ並みの低利で国債の発行や借入が可能となった。当然民間銀行などへ大量の外国資金が流入するばかりでなく，外国銀行自体も大量進出した。それぞれの国が，この有利な条件の下で約10年にわたり経済運営することが可能となったのである。参加した周辺諸国はいずれもギリシャのような放漫な経済運営を行ったわけではないが，その間にそれぞれに繁栄を享受できた。

図5が示すように，ギリシャ危機の表面化で，外国銀行は一斉に資金の引き上げを行いギリシャ国債の暴落＝利回りの暴騰を引き起こす。同様に他の重債務国のポルトガルばかりでなく，均衡財政を維持しながらも低利資金によって住宅ブームに酔っていたスペインにも資本逃避が広がった。これら三国に流入していた外国資金量は図6のように1.2兆ユーロに達していた。や

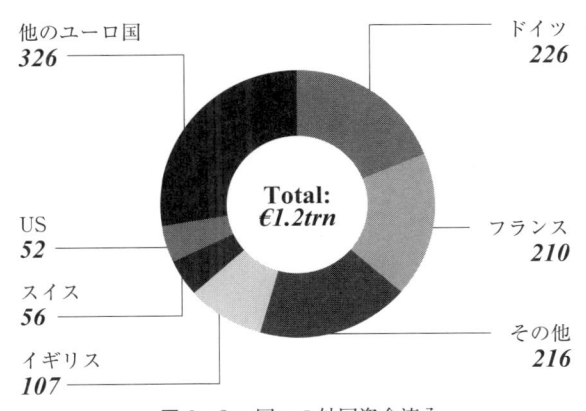

図6　3ヶ国への外国資金流入
（出所）Stinn in a spin, The Economist, Apr. 15th 2010

がて危機は欧州共同体のコアの一翼を担うイタリアにまで波及している。
　南欧金融危機の特徴はまさにユーロ圏の特質を反映している。米国の論客の中にはユーロ圏を離脱すれば為替切り下げで収支均衡を達成できるかのような議論をする向きもあったが，過大な外貨建て債務を抱えることに加えて，産業に強力な国際競争力を持たない南欧諸国の実情を踏まえていない。しかし，ユーロ圏に参加することで，これらの国が特殊な困難に陥ったのは事実である。国債や民間銀行に投入されていた巨額の外国資金が国外に逃避する場合，ユーロ圏外の国ならば逃避資金は為替市場で外貨に交換するため圏内通貨量は変わらない。ユーロ圏内の国ではそれが起こらないため，資金不足で直ちに金利の急上昇が起こる。南欧のこの窮状に対してEUはすぐには全面救済に動かなかった。
　危機に対して様々な救済措置が執られたものの，その拡大を抑えるまでには至らなかった。欧州危機の沈静化に決定的な役割を果たしたのは2011年末に欧州の中央銀行であるECBの総裁に就任したドラギだった。どの国の中央銀行も「最後の貸し手」の役割を果たしているのに，経済運営について加盟国の自己責任制を原則（田中，2014a）としていたEMSでは，ECBにはその役割を与えられていなかった。しかし，ドラギ総裁は就任と共に政策金利を引き下げて金融緩和に取り組み，大量の低利資金の供給を行った。さらに2012年7月にはECBはユーロを守るために「なんでも行う用意がある」との発言を行ったことで，ひとまず金融市場を沈静化させるのに成功した。つまり，南欧の危機によって明らかとなったのは，ユーロ圏では通貨を統一したけれども，財政の統一までは進んでいないことに加えて，中央銀行であるECBに最後の貸し手の役割を果たさせない制約が課せられていたことで，積極的な危機対策を打ち出せなくしていた事実である。それが欧州危機を深刻にし，大量の失業者を抱える結果になった。ドラギ総裁は危機救済のためにECBに制度的に許されていない「最後の貸し手」の役割を事実上実行したのである（田中，2014b）。

3. 危機対策と欧州統合

ドラギ総裁の発言を裏付ける手段として Outright Monetary Transaction と呼ばれるユーロ圏危機国の国債（残存期限3年以内の短期もの）の無制限購入システムの採用を決めた。こうして彼は事実上「最後の貸し手」の役割を行い1兆ユーロの資金を供給することで危機沈静化の役割を果たした。

また欧州金融安定ファシリティ（EFSF）と欧州金融安定化機構（FESM）に依って危機対応を行ってきたのだが，2013年6月には欧州安定機構（ESM）がこれの発足のために EU 基礎条約に一部改正を行って創設されている。ESM では加盟国蔵相による理事会が管理責任を負い，その任命する取締役会が運営に当たり，80％以上の多数決で加盟国の国債購入を行う。ESM は域内で IMF の役割を果たすものとされている。つまり，危機対応の緊急対策からこうした金融支援制度化を進めてきているのだが，一歩進めて2012

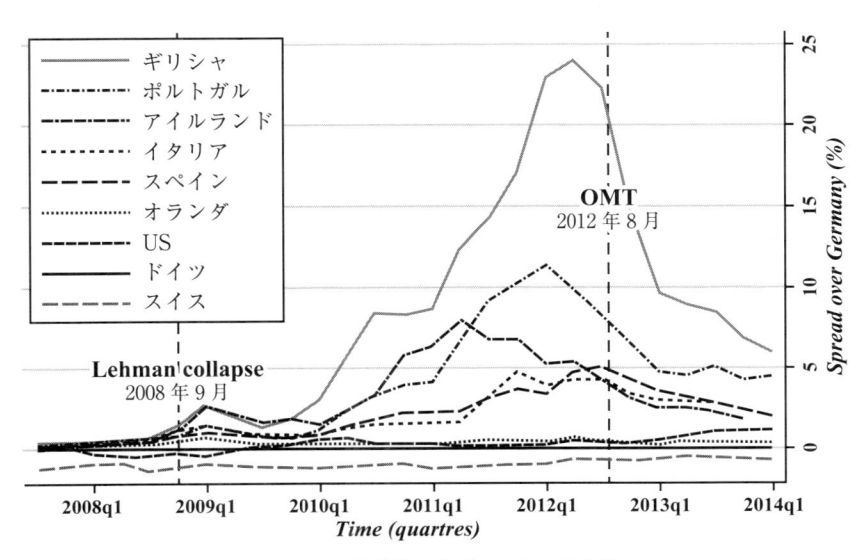

図7　OMT 前後の金利スプレッド比較

（出所）Barcelona GSE（2014）; ECB Outright Monetary Transactions–Master Projects 2014

年6月に銀行同盟の創設に取り組むことになった。

　一国の中央銀行は銀行に対してその活動の規制監督を行い，銀行危機時には最後の貸し手として救済の役割と共に，預金保証機能を果たしている。欧州経済通貨同盟では金融機関に域内活動の自由を認めながら，その活動規制と保障は加盟国に委ねられていた。金融危機の渦中でのIMFの「ドラリジエール報告」の勧告によって2010年に「欧州金融管理組織」（ESFS）を採用し，ロンドンに「欧州銀行局」（EBA）を，パリに「欧州証券市場局」（ESMA）を，さらにフランクフルトに「欧州保険年金局」（EIOPA）を設置していた。その後，ECBを中心にした金融危機との取り組みの中で，統一的な規制機構を創って金融統合の新しい段階に進むこととなった。銀行同盟の創設である。

　曲折を経て，2014年の初めには銀行同盟の枠組みの合意に至っている。銀行同盟はEU次元での統一的銀行管理運営を目指しているのだから規制監督，最後の頼り所，預金保証の三本柱によって成り立つはずである。第一の柱については既に「単一監督メカニズム」（SSM）が2012年末に合意が成り立っていて，ユーロ圏の6,000行に及ぶ銀行の中で，重要銀行に絞って直接監督することになり，約130行が対象とされている。問題は第二の柱の「単一破綻処理メカニズム」（SRM）についてであって，破綻処理の規模を少なくするために，救済（bail out）に先だって債権者や株主による負担が求められている（bail in）。破綻処理ファンドについては銀行への賦課金を集めて8年間に550億ユーロを積み立てるとしている。第三の柱である「単一預金保証システム」は認められていない。このように「欧州銀行同盟」は制度としての枠は認められたが，内容は整っていない。

　確かに銀行同盟完成への阻止的な役割を果たしている主役はドイツである。ドイツは現在欧州最強の経済力を誇っているばかりでなく，これまでの欧州統合によって最も大きな利益を手に入れたのもドイツであろう。ドイツ国民が他の加盟国の危機救済を金銭的に押しつけられるのを忌避しているのは事実だが，それよりも基本的にドイツは放漫な経済運営が危機の原因であるとして一貫して加盟国に厳しい引き締めと改革を迫っている。そうした強い姿勢を，これまでの加盟国の危機救済のあらゆる面に貫いてきたが，特徴

的なのは銀行同盟の破綻救済メカニズムにおいてベイルインを要求するようになった経緯の中に如実に現れていると言えよう。

　ベイルインには既に先例がある。キプロスに対してである。キプロスは観光依存の経済だが，主としてロシア人の観光と不正資金の逃避先となっていて，キプロスの銀行規模はGDPの8倍にも達していたという。2012年からの経済の悪化で2013年3月には銀行危機に陥り，EUとIMFからの100億ユーロの救済の条件として投資家，株主，および預金者にベイルインが求められた。キプロス政府は二大銀行への合計預金が10万ユーロ以上の預金者に対し，銀行株式への交換と預金封鎖の手段を採用した。ロシアとの関係の深かったキプロスとは事情が異なるけれども，銀行同盟の破綻救済メカニズムにベイルインの条件を加えることで，被救済国に厳しい負担を強いることになろう。ベイルインの採用は預金者の銀行への信頼の喪失に繋がるとの指摘も無視できない。

　ここまで見てきたことから言って，危機を経て欧州統合をいかに不十分とはいえ一歩進める諸措置を実行に移したことは間違いなかろう。確かに財政同盟が実現しない限り基本問題は解消しないのは言うまでもないが，米国などの論客達が危機の渦中で予測したように欧州統合が破綻するのではなく，むしろEUは危機を通じて統合の推進に向かって僅かながらも踏み出したのだった。発足以来の経過を振り返って，筆者は危機に直面して曲折を経ながら進むのが欧州統合スタイルだとみている。

4．欧州不況について一言

　2014年第二四半期にユーロ圏経済の30％を占めるドイツの成長率がマイナス0.2％に落ち込んだ。そのことが改めてユーロ圏経済の状況そのものに注目を集める契機となっている。2012年の危機の二番底を乗り越えたかに見えたユーロ経済が長期低迷の状況にあることを明らかにしたのであった。危機勃発から既に6年を迎え，大恐慌後の「30年代」と対置する見方も散見する。しかも，ユーロ圏の失業率は2014年に入ってもなお11.4％と高く，とりわけギリシャやスペインでは25％を超えている。従って，内需拡大の

景気振興策が必要な状況であるにもかかわらず,銀行同盟形成の経過を見ても明らかなように,財政的振興策を採用できる状況にない。当面 ECB が主役となってバーナンキ流の措置で凌ぐことになりそうである (2014. 8. 31)。

[文献]

Alogoskoufis, G. (2012) "Greece's Sovereign Debt Crisis: Retrospect and Prospect", GreeSE Paper No. 54.

Beltran et al (2008) "Foreign Exposure to Asset-Backed Securities of U.S. Origin", FRB, International Finance Discussion Paper No. 939.

Buiter & Sibert (2008a) "The Icelandic banking crisis and what to do about it", CEPR Policy Insight No. 26.

―――― (2008b) "The collapse of Iceland's banks: the predictable end of a non-viable business model"

Constancio, V. (2010) "Catching-up strategies after the crisis", ECB.

De Haas, R. (2012) "Foreign Banks and the Vienna Initiative: Turning Sinners into saints?", IMF, WP/12/117.

GAO (2011) "FEDERAL RESERVE SYSTEM; Opportunities Exist to Strengthen Policies and Processes for Managing Emergency Assistance".

Gardo et al. (2010) "THE IMPACT OF THE GLOBAL ECONOMIC AND FINANCIAL CRISIS ON CENTRAL, EASTERN AND SOUTH-EASTERN EUROPE", ECB, OCCASIONAL PAPER SERIES No. 114.

Greenspan, A. (2008) "The Age of Turbulence:Adventures in a New World" (山岡洋一訳『波乱の時代』特別版, 日本経済新聞出版社, 2008 年)。

Harrington, C. (2011) "The Spanish Financial Crisis".

Jonsson, A. (2009) "Why Iceland？" (安喜博彦訳『アイスランドからの警鐘』新泉社, 2012 年)。

"Misjudging Risk：Causes of the Systemic Banking Crisis in Ireland", Report of the Commission of Investigation into the Banking Sector in Ireland, March 2011.

Quinlan, J. P. (2006) "Built to Last; The Irish-US Economic Relationship", American Chamber of Commerce Ireland.

Sanfey, P. (2010) "South-eastern Europe: lessons from the global economic crisis", European Bank for Reconstruction and Development.

Steiner, K. (2011) "Households' Exposure to Foreign Currency Loans in CESEE EU Member States and Croatia", Focus on European Economic Integration No. Q1/11.

Wolf, M. (2013) "The toxic legacy of the Greek crisis", Financial Times, June 18, 2013.

尾上久夫 (2014) 欧州の銀行システム改革と銀行同盟, 西南学院大学経済学論集, 第48巻第3・4号。

田中素香 (2014a) ユーロ危機と2つの金融資本主義, 経済学論纂 (中央大学), 第54巻第3・4号。

――(2014b) ユーロ危機への欧州中央銀行の対応, 商学論纂 (中央大学), 第55巻第3号。

日本の家事労働者における雇用関係の変化
―― 清水美知子の研究を中心に ――

江　虹

はじめに

　現代日本の家庭においては，主に主婦みずからが家事労働を担っているが，一部の有名人や事業主など富裕な階層，或いは主婦のいない家庭や病人・高齢者を抱えた家庭など何らかの事情がある場合などに家事労働者が雇われている。ただし，前者に雇われる者は家政婦，後者に雇われる者はホームヘルパーと一般に呼ばれ，両者には明らかな相違がある。
　一般的な家庭を対象に家事労働及び普通の介護の手伝いをする家政婦は，日本の労働基準法の適用外になっているが，老人福祉施設及び在宅介護に従事するホームヘルパーは，2000年から施行された介護保険制度による労働基準法上の正規労働者である。
　日本の家事労働者は，戦前の主従雇用関係から，日本政府及び有識者らの半世紀余りに払った努力によって，今日のホームヘルパーのような平等な雇用関係を築き上げた。本章では清水美知子の研究に基づき，日本家庭における「女中」，「派出婦」，「家政婦」，「ホームヘルパー」等家事労働者の雇用関係変化の研究についての分析を通して，その積極的な意義を見出したい。
　日本の家事労働者における雇用関係変遷史を研究する第一人者で知られる関西国際大学人文学部清水美知子教授は，「女中」，「派出婦」，「家政婦」，「ホームヘルパー」に関する多数の論文と著作を発表し，近代日本の「女性・

家庭・社会」をキーワードとする領域などの研究による成果で，平成 14 年と平成 16 年にそれぞれ村尾育英会第 19 回学術奨励賞，日本生活学会第 30 回今和次郎賞を受賞した。

1. 戦前期の「女中」

1900 年に創刊された『婦女新聞』の報道によれば[1]，第一次世界大戦までは，特に裕福でなくても，家事労働者である住み込みの女中を同居させる家庭は少なくなかった。特に都会の中間層の官僚，会社の管理職などの家庭に女中がいるのは珍しくなかった。

当時の都会の中間層家庭向け住宅の多くに女中部屋が設けられていたが，掃除や洗濯，炊事などに立ち働く女中の姿は，日常ありふれた光景だったという。『婦女新聞』では，女中たちにとって何よりつらかったのは，勤務時間に制限がないうえに一日中主人とひざをつき合わせていることであり，ある女中は「奥様は用事を捨て置いてぼんやりするの，居眠りするのっておっしゃいましたが（中略），昼は牛か馬かのように追い使われて，10 分の休息も与えられずに，夜は夜で雑巾さしや解きものなどをするのですもの，いくら眠るまいと思いましても昼間の疲れが私を捕らえます。実に奉公の身ほど辛いものはないと思います」と身の上を嘆いていると報道した[2]。

それらの女中の多くは当時の凶作に見舞われていた農村と漁村から来た未婚の娘で，生計を立てるため，都会での長時間労働に見合わない安い賃金を受取り，しかも雇主との封建的な主従関係に屈服しなければならなかった。

1909 年 12 月 10 日の『婦女新聞』に「下女と奥様苦情くらべ」という記事が載った。そこに取り上げられた女中から「奥様」への苦情を要約すると，①休日や休憩時間など少しも約束どおりにしてくれない，②家族の人数など条件が聞いていたのと違う，③「口に入れるものでさえあれば何でもよいの

---

1) 清水美知子「『婦女新聞』にみる女中問題の変遷」，関西国際大学短期大学部研究紀要第 13 号，1999，p.53。
2) 前掲脚注 1)，p.60。

か」というくらい食べ物が粗末，④むやみに人を追い使うことばかり考えている，⑤二言目には「のろいのろい」と言う，⑥女中を不正直と決めつけて少しも信用しない，のようになる。「奥様」である主婦の側からは，①見かけは気が利きそうだが使ってみると役にたたない，②皿を壊したり食べ物を無駄にするなど不注意でしかたない，③すぐにウソをつき信用できない，④用事が多いときにかぎって外出するなど肝心なとき頼みにならない，⑤面倒を見てやっているのに嬉しそうな顔をせずに可愛げない，といった苦情の声が寄せられた。こうした女中と主婦の関係について，『婦女新聞』の論説欄に掲載された「女中論」で筆者である高信狂酔（ペンネーム）は「新しい家庭を形成した若い人々が，女中を置こうか，おくまいかと云うことについて，意見を徴せられるならば，私は無論置かぬ方に賛成したい」と前置きした上で，手のかかる病人のある家や子どもの多い家など，やむをえず女中を置かざるをえない場合は，女中の待遇を十分に考慮すべきだと説く。そして，改善すべき点として，①労働時間を定める，②一定の休暇を定める，③呼び捨てにしない，④女中部屋を必ず与える，⑤女中と家族の食物を同じにする，⑥礼法一般や家政法の教育をする，などをあげている[3]。

　ここで特筆すべきは，女中のなかには農村や漁村の出身で嫁入り前の修行，いわゆる「行儀見習い」のために都会の家庭に女中として出るものもいたことである。しかし，朝から晩まで追い回されているような状況ではとても行儀など覚えられるものではない。むしろ，こき使われて卑屈な人間になってしまう。そこで，それらの若い娘の考え方，あるいは当時のそのような風習は極めて幼稚でばかげているといえよう。

2．両大戦間期中の「派出婦」

　1920年の第1回国勢調査によれば，この年の女子有業者の総数は1,063.8万人で，産業別にみた女性有業者のうち，女中は，農林水産業，工業，商業に次ぐ第4位と大きな割合を占めている。また，人口に占める女中の割合を

3）前掲脚注2）。

府県別に見ると，東京，大阪，京都，神奈川など大都市所在地の府県に高くなっている。1927年には，女性の就職範囲の拡大のため，女中数が42万人に減って，紡績女工数（109万人）の半分以下に落ち込んだ。経済不況下の1930年に入ると女中数は持ち直し，住み込みの女中は約70万人を超え，10年間に11万人以上増加した。家族従業者の多い農林漁業従事者を除けば，女中を超える数の女性労働者を単独で擁する職業は，86万人の紡績工のみであった。また，都会の女子有業者数を職業小分類でみると，住み込み女中が311職種のうち最多を占めた。1936年には，女中数が93.7万人を数えた。この時期の日本の家事労働者雇用数の変化は表1の通りである。しかし，日中戦争が勃発した翌1937年より，女中数は女工数とともに急減していくのである。

　1914年に勃発した第一次世界大戦は日本に経済繁栄をもたらし，対外貿易赤字が黒字に転換した。このような好景気はあちこちに戦争成金を出現させた。また，都会の人口も増えたが，富裕な新中間層家庭も登場するにつれ，家事労働を求めるニーズも高まってきた。一方，女性人権意識と進学率の高まり，また第一次世界大戦をきっかけとする産業化の進展により，女中以外の職業機会が増えたなどの原因で，住み込み女中の求職人数は低下の傾向にあった。そこで，新聞には「女中なしの簡易な生活」，「女中を廃して自ら働く主婦の経験」など女中廃止を奨励するような記事がしばしば掲載されている。

　このような中で，1918年9月6日東京・四谷に「派出婦会」が誕生し，「派出婦」という職業名が出現した。昭和の初期に入ると，派出婦連合会が200以上まで拡大した。その当時，京都・横浜・神戸・名古屋の各地で「派出婦会」は15～20ほどに増えていた。また，派出婦の地位向上，技能向上などをはかるため，会員を全国的に統一する動きも見られた。派出婦は，料理婦，雑用婦，給仕婦，裁縫婦，洗濯婦の5種類に分けられた[4]。

　派出婦の雇用関係は，雇主と臨時的な派遣労働者との関係で，アメリカの部分的労働やイギリスの期間限定つきの女工という仕事を限定して雇う臨時

---

4) 前掲脚注1），p.62。

表1 1920〜1936年における日本の家事労働雇用数の変化

年	1920年	1927年	1930年	1936年
女中数（万人）	58.4	42.0	70.0	93.7

出所：清水美知子「社会調査にみる『女中』」[4] より作成

の女工のシステムなどを参考にして作られた家事労働者雇用関係である。その労務提供の特徴からみれば，現在日本の家政婦の原型に近いという。また，これまでの時間をかけて家事労働技能を習得する女中の雇用方法と比べ，派出婦は即戦力として雇い入れられるというメリットがある。派出婦の雇用関係は雇主にとっては住み込み「女中」の費用の一部が省かれ，一方で被雇用者である派出婦は「婦人共同会」による家事技能の訓練を受けながら「婦人共同会」を通じて適当な仕事を紹介してもらえることになる。

　その後，1920年代後半から30年代にかけての日本では，経済不況が恐慌を引き起こした。リストラ，賃金カット，就職難などに伴い，失業者が増え，自殺や親子心中が急増した。とりわけ凶作に追われていた東北の農村の地域では，娘の「身売り」が盛んに行われており，また孝行と考えられた。日本の内務省の調査によれば，1934年当時，芸妓や娼婦などとして働く女性はおよそ20万人であった。毎年3万人か4万人の若い娘たちが家のため農村から都市へと売り渡されている[5]。一方で，物価の高騰により市民の生活もますます苦しくなった。

3．戦後の「家政婦」

　第二次世界大戦後，日本国内に大量の戦争未亡人が現れた。1955年の日本国勢調査では，戦争で夫と死別した女性は527万人で，うち18歳未満の子供を有する者は180万人である[6]。幼い子供をもつ未亡人世帯の経済面での状況は厳しく，未亡人たちは年齢と技能及び仕事経験についても不利な立

5）前掲脚注1），p.64。

場に立っているため，当時の雇用情勢においては仕事探しも困難であった。
　そのような状況を改善するため，日本政府は有識者である内田氏が提唱したように住み込み女中の雇用関係を廃止し，女中の呼び方を家政婦に変え，欧米式の通勤制度を参照し，大体の労働時間と仕事内容を定め，仕事の難易度及び時間に応じて給料を計算するなどの意見を採択した[7]。
　そのため，1951年から派出婦は家政婦という名で，有料職業紹介事業に認可された。その後，高度経済成長に伴って，これまでの「有料看護紹介所」の大部分が「有料看護家政婦紹介所」として兼業看板をあげて，紹介のサービスを提供し始めた。
　1956年11月に東京都労働局が「家事サービス公共職業補助所」という家政婦養成事業をスタートさせた。戦争未亡人等を対象として家政婦に必要な衣食住，育児，看護などの実用知識と技術を習得させ，家事労働を求める家庭に派遣した。家政婦は，その時期の社会の問題であった未亡人の雇用対策から生まれた新しい女性の専門職として社会的に認められた。

4．60年代からの「ホームヘルパー」

　工業化と核家族化によって生まれたホームヘルパー制度は，19世紀末にスイスでスタートし，1920年代にフランス，ドイツ，オランダ，スウェーデン，イギリス，アメリカなどに相次いで設けられる。これは老人家庭を訪問し，日常生活をサポートする社会的な家事援助の制度である。
　1956年に日本政府が発表した『経済白書』には「経済発展の近代化」というスローガンが掲げられた。日本経済は復興期から高度成長期へ移行し，新しい時代の幕が開いた。これによって社会環境は大きく変化し，国民の衣食住生活が急激に進展するにつれ，都会の家庭に再び家事労働者の雇用ニーズが生まれた。しかし，それは家事労働者の払底という矛盾した現象を起こ

6）清水美知子「1950～60年代における『女中』イメージの変容――『家事サービス職業補導』『ホームヘルパー養成講習』をめぐって――」，関西国際大学研究紀要第5号，2004，p.98。

7）清水美知子『「女中」イメージの家庭文化史』，世界思想社，2004，p.98。

している。今まで主に家事労働者を提供した農村では，高度経済発展時期になると，雇用状況が大きく変わった。①敗戦後の10年余りに，戦争で破壊された都会では就職先が限られていたにもかかわらず，農村の学校から卒業した大勢の若者が都会へ流出した。しかし，高度成長期を迎えて都会では商工業の人手不足が深刻化し，これまで「家政婦になってもよい」と思っていた農村の娘によって，家政婦以外の女工，店員，事務員など新しい職業が多く選ばれた。②農業の機械化の進展は，労働生産性を増加させた。特に1960年代後期になると，企業が地方に事業を拡大し，公共事業の推進などによって，農村の若者に就業先を多く提供した。③農村における高校への進学率は1955年の52％から1965年の70％以上に上がり，農村の若者の就職率も大きく上昇した。④現金収入源が広がり，農民の生活は戦前より大きく改善された。そこで，未婚の娘が都会へ出稼ぎをしなくてもゆとりある生活を送ることができた。

　1950年代後半の日本の社会では，都会の勤労者世帯では8割以上が夫婦と子供からなる平均3.4人の核家族である[8]。特に都会の勤労者家庭では，いったん主婦が家事を行えなくなると，たちまち日常生活に混乱をきたすことが多い。一方，女中が払底する中，不時の際だけ頼む家政婦も急にはなかなか見つからない。また，見つかったとしても，勤労者家庭には経済的な負担も大きい。家事を代行する大人のいない家庭の場合は，妻が床につけば夫の就労にも少なからず影響を及ぼす。

　このような勤労者家庭の特質を考慮して，1960年4月に労働省婦人少年局がホームヘルプサービスの対象を勤労者家庭に限定し，「事業内ホームヘルパー制度」の普及・推進をはかることを発表した。これは，事業所がホームヘルパーを雇っておいて，従業員家庭の家事担当者が家事を行えなくなったとき派遣する制度である。これによって，同年東京と大阪においてホームヘルパー養成講習会が開かれ，修了者は関東地方と関西地方あわせて31事業所に就職した。これらの事業所は，本田技研工業，富士電機，日立製作所，神戸製鋼，日本長期信用銀行，三和銀行，東京瓦斯，東洋レーヨン，関西電

---

8) 前掲脚注6)，p.102。

力などの大企業である。1961年，ホームヘルパーを採用する事業所は31ヶ所であったが，1965年には190ヶ所と6倍以上に増加した。1960年代後半以後，ホームヘルパーの需要が高まり，採用する事業所は1973年には全国で319を数えた。オイルショック後に推進の掛け声は下火となったが，制度そのものは1980年代に入っても大企業を中心として続いた[9]。

　高度成長時代に労働省主導で始められたホームヘルパー養成事業は，家事サービスに対する訓練の必要性を認めて職業としての地位を高め，都市の中高年女性に職業を提供する結果をもたらした。

5．家事労働者の消失

　高度成長期に入った日本では，家電製品が家庭に入る時代でもある。家電の大量生産，大量消費により人々の生活に快適さがもたらされた。たとえば洗濯機や炊飯器のボタンを押せば，主婦は家事労働から解放された。それらの家電の普及によって，洗濯をしながら家の掃除もできるし，寝ている間に米も炊き上がるし，家事労働が多い時に食料品の一括買いだめもできるなど家事負担が随分軽減された。そこで，主婦みずから家事をすることで家事労働者の雇用に代替されるようになった。日本の高度成長期に建てられた集合住宅団地には，南向きの広いベランダがつき，部屋全体が明るくなり，家事労働者がいないということが生活目標とイメージになった。また，広くて明るい台所の設計と普及しつつある家電製品によって，「自分で家事をする女性のイメージ」は，ようやく都会住民の生活目標にもなった。1968年に犬養智子が著した『家事秘訣集』（光文社）は「じょうずにサボる法・400」というサブタイトルで23万冊が売れ，その年のベストセラーとなった。

　時代の進歩と都会の新中間層家庭の増加に伴って，多くの専業主婦が誕生し，それと同時に核家族時代にも入った。家事労働の商品化と効率化によって，家事労働者を雇わなくとも主婦たちが家事と育児以外も楽しむ人生を享受できるようになった。1970年代に入ってたくさんの専業主婦が家庭から

9）前掲脚注6），p.107。

出て，パートタイム労働者として働いた。また教養を高めるためカルチャーセンターで講座を受けたり，あるいはボランティア活動に参加したりした。それゆえ，「家事労働者雇用の禁止」，「家事の軽減」，「主婦は家事をするだけではない」といった1910年以降の都会の新中間層家庭で生まれた考え方が，半世紀を経て，ようやく実現された。家事労働という職業は大衆家庭から姿を消してしまった[10]。

6．家事労働者における雇用関係変化の意義

以上のような分析を通して，次の積極的な意義をみとめることができよう。

1）女中

雇主と「女中」との関係は，労働者を人格も含めて身ぐるみ抱えこむ封建的，主従的な労働雇用関係である。したがって，「女中」の雇用関係は当時日本農村の貧困層家庭と都会の新中間層家庭の間に経済的な地位による大きな貧富の差についての描写だといえる。

2）派出婦

①戦前の日本家庭の住み込みの女中が一生懸命働いても，正規の職業として認知されていなかったが，派出婦という職業の創出によって，専門職の第一歩を踏み出した。②派出婦は従来の女中と大きく異なっていて，封建的な主従関係から対等な労働サービスの契約関係に変わった。③「派出婦もひとつの職業」という意識が人々の間に芽生え，社会的に大きな反響を呼んだ。④家事労働者の雇用問題が社会的に大きな関心を持つことにより，政府も家事労働問題に関与し，積極的に仕事の紹介，養成講習，及び支援活動などが行われるようになった。

3）家政婦

戦争未亡人就職難が解決されたと同時に「家事技術者」という女性の新しい専門職が創出され，家事労働者の人手不足の問題も解消された。その後，

---

10) 清水美知子『「女中」イメージの家庭文化史』，世界思想社，2004，p.205。

日本政府が従来の女中や派出婦と違った労働雇用関係における専門職に必要な様々な技能の養成訓練を実施した。

　4）ホームヘルパー

　戦後の家事労働者の雇用関係の最も大きな変化は，ホームヘルパー制度の導入である。高度成長時代に労働省の主導で行われた家政婦とホームヘルパーの養成事業は，家事労働者イメージを大きく変える契機となった。①それまで一段低い職業と見られ，何ら特別の訓練を必要としないと思われてきた家事労働について，訓練の必要性を認め，職業としての地位を高めた。②年齢や環境などの不利な条件をもつ中高年女性に，その特性や生活経験を生かして，適切に働ける職場を提供した。③家事労働という職業に対する社会の認識を深めさせ，家事労働者である女性たちに専門職としての自信を与えた。その後，1960年代を境として，住み込みの女中が通勤の家政婦やホームヘルパーにとって代わられて初めて，家事労働の仕事はひとつの職業，かつ労働基準法上の正規社員あるいはパートタイム労働者として認められるようになった。

おわりに

　日本社会では，家事労働者として雇われる住み込みの女中，特に「上女中」の称号は，金持ちや権力者の邸宅で働いている家事労働者の尊称であった。大正初期には奴隷のようなイメージを持つ「下婢」「下女」に代わって「時代用語」にもなった。1960年前後には，新聞，雑誌，テレビ番組でも頻繁に使用される日常語にもなった。しかし，平等社会が提唱されている現代の日本のマスコミでは差別用語として見なされている。

　今日，日本の家事労働者が「女中」から「ホームヘルパー」に変わってきた背景には，①高度な現代農業生産の発展が農村の就職先を大いに増やしたことにより，農村と都会の所得格差が縮小された。②高度成長期により「一億中産階級」が生み出され，豊かな社会を実現した。③以前の男尊女卑の風潮から女性の人権の尊重，かつ男女平等の意識への変換により，平等の社会的基盤を確立し，こころ豊かな社会を築いた。④日本政府が介護保険

制度を作り上げ，高齢者の安心した暮らしが保障される福祉社会の目標を達成した。⑤ホームヘルパーは『労働基準法』による正規社員あるいはパートタイム労働者であり，人格上の平等と尊厳がある都会の新しい専門職になった。

　国際労働機関（ILO）がこのほど公表した家事労働者の雇用状況に関する報告書によると，2010年現在，全世界で家事労働者の83％は女性で，推計約5,260万人の家事労働者がおり，これは全世界の女性の雇用の3.5％に相当する。1995年時点と比べて約58％増と大幅に増えたが，そのうち3割近い約1,570万人は労働関連法の枠外に置かれ，極端な低賃金や長時間労働を強いられているという。家事労働者が特に多いのはアジア・太平洋，中南米の両地域で，それぞれ全体の41％と37％を占めている。また，その過半数は週の勤務時間に労働関連法による制限がなく，約45％は週休を取る権利も認められていない。雇主から性暴力を含む肉体的，精神的虐待を受けることもある[11]。

　21世紀に入った現在でも，我々の想像を遙かに超えた以上のような過酷な家事労働者の雇用現状が存在し，これはとても許されない。そのため，清水美知子の研究についての分析を通して，日本政府及び社会の有識者らが多大な努力を払ったことと経験したことを生かすことが，他の貧富の格差が大きい国と地域の家事労働者の雇用関係における悲惨な現状からの脱却にとって有意義であろう。

参考文献

1. 清水美知子「『婦女新聞』にみる女中問題の変遷」，関西国際大学短期大学部研究紀要第13号，1999，pp.53-69。
2. 清水美知子「『派出婦』の登場——両大戦間期における〈女中〉イメージの変容——」，関西国際大学研究紀要第4号，2003，pp.135-154。
3. 清水美知子「1950～60年代における『女中』イメージの変容——『家事サービス職

---

[11] http://www.jiji.com/jc/zc?k=201301/2013011200177&g=int　2013年1月12日，15:20，時事通信。『使用人，世界に5,200万人＝3割は労働法の保護なし——ILO報告』。

業補導』『ホームヘルパー養成講習』をめぐって――」,関西国際大学研究紀要第5号,2004,pp.91-110。
4. 清水美知子「社会調査にみる『女中』」,関西国際大学研究紀要第6号,2005,pp.87-98。
5. 清水美知子『「女中」イメージの家庭文化史』,世界思想社,2004年。

回想編

韓国全州大学校との交流が始まった頃

櫻井　浩

最初の受け入れ

　経済学部が発足して間もない 1995 年の秋頃，韓国全羅北道全州市所在の全州大学校（以後，全州大学とする）が，日本の大学との交流を希望し，相手校を探しているが，久留米大学で交流しないかという話が届けられた。この話は，全州大学から，当時西日本新聞の韓国駐在記者だった松永氏にまず伝えられ，韓国と関係の深かった，筑紫野市在住の奥山忠政氏を通じて経済学部に届けられた。駄田井先生と共に，私も始めの頃から交流に関わることになったので，初期の交流の思い出を記してみたい。

　最初この話を聞いた時，私はそれほど急速に進展することではないと考えていた。しかし，全州大学側は，学生の日本語研修が目的で，それも急いで実施したいという希望が強かったらしく，仲介者の奥山氏を通じて交流実施の話が急速にすすめられ，翌 1996 年 1 月に学生を送りたいということになった。こちらとしてはまだ授業があり，入学試験を控えた時でもあり，あまり適当な時期とは言えなかったが，先方の希望を受け入れることとし，1 月に最初の交流を行うこととなった。そのため急遽，日本語の先生に授業をお願いしたり，学生達とも交流の仕方を話し合ったりと，あわただしく準備することになった。

　こうして，1996（平成 8）年 1 月 10 日，全州大学の学生十数名と引率の先生（言語文化学部　金辰成助教授）が久留米に到着した。学生たちの食事は大学の食堂を利用することとし，それには宿舎は大学の近くが良いだろうと

いうことで，当時千本杉にあったシーガルホテルを利用することになった。

　10日間ほどの滞在中，日本語の授業のほか，歓迎会，学生どうしの交流（映画「伊豆の踊子」上映会など），今後の交流についての全州大学側との打ち合わせ等があり，滞在の終わり頃私も韓国の学生たちに日本経済の話をした記憶がある。こうして，最初の受け入れは何とか無事終了することができた。

　この最初の受け入れは，まだ，国際交流センターが発足していなかったのか，表1に見られるように，国際交流センターの記録には残されなかった。

表1　全州大学からの語学研修生受け入れ等

実施年度	研修期間	参加学生数	内全州大学学生	備　考
1997	2週間（6〜7月）	15	15	全州大学日本語研修
1998	2週間（6〜7月）	15	15	同上
1999	2週間（6〜7月）	28	28	同上
2000	2週間（6〜7月）	19	19	同上
2001	3ヶ月（10月〜12月）	30	30	全州大学海外現場学習
2002	2週間（6〜7月）	20	20	全州大学日本語研修
2003	2週間（6〜7月）	20	20	同上
2004	2週間（6〜7月）	20	20	同上
2005	2週間（7〜8月）	20	20	同上
2006	2週間（7月）	20	20	同上
2007	2週間（7月）	15	15	同上
2008	2週間（7月）	15	15	同上
2009	2週間（7月）	15	13	短期日本語研修
2010	2週間（7月）	19	14	同上
2011	2週間（7月）	9	6	同上
2012	2週間（7〜8月）	22	10	同上
2013	2週間（7〜8月）	32	11	同上
合　計		334	291	

資料：国際交流センター

2年目以後の受け入れ

2年目以後の語学研修生受け入れ状況は，表1の国際交流センターの資料に示されている。2年目以後は，6〜7月に受け入れることとなり，以後最近まで夏の間に行われている。大きな変化は，2009（平成21）年以後，全州大学だけでなく，韓国の他の大学からの学生も受け入れるようになったことである。

2年目以後，初期には日本語の授業のほか，週末のホーム・ステイが行われるようになり，学生を受け入れていただく家庭をさがすため，父母会に協力をお願いするようになった。

また，1泊2日程度の旅行もあり，別府，阿蘇山，熊本城，長崎などに出かけていた。

全州大学側は，学生たちの経済的負担を軽減するため，久留米滞在中，久留米大学の学生寮の使用を希望した。しかし，日本では，一旦学生が寮に入ると，長期休暇中も他の人に使用させるという習慣がなく，また，全州大学の学生が来る時期が，久留米大学の授業中の時期でもあったので，これは実現不可能であった。

また，日本の食事が，韓国の学生たちの口に合わず，初期の頃はほとんど食べない学生もいるという話も伝わってきたが，対応が難しくどうしたものかと思っているうち，次第に韓国から調味料やキムチなどを持参してしのぐようになったようであった。

受け入れ人数を見ると，相当変動がみられるが，政府間の関係が良くない近年にも増加しており，政治状況の影響は受けていないように見受けられる。こうした傾向が今後も続き，政治状況にかかわらず，民間の交流を多くして相互交流・相互理解が進むことを期待したい。

久留米大学からの全州大学訪問

久留米大学の学生の全州大学での韓国語研修第1回は1996（平成8）年9月上旬に約1週間行われた。まだ，韓国語を習おうという学生は少なかった。最初は私のゼミ生2名のほか，文学部と法学部の学生各1名の計4名であった。私が学生と同行することになり，9月3日夕博多港でカメリア丸に乗り，

釜山沖に到着してフェリー内で1泊。翌朝釜山に上陸，釜山郊外から長距離バスで全州に向かい，到着したのは4日の午後4時頃であった。夕方全州大学の先生方との会食があった。

　5日の朝，学生を連れ全州大学を訪問，まず総長に表敬の挨拶をおこなった。簡単な開講式があり，早速授業が行われることになった。私も最初でもあり，少しだけ授業に参加しようと思い教室に残っていた。そこに年配の先生が入ってこられた。師範大学（日本式に言えば教育学部）の教授で全羅道地域の時調（韓国固有の定型詩）文学会の会長もしておられた李基班先生だった。

　先生は久留米大学の学生たちを見て，相当緊張している様子を察知されたのであろう。にこにこしながら歓迎の挨拶をされた後，「まず始めに，私が昔覚えた日本の歌を歌ってあげましょう」とおっしゃった。どんな歌かなと思っていると，

　うさぎ追いしかの山　コブナ釣りしかの川

と歌い始めた。その調子が，李基班先生独特のものであると同時に，この歌の心を実によくあらわしている感じで，にこにこせずには居られないと同時に，本当に心なごむ歌であった。教室の雰囲気が一遍になごやかになった。私はこの歌を聴いて教室を退去した。今でも韓国での語学研修のことを考えると，あの時の老教授の歌う姿がまぶたに浮かんでくるのである。こんなふうにして最初の訪問は無事終了した。研修は9月8日で終了，9日には列車でソウルに移動，わずかではあったがソウルを見学し帰国した。

　翌1997年は，文学部の学生4名と法学部から1名の参加があり計5名となった。私もまた同行したが，文学部からは桑野先生が行かれた。この年は8月25日出発，9月5日帰国のスケジュールで，8月30～31日の週末にはホーム・ステイがあり，学生たちは良い経験ができたと喜んでいた。私は，大学間の交流協定を結ぶための打ち合わせを行った。

　9月3日学生たちはソウルに移動，1泊してソウルを見学，翌4日釜山からフェリーで帰国している。

　またこの時には，仲介者の奥山忠政氏も同行して下さり，終始学生の世話をしていただくなど大変お世話になった。

語学研修の中断と復活

　久留米大学からの語学研修は，韓国語研修を希望する学生が少なく，1998年から2001年まで4年間中断した。

　語学研修が復活したのは2002（平成14）年であった。この年の参加学生は文学部3名，法学部1名，計4名だった。9月2日出発，16日帰国で研修期間が以前より少し長くなった。

　釜山でフェリーから降りると，全州大学の学生たちが4名で遠路釜山まで迎えに来てくれていた。その車に分乗して全州に向かった。釜山郊外の長距離バスターミナルまでタクシーで移動し，バスに乗るなどしなくてよく，おおいに助かった。3日の9時半に釜山を出発し，午後3時過ぎ全州市の宿舎・雲南荘という旅館に到着した。この雲南荘は小奇麗で経済的な旅館で，学生たちはいつもこの旅館を利用した。

　翌4日から12日まで，授業や週末のホーム・ステイ，史跡見学等があり，12日夕方にはレストランで修了式と歓送会が行われた。13日特急列車でソウルに移動，ソウルに2泊して自由行動のほか景福宮，明洞，南大門市場などの見学を行った。15日には列車で釜山に降り，夕方フェリーに乗って博多に戻り，翌朝博多港で解散となった。

　この回以後，教員の引率は必要ないだろうということになり，以後引率はなくなった。周知の通り2002年は日韓共催のワールド・カップが開催された年であり，また，このころから日本で韓国ドラマの人気が急上昇し，いわゆる韓流ブームの時代となった。しかし，久留米大学の学生の韓国語研修にはほとんど影響を及ぼしていないように見受けられる（表2参照）。

　私が担当していた韓国経済の授業では，このころから他の大学においても受講生が急増した。また，久留米大学でも韓国語の単位が取れるようになり，相当多くの学生が韓国語を選択していたと思う。今後，久留米大学からもより多くの学生が，語学研修に参加し，交流と相互理解が深まっていくことを期待したい。

　全州大学との交流は，以上の語学研修だけでなく，2000年代に入って交換留学生制度もでき，2013年度までに，久留米大学から全州大学に留学した学生14名，全州大学から久留米大学に来た学生24名となっている。

表2　久留米大学から全州大学への語学研修生派遣

実施年度	文学部	法学部	経済学部	商学部	科目等	合計
1996	1	1	2	0	0	4
1997	4	1	0	0	0	5
1998 ～ 2001 年度中断							
2002	3	1	0	0	0	4
2003	2	3	0	0	0	5
2004	4	1	3	2	0	10
2005	10	8	0	1	0	19
2006	0	6	0	0	0	6
2007	8	0	1	3	0	12
2008	4	4	1	0	0	9
2009	7	3	1	0	0	11
2010	7	0	6	0	0	13
2011	3	0	0	5	0	8
2012	3	3	0	1	0	7
2013	5	0	1	1	2	9
合　計	56	29	13	13	2	113

資料：国際交流センター

　ここでは，詳しく述べることはできませんが，このような学生の交流は，双方の大学内外の多くの方々の協力によってなりたっていることを記しておきたいと思います。

　最後に，全州大学との交流に仲介の労を取ってくださっただけでなく，初期の交流では，久留米大学の学生の語学研修に同行して，学生たちのお世話をしていただくなど，さまざまな面で協力をして頂いた奥山忠政氏に心からお礼を申し上げます。

　また，本稿作成に当たって，国際交流センターの協力を得ました。記して感謝の意を表します。

隣国・ロシアを勉強しよう

―― シベリア鉄道漫遊記 ――

鶴田　善彦

第 一 部

1. 1997年8月3日（日曜日）　午前8時過ぎ

　今から16年前に構想をおこした，樫原芳隆さん（元，日立製作所九州支社勤務）とのシベリア鉄道旅行が，やっと実現しかかっている。すなわち本日1997年8月3日夕刻，新潟から出国するため，福岡空港発新潟空港への機中である。まさかこんなに早く，そして大規模なプロジェクトが実現しようとは思ってもいなかったが，どうやら本当らしい。ありがたいことである。

　本朝7時20分，小生の家族全員，そして樫原さん夫妻，合わせて7名で，福岡空港のとあるレストランで今回の旅行の結団式を実施した。このまま順調に進み，8月15日の夕刻には福岡市内での解団式に無事にもっていけることを念願している。

　10時頃，福岡からの全日本空輸が新潟空港に着き，直ちに市内へリムジンで出て，新潟市のほぼ中心部にある本町市場を見学した。やや早目の昼食を近くの中華料理屋で済ませ，再び空港に戻る。小生が新潟市を訪問するのは10年ぶりくらいか。前回は「九州経済調査協会」勤務時代の調査テーマで，確か新潟への新幹線が開通する以前の話である。

　15時20分，新潟空港でウラジオストック行きの航空機に乗り込む。樫原

さんによると，使用機材はアメリカ製の機体であるとのこと。大変に暑い。機内がせまい。ほぼ満席。この機体で2時間ほど我慢ということになるのか。

　15時35分頃，ここ新潟空港からロシア極東のウラジオストック空港に向かう飛行機は，離陸の準備に向けて移動を始める。きわめてオンボロ機体で，座席の背もたれ，そして腕置きはすべて可動式，いや古くなって固定装置がはずれ始めたのかも知れない。

　15時40分，本格的な滑走を開始し，無事離陸に成功した模様。ロシアでは機内サービスを期待してはいけないと，樫原さんは勉強の一端を披露してくれたが，まったくの官僚の国ロシアであり，誰ひとり機内が暑いと注文をつける様子ではない。

　離陸してすぐ時計を2時間早くしたので，もう18時30分である。パン，ハンバーグステーキの夕食が終わった。食前のビールは生冷えで，大変まずい思いをした。1ビンも空けきらずにもてあましている。搭乗職員は短い時間内に食事，飲み物をくばり，そしてカラになった器を回収しなければならないので，荒っぽい仕事になっている。

2．ウラジオストック（Vladivostok）へ着陸

　15時40分に離陸して，1時間20分ほどの飛行で17時（日本時間）にウラジオストックに着く。現地時間は夏時間の調整を含めて2時間早く，19時すぎ（現地時間）着となる。夏時間はともかく，日本から西へ行ったのになぜ1時間早いのか，解釈できないことの1つである。

　このような極東では調整時間を使っているので，夕食に行った22時でも空に青さが残っていた。それだけ住人達は，遅くまで仕事をしていることになる。

　さて，19時にウラジオストックに着き，入国手続きで大変手間がかかった。入管，税関ともに必要以上に入念な検査でイライラが募った。その前に，飛行機を降りるときから，そのイライラは始まっていた。便はほぼ8割の乗客で，すでに記したように，かなりオンボロの機体で，決して快適とは言えない旅であった。

　長時間の入国検査がやっと済み，解放されたのは，20時を過ぎていた。

20時とは言え陽は高く，とてもそんな時刻とは思えない。入国客のそれぞれに出迎えがあり，紙に相手の名前をかかげ，客を待ってくれているのである。とそれらの中に「KASHIHRA, TSURUT」とローマ字で，筆者ららしい名前を記した40歳前後の男がいた。バウチャーにある通りの出迎えであり，料金はすでに支払っているので，当たり前ではあるのだ。とは言え，その男と我々は，あたかも旧知の間柄であるかの強い握手を交わしていた。その男が行く方向に，われわれも重いバッグを引いて進んでいった。空港もそうであったが，空港前の広場も整備が極めて悪く，水たまり，階段がこわれている，穴ボコなど平気で放置されていた。

　1台の乗用車に近づいた。ニッサン自動車製の乗用車だそうだ。運転手の横にかわいい女性が乗っていた。われわれが乗るとすぐ彼は "My daughter" とカタコトの英語で女性をわれわれに紹介した。20歳くらいか，なかなかの美人であった。トランクにバッグ，リュック，空港で購入したウィスキーを入れて，乗用車はウラジオストックの市街地方向へと向かう。1時間以上もかかる距離らしい。いかにも大陸らしい風景に出合い，車窓からめずらしそうにロシア極東の広野を眺めていた。

　とその時，樫原さんが運転手にUターンを命じた。何事か。税関で検査を受けた際，帰りのキップを見せ，それを係官から取り返さずに出てきたとのことだ。大事が発生した。運転手もすぐ事情を納得したらしく，「それは大変だ」とすぐ応じてくれた。結論として，無事取り戻すことができ，1時間ほど遅れて旅は進んだ。

3．ホテル「ウラジオストック」

　ロシアでの1日目（8月3日）が終了しようとしている。いま現地で採用している時間で，23時ちょっと前。日本料理屋「桜サクラ」で夕食を済まし，そして部屋にもどったところである。「桜サクラ」はこのホテル「ウラジオストック」の地上階にあり，明日の朝食の場所でもある。事実ロシア通貨であるルーブルへの両替がまだ出来てなかったので，そこでは日本円が大丈夫だろうとのぞいてみたのだった。

　われわれが入った部屋は日本風の部屋のつくりで，テーブルばかりで20

〜30人が同時に食事できるスペースがあった。メニューはロシア文字で，読めなかったが，1頁目には日本料理があり，それらのなかから注文した。ウドン，ソバ（ともに75,000ルーブル，以下ルーブルはPと略記），オデン，ミソ（ミソシル？），ツケモノ，湯豆腐，等々があった。小生らの注文はアサヒビール2本（大ビン），ソバ，ウドン，合計支払いは40米ドルで，樫原さん立替え。日本円で5,000円弱となり，それほどは高くない。まさかウラジオストックで日本ソバを食うことになろうとは思わなかった。

4．ロシア初日とウラジオストック
8月4日（月曜日）くもり

朝早くに眼を覚ます。6時だ。日本だとすでに太陽が高いのに，まだ暗い。前に記した現地時間の無理な採用と夏時間の採用によるものだ。実質4時か，よくいって5時であろう。

現在8時30分。今日は曇天の様子だ。先ほど7時頃から樫原さんと朝の散歩に出る。このウラジオストックが外国人に開放されて5年になるらしい（1992年開放）が，何となくさびれた街，清潔さが足りない，との印象を強く受ける。中古で手に入れたであろう愛車のクリーニングを小まめにしている青年，路上を掃除する高齢の女性，それぞれに労働についているが，今ひとつ，町の動きに活気が見受けられない。

15時30分。樫原さんは釣り道具を持って，近くに釣りに出る。小生はやや疲労感が残っていたので，部屋で休みにする。今朝の9時に日本料理屋の「桜サクラ」で食事をとり，市内見学に出かける。

朝食付きのホテルで，野菜，ハム，ボイルドエッグ，コメと魚肉，紅茶，といったメニューである。ごく普通の朝食か。コメがまずい。ツケモノが欲しい。

ホテルの両替コーナーで100米ドルを575,000Pにチェンジする。レートは580,000Pらしいが，手数料でもとられたのであろう。この580,000Pは今日から約10日間の，列車内および目的地であるイルクーツク（Irkutsk）での小づかいである。

まず，このホテルの売店でビール1缶（7,000P），街の有料トイレで1,500P

及び1,000P，そして午前のオヤツでビール1ビン（ロシアビール）6,000P，パン5,000P，紙コップ500P．そして昼食に150,000Pを支払う．この昼食はサラダラスキー35,000P，ビーフ料理50,000P，ビールetc.で2人で289,000Pの請求であった．朝575,000Pあった現金が，今400,300Pとなり，今日1日で170,000Pの出費である．日本円で3,500円程度か．これが高いのか安いのか．極東という条件，ロシアであること，等々いくつか考えてみる必要がありそうだ．

5．極東の町ウラジオストックの市街地を歩く

ウラジオストックの街をあるいた．中央駅，船乗り場，中央広場，グム百貨店，郵便局……．少なからずにぎわいのある街だ．通りは乗用車が多いのであるが，交通信号がほとんど設置されてなく，通りの横断に馴れてなかったので苦労した．

多くの街並みはかなり古びており，その後の手入れがほとんどなされていないのであろう．またマンホールのふたがない．穴ボコ，コンクリート敷きのこわれ等々，いたるところに不備がある．しかしそれを修繕していない．補修する経済的余裕がないのであろう．たとえ極東の田舎とは言え，かつて米国と肩を並べた国とは考えられない状況が沢山ある．

またウラジオストックの街は，坂が多い街である．市内電車が走っているので，米国西海岸のサンフランシスコに似ているとも言える．海に面している点からもよくサンフランシスコに似ている．しかし街が古くなっており，サンフランシスコのフィッシャーズワーフなどのような，若者の目を意識して新しく投資した街角など，見学した限りでは見えてこなかった．

昨日の送迎の車には，空港からホテルまで，正味1時間を超えて乗った．それほど空港は市内から離れて建設されているのである．その空港も昨日述べた通りの有り様である．なかでも税関は，外国人客を待たせるように造った部屋とは言えない．外国からの入国客と圏内の移動者を区別するために，1枚の間仕切りを設けた部屋である，といえよう．

15時過ぎに昼食を済ませてから部屋に帰り，樫原さんは例によって元気があり釣りに出かけ，小生は行動のメモをとり，後は少々仮眠となった．18

時前に樫原さんはもどり，また退屈したと言って街に出た。本日は23時30分までホテルの部屋を使い，ウラジオストック発，深夜24時55分の「第7列車」でイルクーツクに向かう。いよいよ大陸横断鉄道の西行きが始まるのである。

　ロシア2日目の夕食も「桜サクラ」の世話になった。昨日は小生がソバ，樫原さんはウドンであったが，ウドンがうまかったとのことで，2人とも今夜はウドンにする。因みに請求書の金額は以下の通り。

　ウドン 75,000P × 2 = 150,000P，ビール 35,000P × 1 = 35,000P，
　ライス 5,000P × 1 = 5,000P，日本茶 15,000P × 2 = 30,000P
　計 220,000P

ここで日本茶は注文したのではなく，夕食の支払いをしようと計算をと思って "Check" と発音したつもりが，ロシア語のteaを意味する語と聞き間違われたものである。

6. あこがれのシベリア横断鉄道
8月5日（火曜日）「第7列車」にのる

　シベリア鉄道（大陸横断に未だ突入していないが，これもシベリア鉄道と呼んでよいのか？）の2日目の朝7時30分である。昨夜，というより本日未明，ウラジオストックを出発して1泊し，朝を迎えたのである。

　ウラジオストック4日24時55分，正確には5日の0時55分発車予定の「第7列車」は定刻を6分過ぎて25時01分，旅客車特有の移動衝撃伝播を伴いながら，何の合図もないまま動きを始めた。小生も昨日は久しぶりにこのシベリア鉄道で移動衝撃伝播を思い出した。ある駅では何度もレールを移動し，軍用列車らしい車両も入れ替えをしていたとこをみると，そこは主要駅であった可能性がある。それが何という駅か，車内の掲示時刻表では簡単には判断がつかない。

7. 食堂車が連結されていない？！
　いま列車2日目（実質1日目）の午前11時である。なんとこの「第7列車」には，食堂車が連結されていないのである。少なくとも，この段階ではレス

トランカーはなく，ひょっとしたら，もう少しで連結するのかも知れない。そのかわり日本と同じで，ワゴンで車内への物売りがきた。持っているものはごく簡単で，ビールも冷えていない。ゆで卵2個，2,000Pで購入，1個日本円で20円というところ。朝食には樫原さん持参のカップ麺などのインスタント食品の世話になる。梅干し味のカユと卵とじ汁。小生はうまれて初めて口にしたが，なかなか美味である。まさかこの長距離列車「第7列車」に食堂車がないとは考えてもいなかった。

8．列車に乗るのに駅への送り便が準備されていない

さて昨晩，ハプニングが発生した。夜23時30分頃迎えにきてくれて，ウラジオストック駅まで送ってくれるはずのインツーリスト送迎車が，約束の時間になっても来なかったのである。

福岡を出るときの情報では，昨日8月4日は，現地時間の20時までホテルの部屋を使い，インツーリストのトランスファーサービスで，ウラジオストック駅までの送りになっていたが，実際はそうならなかった。今になって考えてみると，3日にホテル着後，彼は明日23時30分まで部屋にいてくれ，自分が送るからと。そしてバウチャーにサインせよと言ってきた。小生，ちょっと迷ったのであるが，サインをして渡すと，彼はさっさと帰っていき，「はいそれまでよ！」となった次第である。ロシア人の雲助に逢ったようなものである。

困ってしまい，私はホテルのフロントで片言の英語での交渉を始めた。フロントいわく，「事情は分かるが，インツーリストとこのフロントは何ら関係なく，当方としては手の打ち様がない」と。まさに冷静な回答で，若い美しい女性ではあるが，これほどに訓練された官僚を見ていると，何という国だろうと考えた。

さて，当方も困り，先方のフロント嬢も同情してくれているようだ。ロシア的に言語を英訳すればこうなるのか，と感心させられた面が多々あった。すなわち「あなたはタクシーを呼んで欲しいのか？」，「もちろんそうしてくれ」，電話を2度ほど入れるが「多忙で出てきてくれない」，そのうちあるタクシー会社（？）と繋がったらしく，「どのくらいの料金を払うつもりか？」

と，当方に返事を求めてきた。

　当方としても目安，あるいは経験があるわけでもないので，「……，いくらだったら来てくれるだろうか？」と先方にゲタを預けた。先方は用意していたらしく，「80,000Pならよし。外(ほか)にチップをはずんでくれ」と。80,000といえば11～12米ドル，日本円で1,300円程度で，冷静に考えたらそれほど高価ではない。そうこうしているうち，本当にタクシーが多忙だったらしく，「今すぐにはいけない」との返事になった。ここまで来て，時間の経過は進み，イライラがさらに増加した。フロント嬢は「列車は何時か？」ときいた。「24時55分」との返答に，先方もさすがにいら立ちを増加させてきたようだった。

　ホテルのフロントには，彼女ともう1人の係員が，客は台湾人男女1組だけが小生らの他にいた。向こう側のソファには，ホテルの従業員なのか，インツーリストの送迎員なのか，胸に名札をつけた男性若者が4～5名談笑して，何かの時間待ちをしている様子であった。フロント係員女性が彼らに向かって大声で話しかけたら，彼らは全員小生の方へ寄ってきた。

　どうやら彼女は，彼らに臨時の稼ぎ口を紹介した様子である。全員が活気づき，笑顔さえ見えてくる。そのうち彼女から小生に「いくら出すか？彼らの1人が送るだろう」と。小生またもや相場が分からないので，「いくらか？」と質問しかえした。すかさず彼女が皆に通訳し，1人が「50,000P」と回答した。小生はすかさず「OK」と述べた。

　値段と誰が動くか決まってほっとしたのであるが，次にいろいろと条件をつけているらしい。よく分からないのであるが，多分次のように解釈できた。すなわち「列車の出発までまだ時間があるが，今すぐ出発する」，「駅に着いたら車中で時間まで待機することなく，すぐ車を降りること」と言っているようであった。

　小生は異論なくOKし，当方としては「駅のホームまでちゃんと連れて行け」と申し入れ，先方も受け入れ一件落着した。ミスターsomebodyはちゃんと仕事をし，小生らを無事，「第7列車」に乗せてくれた。

9．ロシアは面白い

　現地時間14時50分（モスクワ時間07:50）にハバロフスク駅に到着し，しばらく停車した。現地人がホームに出している日用品を，降りていって購入する乗客もいた。乗車中の食事だけでなく，蜂蜜をビンで調達する人も何人かいた。多分，その地の名産なのであろう。

　さて，この「第7列車」に食堂車がないと理解していたが，まだ営業をしていなかっただけで，11時半頃には営業中であった。3人組の先客がいたが，彼らも来たばかりの様子で，メニューの内容も分からないので，我々と同じ料理を注文する。それらはナマ野菜（サラダと称する生キュウリ，トマトを刻んだだけの料理），ピーマンの中に肉のミンチと他を入れて煮たの2個，ジャガイモのつぶしたのにケチャップをかけている料理，そしてビール各1本。1人前31,500Pで，日本円で500円前後か，きわめて安価である。

　車内はすこぶる退屈である。前回の訪問時は，モスクワ起点の東向きで，客車の通路は北側であったが，今回は西向きに進行で，通路は南側で，反対側の景色を見て走っている。2時間ほど前にハバロフスクを過ぎているので，今の遠景は南向きで，遙か向こうは旧満州ということになる。前回はシベリアを見るのは北側だと思い込んでいたが，実際に人が多く住んでいて経済活動が活発なのは今回の南側地域である。

　車中の退屈まぎれに書くと，ハバロフスクを出発して間もなくトンネルがあった。前回は下車直前なので注意していたはずであるが気が付いていない。しかもかなり長く，わが国の関門海底トンネルよりかなり長い距離であると思う。そしてウラジオストック時間の19時50分頃，またトンネルを抜けた。これはスピードも遅かったし，関門トンネルくらいの長さかも知れない。

　ここで特記したいことは，トンネルに突入しても，客室内の電灯がつかず，その間，真っ暗闇のまま放置されることである。すなわち客室は夜になっても点灯されずに，寝るより外にすることがなくなるのである。読書などもっての外というシステムになっている。

　ことごとさように，このシベリア鉄道は乗客へのサービスの面で問題がありそうだ。しかし運輸業のサービスの原点を安全ということに絞りこんでし

まうと，シベリアで鉄道が大事故というニュースは聞いていないようなので，サービスに貢献していると言えるのかも知れない。

現在，ウラジオストック時間で22時。モスクワは7時間遅れて15時，日本は20時である。列車は走り続けているが，外は曇天ながらまだ白さが残っている。実際ロシア人は夜遅く，朝もおそい人間が多いのであろうか。樫原さんと先程，囲碁1局，将棋を2番したが，いずれも負けた。彼の方がかなり腕前は上のようだ。学生時代の差がさらに開いているのではなかろうか。

10. 8月6日（水曜日）

本報告書を書き始めるに当たり，今日の日付を8月6日（水曜日）と書いたが，6日で水曜日であることの意識は全然なく，昨日の続きであるから，そのように書いただけである。すなわち外からの情報が全く断たれているので，今日の日付をそのように書かざるを得ないだけで，ひょっとすると前日の日付を見誤っているかもしれない。

日本から持ち込んだカップ麺，幅をきかす

8月6日の9時50分，列車が停車したので目が覚めた。コンパートメントの外の3人も同様である。どうもここで生活していると，朝おそくまで寝てしまうくせがつくようだ。

昨日の朝食もそうであったが，樫原さんが自宅から持参のインスタント食品で済ませ，このカップ麺は大いに助かっている。今朝はカップラーメンと卵とじ汁を各1杯。いずれも湯をかけ，3分間待って食する，インスタント食品である。これまであまり経験がないが，味の方はけっこういけるようだ。

同室の女性もインスタント食品で食事を間に合わせている。今やインスタントラーメンの類は，全世界に行きわたっているようだ。彼女の持参品は，ハングル文字が書かれているので，韓国（北朝鮮かも分からない）製のラーメンをいくつも準備してきており，似ているようだが，毎回違う食品を食べている様子。ラーメンだけでなく，キュウリ，トマト，モモ……など生鮮食品も持ち込んでいる。多分この列車での旅行に馴れているのであろう。

時刻は午後2時（ウラジオストック時間）になったので，昨日の食堂車に

行った。メンバーは昨日と同じ，ウェイトレス（メンバーのチーフか，40歳前後），厨房担当のブーチセン（30歳前後），そして車内販売員の40歳代後半と思われる女性の3人である。

ウェイトレスは，昨日と同じではまずかろうと，気をつかってくれる。サラダ（昨日と同じ），ボルシチ風を2人で1杯。ビール，ロシアンティーとなり，合計70,000Pで，昨日の61,500Pと大差ない。料理の内容は，昨日もそうであったが，決して手を抜いたものではなく，ほぼ満足している。気がついたことは，パンのバターは特別に注文しないと出てこないということである。ロシア人には，普段バターをつける習慣がないのであろうか。

ロシア語の知識はゼロに近いので，駅名も読めないが主要な駅に着いて，乗客は例によって買物，散歩，日光浴，ひやかしなどの目的でホームに降りた。ホームと言っても，日本のプラットホームとは大きくかけはなれており，平地より10cm程度高くしただけ，かつては舗装してあったのだろうが，今はその面影を残している程度なのである。

11．愛犬連れの乗客も常連

小生，樫原さんとも，特別な目的はなかったが，ホームに出てみた。乗降口の近くには，それぞれの車掌が，乗客が乗り遅れないようにとの配慮か，立っている。毎回，犬を連れた姿をみており，地の人による犬の散歩かと思っていたら，乗客が犬を連れて旅行していることがわかった。

にわか造りの売店は，ピロシキ，ヒマワリの種，イモ，即席麺，くだもの，野菜（トマト，キュウリ……），ジュース類等々，旅行中の日常品を主にとりあつかっている。列車の発車時間は，列車の遅れなどで違いがでてくるのであるが，車掌に「何分の発車か？」と質問しても，ただスピーカーを指して「スピーカーの放送内容に注意しろ！」と言ってるとしか解釈できなかった。

各車両のドアの開閉，車内の掃除，湯わかしの管理，駅停車中のトイレの閉鎖等々の世話をする車掌であるから，これは車掌ではないのかも知れないが，列車全体の発車時刻などの管理は何も出来ていないと見た。カーブを走るとき前後の車両数を数えてみると16～17両も連結していたので，列車全

体の時刻管理など，ほとんど不可能なのではなかろうか。ホームに降りた乗客は，スピーカーの情報，給水作業，車両点検作業，等々の進み具合で，自然に発車時刻が迫っていることを覚って，乗り込んでいるようにも見える。

この駅に1時間以上遅れて着いた，と隣室の男が教えてくれた。時刻表によるとモスクワ時間の07:38発車予定なのであるが，実際には08:50（同，ウラジオストック時間15:50）になったので，1時間と12分の遅れが出ていることになる。この1時間強の遅れはどう解釈してよいのか，イルクーツクまでに解消するのか，あるいは遅れがさらに大きくなるのか，大いに関心のあるところである。

さて，ウラジオストックを発車してすでに40時間（17:01 ウラジオストック時間現在）になるので，1時間の遅れは時刻で2.5%の差である。日本の列車と比較するのは無理かも知れないが，このような長距離列車では誤差の少ない部類に入れてよいのではなかろうか。

ウラジオストックを出発してから，未だ，たった40時間しかたっていないのである。この「第7列車」はウラジオストックを17:55（モスクワ時間）に出発して，4日目の19:39（モスクワ時間）にイルクーツクに到着する。所要時間は3日と1時間44分で，時間で言うと73時間44分となる。現在までに40時間かかっていることから，全体の54.2%を経過したことになる。

ちなみにシベリア鉄道の距離を示すと，以下の通りである。起点のモスクワからウラジオストックまで9,297km，モスクワ・イルクーツク間が5,191kmになっているので，ウラジオストック・イルクーツク間は4,106kmで，明日の夜おそく全体の44.2%に達することになる。ここでの平均時速は55.7km/hとなる。

12．広島原爆被害から52年，パスポート提示求められる
8月6日（水曜日）夕刻

本日8月6日は，半世紀以上前，広島に原爆が投下された日である。このロシアの地では誰も知らず，3日後のソ連軍の日本進入，参戦の日すら忘れさられていることであろう。われわれが，機会あるごとに主張しておく必要性のある日である。

夕刻，同室のルドルフが初めて小生らの会話に参加した。樫原さんとちびりちびりやっており，同室のルパと会話を楽しんでいたところへ，ルドルフが入ってきた。少々アルコールが入っていたのかもしれないが，積極的な参加で，良かった。

　ウィスキーを飲みながら聞き出したことによると，ルドルフは66歳，ルパ28歳で，ルドルフの職業ははっきりしないが，船乗りかも知れない。ルパは教師らしい。何様教師と称するルパも英語をほとんど解せず，もっぱら手振りと日露会話集による問答である。

　そうしているうちに隣室の2人（1人はアレキサンダと称する男性，もう1人は女性）も仲間に入り，かなりの盛り上がりとなった。小生のポラロイドカメラも一役買ったものと思われる。明日にでもポラロイドがもっと役に立つ事を願っている。

　話は全然違うが，あるいは間違いかも知れないが，昼間不愉快な思いと心配をした。昨日の昼間，いきなり小生と樫原さんはコンパートメント内で，パスポートの検査を受けた。2人連れの列車警察らしい男が，パスポートとビザの提示を求めた。入念に見て黙って帰ったのであるが，はなはだ失礼であり，無礼である。

　ところが，今日も昼食前にコンパートメントに来て，「それはツルタだ」みたいなセリフを残して去った。あたかも日本人旅行者の中に手配中の男がおり，小生らがその犯人でないことが分かっているかのような態度に見受けられた。極めて気持ちの良くない状況におかれた。午後12時に数分前だが，外は未だ青みが残っている。

13．8月7日（木曜日）大規模駅チタに到着

　昼寝をしているのに，夜もよく眠ることができる。6時頃か，目を覚ましたが，また寝て9時すぎまで熟睡した。

　雨である。チタ駅到着。昨日1時間以上の遅れがあったが，チタでは30分の遅れにとりもどしていた。チタが，どういうことで知られた都市か，よく分からないが，とにかく大きな町であることは了解できた。雨はそれほど激しくはないものの降っており，乗降客の往来で，にぎやかさを見せる，チ

ダ駅のプラットホームである。

　朝食は昨日同様，樫原さん持参のインスタント食品のカユで，今日はシャケガユと卵とじ汁である。小生は，インスタント食品に普段あまりなじんでいなかったが，今回の旅行で再認識させられた。日本で発明されて，世界中に普及した，代表的な商品の1つであろう。おそらく家電製品と並ぶ位置づけが得られるのではなかろうか。

14. 食堂車は連日ガラ空き，女性3名で切り盛り

　食堂車で3度目の食事をとり，はじめて冷えたビールを飲んだ。5日はサラダとピーマン肉づめ，6日は同じくサラダにロシアンスープ（1人前を2人で），そして今日はサラダ，チキンとなり，なかなか満足した。チキン23,000P，サラダ6,000P，ビール8,000P，サービス料2,000P，2人合わせて92,000Pである。

　3日続けて食堂車を利用したが，先客が居たのは初日だけで，他はガラ空きである。この「第7列車」が臨時列車的な色彩が強いのか，あるいは外国人がほとんど乗車していないことが，こうしたガラ空き状態をもたらしているようだ。

　すでに書いたかも知れないが，厨房の女性，会計の女性（このチームの中心か？），そして車内販売の女性，計3人で担当している。今日の夕刻（と言っても夜おそく）にイルクーツクに到着で，この「第7列車」とおわかれになる。もう一度，食堂車で食事をする予定である。

　いよいよ今夜おそく，それも24時39分（ウラジオストック時間）にイルクーツクに着く。列車泊3泊で4泊目をせずに下車することになる。イルクーツクで2泊の予定となっているが，ひょっとすると1泊かもわからない。というのはイルクーツクを出発してモスクワまでの所要日数が車中3泊となっているが，それでは足りないような気がするからである。あるいはもしかすると，モスクワ滞在が1泊少なくなるのかも知れない。

　ウランウデを18時58分（モスクワ時間11時58分）に発車した。予定ではモスクワ時間11時55分なので，ほとんど定刻通りの運行である。ウランウデは大都市である。おそらく人口百万人規模であろう。記憶によるとウラン

バートル，北京への分岐点である。そのせいか駅のホームにはアジア系の顔が目立った。

15. 南側の土地利用の方が重要

　16年前のシベリア鉄道の旅は，すでに述べたように，単独で，モスクワ（ヤロスラブリ）から乗り込んでハバロフスクに向かい，2等寝台車であった。その列車は北側が通路になった車両であったので，車窓からの眺めは北側が大半で，その時は今回これに乗るまで，何の疑問もなかったが，北側の土地利用より南側の眺めの方が重要であることが分かってきた。

　さすがに南側は陽当りがよく，明るく，眺めがよかった。今回，このイルクーツクまでの東半分は，それほどの広大さを感じさせるものではなく，イルクーツクからの後半，西半分の方に魅力があるのかも知れない。

　ところで本日20時（ウラジオストック時間，現地推定時間17時）頃から，右側車窓（北側）にバイカル湖が見えている。明るい限り見え続けるはずである。イルクーツクにはモスクワ時間で19時39分に到着予定なので，ウラジオストック時間で2時39分，現地時間で0時39分に到着する予定。

　2等寝台，1コンパートメント4人，夜になってもトンネルに入っても，電灯がついたりつかなかったりの状態である。今日はどういうわけか1時を過ぎても電灯がついている。イルクーツク下車客を考慮しての配慮なら大変なものである。

　車両ごとに湯は沸いているが，茶のサービスがあるわけではない。部屋の床の掃除が1日1回あったか，他には何もない。洗面所と便所が一緒になっており，トイレには紙のそなえつけなし。水道蛇口は節水型になっており，洗面器は小さく，やっと洗面が出来，歯みがきにも不自由である。

　今もそうなのであるが，枕元の電灯がときどき電圧低下のためか点滅する。それでも今日みたいに点灯しているだけましである。また今日はこの時間（ウラジオストック時間1時30分）になるというのに，マイクから音楽が流されている。ひょっとすると食堂車に集中管理のスイッチがあるのかもしれない。夕食時に若者が食堂車に来て，音楽を流していったが，そのままになっていることも考えられる。

第二部

1. "ホテルインツーリスト"へチェックイン

8月8日（金曜日）イルクーツクの朝

　イルクーツクの朝を迎えた。昨晩おそらく0時39分（イルクーツク時間，ウラジオストック同26時39分，モスクワ同19時39分）にイルクーツクにほぼ定刻に到着した。ホームから地下道への降り口で，パスポートの提示を若い警官（軍隊）から求められる。特別に問題が発生したのではなく，定例業務の一環である。

　まもなく，1人の若者が近付いて"Your name please？"と質問があり，小生"Tsuruta！"と答え「2人連れだろう」との問いかけがあった。小生らの出迎えである。他に1人の日本人が便乗して，ホテルインツーリストへ。

　チェックイン手続きには，ほとんど問題なく入室できた。ここもやはりお粗末な部屋である。浴室はシャワーだけ，ベッドは小さい，テレビのリモコンがない，部屋のドアにガタがある，夜中にドアのノックあり，ビールが高い（21,600P，ただし冷えてはいた），備品が粗末，等々である。シャワーを浴び，ビールを飲んで寝た。樫原さんはそのまま寝たらしい。

　7時半すぎ，2階のレストランに朝食に行く。日本人の団体客があり，かなりの込み具合であった。バイキング方式で，メニューの内容はまあまあである。パン，メダマ焼，ハム，野菜サラダ，チーズ，牛乳で済ます。他にオートミール，ツケモノ（ピクルス？）……かなり豊富なメニューである。食後，ホテルの2階，1階を探索する。両替は9時からだそうで未だ開業前である。

　準備をして9時になったので，フロントに行きパスポートを受け取り，100米ドルを576,000Pに交換した。インツーリストでは明朝のトランスファーサービスのため，10時頃窓口にきて「No.173列車」（イルクーツク12時34分発）に乗車する旨つげる必要がある。

2. モスクワのホテル予約で難問続出

今日，またもやインツーリストがらみでピンチが発生したが，何とか解決できたような気がする。すなわち，夕刻よく考えてみると，先ほどイルクーツク→モスクワの列車チケットは入手できたが，これもあまりスムーズではなく，小生らのバウチャーの行方が明らかでなかった。さて，モスクワのホテル accomodations がどうなっているかに気がついた。モスクワに行って主張できる材料が，何ひとつ手許にないのである。

インツーリストロビーに行って主張すると，どうも逃げ腰で，あまり熱心でない。小生はバウチャーのコピーを持っていたので，モスクワのホテルチケットを発行せよと要求したら，このコピーでモスクワで要求せよ，バウチャーの原本は自分たちも要る，との主張である。1枚のバウチャーに異なるホテル（宿泊日も当然異なる）の accomodations が書きこまれており，ホテル側としてもオリジナルが欲しいのである。

結論として，うるさく要求した結果，イルクーツクのホテルがコピーで済まし，小生がモスクワで主張できるよう，バウチャーの原本を渡してくれた。これでモスクワでのホテルの主張が可能となったが，もう1つ問題点が発生しそうだ。

3. インツーリスト関連のトラブル続出にうんざり

もう1つの問題点とは，9日にイルクーツクを出発して果たして12日にモスクワに到着するかの問題で，どうやらインツーリストの方で1日計算間違いしているようだ。モスクワのホテル accomodations は12日から宿泊になっているが，13日から14日までの1泊だけしか宿泊できないはずである。

この問題はスケジュールを組むときからあり，専門家が見れば解決できると思っていたが，ついにそのまま残ってしまった課題のようである。結局，モスクワ滞在がたった1泊となり，味気ない旅行になりそうだ。

課題は課題として明らかにする必要がある。しかしロシア旅行のように誰も最終的な責任を取ろうとしないシステムになっておれば，何年たっても解決できないのではなかろうか。

インツーリストに関連したトラブルがこれ以上，発生しないことを願って

いるが，思いがけない事故が発生してもおかしくない。領事館の世話になるような事故にならないよう，万全の注意を払っておく必要がある。

4. イルクーツクの食事

さてイルクーツクの食事について触れておこう。朝食はすでに書いた通りバイキング方式でとった。量，内容について特段問題点はなく，まずまずと言える。

昼食は2人で町に出ていたので，ガイドブックにある店でとのことになった。樫原さんの話によると，レストラン「バイカル」は魚料理を食わせる店であるとのことで，1時間ほど探索したが発見できなかった。そこでやはりガイドブックから，中華料理の「DRAGON」（ドラゴン）に変更し，そこを探し当てた。

出されたメニューはすべてロシア文字でさっぱり判断がつかないので，会話集で「昼食をとりたい」と指差した。ウェイトレスは困惑した様子だったので，2人ともサラダと，樫原さんが牛，小生が豚と指定すると，それなりの理解があったようだ。

内容はトマトとキュウリのサラダ（と言っても切って盛っただけ），キノコ（キクラゲにスメタナ（サワークリーム）をかけたもの），ピロシキ，ライス，そして肉の妙め物といった，十分に満足のいく料理になっていた。ライスはインディカ（長粒種）で，ねばり気はまったく無い。ぽろぽろの米粒である。小生らの食事が終了するとき，日本人の若いカップルが入ってきたので，何もわからないなら同じ注文がよい，とアドバイスした。

部屋に帰り，樫原さんは釣りザオを持って向こう側の近くの川に出かけた。小生は部屋でかたづけものをしながら，明日以降のことを考えていたら，先程のモスクワでのホテルaccomodationsが未だ済んでいないことに気づいた。大急ぎで1階のインツーリストオフィスで交渉する。すでに述べた通りである。

5. 責任のがれする担当者

ロシアという国柄は，調べるほどわからなくなるところである。モスクワ

着が1日遅れることはすでにここの係員は気がついているのであるが,「ここの責任でない,私は何も責任がない」と逃げまわっている状況だ。モスクワのホテルのことに気がまわったから救われたようなものだが,そのままモスクワに行ったら,おそらくホテルはなかったはずである。

　そうした1つのトラブル解決のあと夕食に町に出た。昼間探し切れなかったレストラン「バイカル」を再度さがそうと動いた。結論として廃業,移転,どちらか分からないが,跡はあったがレストランは発見できずにホテルに帰った。そしてホテルの2階の「Beijin」(北京)のおそまつさ,書くに及ばないのでやめるが,料金は2人で259,200Pと,ロシアにしては高い。

6. 52回目の長崎原爆忌 ── 8月9日(土曜日)ソ連参戦の日 ──

　長崎原爆忌である。同時に,52年前ソ連参戦の日である。その日,ロシアのイルクーツクで2回目の朝を迎えた。7時半になって朝食をレストラン「IRKUTSK」で済ます。今日は日本人団体はいなかったが,フランス語らしい団体客が30名ほどおり,かなり混雑していた。

　10時の約束で,インツーリストロビーに行ったが,トランスファー担当は未だ来ていない。その間50米ドルを280,000Pちょっとに両替する。9時Open予定が,なかなか開かずに大勢待たされる。小生の前に東洋人の女性がおり,英語をしゃべっているのでChinese？と質問すると,その通りだと回答あり。本人はカナダのメリーランドに住んでいるとのことで,両親はどこの出身かきくと,母親が中国,東北のハルピンで,父親がマレーシアとの答えあり。

　さてトランスファーサービスの交渉に入札66,000P支払うことになる。ウラジオストックの臨時で50,000Pであったことを考えると決して安くない。その後,14日モスクワ発の航空機のre-confirmもついでに済ました。

　トランスファーの出発が12時と決まったので,2時間ほど時間がある。トランクをラゲージにあずけ,アンガラ河畔に出てみる。樫原さんは釣りをして流れが速いと言っていたが,なるほど速い。多分バイカル湖に流入しているのであろうが,こんな大陸の中心部で流れが速いのかとびっくりした。鳥が飛んでいて,時折急降下して水面ぎりぎりで餌をとっている模様。樫原

さんの釣りには反応がなかったが，魚が住んでいる模様である。

7. イルクーツクを跡に後半の移動へ

　約束の 12 時にインツーリストロビーに行くと，予定通りにイルクーツクの駅までの送りのクルマ運転手と一緒になった。先程のラゲージ・サービスで 5 米ドル支払っておいたせいか，一時あずかりのおやじが荷物をクルマまで運んでくれた。クルマは橋をわたり，一方通行のせいかやや遠まわりをしたが，イルクーツク駅に到着した。運転手はそこまでで，あとは勝手にやってくれとの態度である。ウラジオストックの臨時送迎とは，かなり違っている。

　駅舎はかなりの人出で，熱気を帯びていた。正面の発車予定表をみても，「No.173 列車」(発車 12 時 49 分，モスクワ 7 時 49 分) らしい列車は存在しない。切符売りの窓口に行っても要領を得ない。小生らのとまどいに，現地人何人かが世話（お節介？）を続出してくれて，それは「向こう側だ」と盛んに教えてくれた。

　その向こう側に行くと，関所みたいなところに中年女性が座っていて，彼女に質問すると，英語は全く駄目でどうしようもない。時間が刻々と迫っている。「No.173 列車」は 12 時 49 分発と思っていたら，12 時 34 分発とのお節介がいて，ますます時間に追われてきた。

　若者ならよいだろうと質問して教えてもらうが，英語は話せるが，「この列車は昨日出発した !?」との衝撃的な回答が飛び出してくる。2 人とも全くあわててしまい，ロシア語，ロシア文字，そして数字の習得不足を痛感した。そうしているうち，樫原さんの会話集から第 5 ホームからの発車とわかり，そこへ出た。

　第 5 ホームに出ても確信できるわけではない。ホームで女性駅員のような係員に聞いて，初めて「No.173 列車」がこのホームに到着するとの確信を得た。何号車かとの疑問に 5 号車との情報がチケットから分かり，前の方へ移動した。

8. 満席の食堂車に駆け込む

　列車はイルクーツクを25分ほど遅れて，13時15分に発車した。間もなく，のどのかわきをおさえるためと空腹，そして安堵のため，食堂車に向かう。本当にビールでも飲まないとおれない状況にまで，追い込まれてしまったのだ。これまでに2度ほど，あるいは3度目か，ピンチを味わっているが，今回ほど心配したことはなかった。

　食堂車では昼食時ということで，前に乗った列車では経験しなかったのであるが，ほぼ満席であった。うろうろしているうちに，食堂車のチーフらしい女性が1テーブルあけて，小生らの席を作った。注文は樫原さんが前の列車で気に入ったチキンを注文し，小生は牛肉を注文した。

　ややしばらくして，小生が2本目のビールを注文するときになって，ようやく料理が運びこまれた。2人ともチキンであった。「注文が違う」と言う元気もなく，ただ貪り食った。先日もそう思ったが，日本で食うブロイラーと比較して数段味がよい。添えてあるジャガイモのフライもからっとして美味で，さらにトマトがうまかった。ビール2本，チキン他で87,000Pで1人当り45,000P，日本円で約1,000円である。

9. 究極のピンチまで

　やっとモスクワへ向かう寝台車を確保できたわけである。今日ほど緊迫した，そして「もうだめか？」とまで思わせたピンチはこれまでになかった。第一，駅の発車時刻らしい表に，「No.173」とか，12時49分とかの表示がどこにもなく，はたしてそんな列車が来るのかどうか。そして，事前に日本で時刻表を見る限り，この区間を運行している「No.173 Train」など存在しない。

　このようにいくつかの要因が重なって，本日の乗車前のあわてた姿になったわけである。第5号車の寝台が与えられたときほっとした。早くビールを飲みに食堂車へ行きたいと思った。列車は13時15分に発車したので，すぐに食堂車へ行きビールとなったのだが，冷えの足りないビールである。それでも小生2本，樫原さん1本をたいらげた。

　車内はそれほどまでに込んでなく，1コンパートメントを2人で利用でき

そうである。小生が下で樫原さんが上とのことであったが，車掌と交渉の結果，2人とも下の席をとることができた。そこに至るまでに大変な努力と交渉が必要であった。

10．宮崎焼酎で，下段ベッドを確保する
　すなわち樫原さんが車掌に10米ドルキャッシュと宮崎の焼酎を手渡し，2人とも下の席をとることができた。樫原さんは10米ドル札を見せて，車掌に交渉すると，車掌はニッコリ笑顔で「よかろう」ということに相成った。車掌が部屋に帰るとすぐさま追いかけて，宮崎焼酎を1パック差し入れていた。こうしたワイロ攻勢は効果てき面であり，車掌の態度はころりと変わった。湯を汲みに行っても，車掌が注いでくれるという状況に相成った。
　昼食のビール2本で良い気持ちでうつらうつらしていると，コンパートメントにカップルのニューカマーである。こんなに早くコンパートメントが満席になるとは考えてもみなかった。樫原さんと小生の2人がいずれも下段を占めていることに，後ろめたさがあったが，この際がんばることにした。
　18時頃まで将棋を指し，それからウィスキーを飲み始めた。ニューカマーにも誘いを入れると，気さくに加わった。それどころか小生らが持ち込んだ2本（ニッカ大瓶，バレンタイン12年モノ）が，すぐ空くのではないかと思うほどのピッチで飲み始めた。

11．ニューカマーはOlegとNatashaの兄妹
　2人はカップルかと思ったら，兄と妹とのことである。彼は28歳でソルジャーであり，技術者で名はOleg，妹は15歳で学生（生徒）でNatashaだそうだ。目的地はモスクワの1日ほど手前のベルミという都市である。彼女の方は学校で習ったらしい英語を少し話すが，彼の方はほとんど駄目である。
　結局，インスタントラーメンによる夕食まで一緒にすることになる。こんなにインスタントラーメンが全世界を席巻しているとは何度もびっくりしている状況である。食後，妹のNatashaをスリムエースで撮影してやった。15歳だと中学3年か高校1年という年齢である。

間もなくイルクーツクを出発して10時間になる。現在11時5分（イルクーツク時間，日本時間も同じ）で陽はとっぷり暮れている。しかし少し青みがかった白さが残っている。いわゆる白夜とは違うであろう。

小生はやや眠くなったが，Olegが小生のベッドで何やら（ヒマワリの種か？）食べているので，横になることができずに困っている。もう寝るからと言えばよいものであるが，もう少し様子を見ることにしている。

今日は列車に乗る前に，本当にびっくりした。このままイルクーツクに滞在を続けることになるのかと，本気になって心配をした。だけど今は順調にモスクワに向かっているのである。

12. 後半2日目，エニセイ川が北極海へ注ぐ
8月10日（日曜日）

シベリア鉄道後半の2日目の朝である。この旅行に出発して，今日で2週目に入る。午前8時のいまも半分くらいの乗客は睡眠中である。ロシア人は夜遅くまで活動し，朝ねぼうなのだろうか。あるいはサマータイムを含めて，現在のような時間帯を採用しているからなのかも知れない。

どこやら大きな駅に到着したらしい。2, 3分前に大きな河を越えたが，それがエニセイ川でここは「クラスノヤルスク」らしい。エニセイ川は北極海に注いでおり，貨物の運送はこの河川に依存している面が大きそうである。北極海に注いでいる河川をみると，いかに地球規模であるかと感慨無量になる。

クラスノヤルスクの停車時間が長いので，ホームに降りてみたが，季節はすっかり進んでいて秋そのものであった。駅にとまるたびに考えているが，旅行の形態が日本人とはまるで，異なっている。ビジネス旅行が少なく，家族を伴った旅行が多いということである。夏休み中ということも手伝っているのかも知れない。

13. シベリア鉄道を比較的多く利用する西洋系人種？

ソビエト連邦時代はもちろんのこととして，ロシア共和国も多民族国家であろうと思うが，駅のホームではよく西洋人以外の顔を見かける。乗客は西

洋人の顔が多く，アジア，中近東といった顔にはあまりお目にかからないようだ。経済的に恵まれた人ほど旅行の機会が多い，と一般論としては言えるだろうと考えたら，このシベリア鉄道は貧乏人しか利用しないとする説もあり一概に言えない。しかしやはりロシア人の中にも西洋人に有利なシステムが存在していると言えないであろうか。

西洋系といっても，ウラル，スラブ……種々混じっているはずであるが，小生の知識では判断がつかない。いずれにしても東洋系のロシア人は，あまりシベリア鉄道を利用していないという事実はありそうだ。彼らが経済的に恵まれていないからなのか，彼らはあまり圏内を移動する必要性がないからなのか，あるいは彼らは必要なとき鉄道以外の交通手段で，すなわち航空機，クルマを利用しているのかも分からない。

14. 美味な食堂車の料理

樫原さんが口内炎を悪くしているらしく，昼食を抜くとのことで，初めて単独食事のため，食堂車に行った。先客は同室のNatashaの連れ4名のみであった。

まず，係員に例の会話集で昼食であることを告げ，サラダを注文し，主菜に入るが，豚が品切れとのことで牛を注文する。パンは焼きたてのロールパンで，大変美味であった。列車内でパンを焼いている模様だ。

主菜の牛肉はジャガイモと煮てあり，日本の肉じゃがの肉が骨付き肉といったもので，大変なボリュームである。サラダはキュウリ，トマト，タマネギでオイルがかかっていた。パン，主菜，サラダ，いずれも満足できる食事であった。料金は34,000Pの請求で，日本円で700円，7米ドルというところである。

15. 旅行全体の姿がやっと見えてきた

さて，気になっている件である。モスクワに何日の何時頃到着するかということである。結論がほぼ出ているが，どうやら12日23時30分の到着になるらしい。バウチャーによるとモスクワのホテルを12〜14日の使用になっているが，そのことに疑問を抱いていたがどうも杞憂に終るようだ。

今年2月頃発行のThomas Cook時刻表のブルー版には「No.173列車」はこの区間を運行しておらず，したがってその時点の時刻表で調べることは不可能である。そこでこの時刻表に登場する区間を運転しているNo.9, 139, 01, 183, 41の5列車の所要時間をみると，早くつく列車，ゆっくりした列車と一概に言えないものの，大体3日と9～16時間であることがわかる。イルクーツクを9日の13時（現地時間，モスクワ時間8時）に出発しているので，最長時間として12日の24時，最短時間として同日の17時（いずれもモスクワ時間）の到着である。

　結論として最長時間に近い，12日の23時30分到着予定となった。これで，バウチャー通りにモスクワで12日のトランスファーサービスを受けることができ，12日からモスクワに滞在することになる。航空機が14日であるから13日はすっぽりモスクワ観光に当てることができそうである。

　どうやら旅行全体の姿が見えてきたような気がする。ウラジオストックの駅送りトランスファーから，昨日のイルクーツクの駅送りと列車への乗車と，何回か危ない目にあったが，目鼻がついたと言ってよいのではなかろうか。ほっと一息である。

16. それにしても同室の旅人達はよく飲みよく食う

　同室のOlegは体が大きいだけによく飲み，よく食う。小生持ち込みのウィスキー（チーチャーズ12）はすでに飲み干し，明晩からは樫原さん持ち込みのニッカを飲むことになる。この列車も2日目になって，かなりなごやかさが出てきたようだ。同室の2人に隣室の母子（子供2人，姉と弟）が入ってきたので，ポラロイドで写してやった。

　列車は西へ西へと進み，現在21時30分（イルクーツク時間）というのに陽のかげる様子は全くない。この時間帯は日本と同じであり，そうした時間帯を採用していること自体おかしい。あと1時間ほどで，工業都市のノボシビルスクに到着予定である。

　ノボシビルスク時間は，2時間ほどもずれて，19時30分（モスクワ14時30分）とでもしなければならないのであろうが，それにしても明るい。日本時間の午後3, 4時といってもおかしくない明るさである。すでに触れてい

るようにモスクワは定かではないが,極東シベリア地域の時間帯は実態にあっていない。そのうえ1時間の夏時間によるずれが生じているので,なおいっそうの違和感となってあらわれている。

17. ロシアが多様な時間帯を採用する真のねらい？

なぜロシアではこのような時間帯をとらないといけないのであろうか。ロシアの国土は,全体で11の時間帯に分かれている。モスクワは日本より6時間おくれで,そのモスクワより東側にはカムチャツカまで9つの時間帯となっている。

極東端のカムチャツカは日本より3時間早く,サハリン2時間,ウラジオストック,ナホトカ,ハバロフスクの極東中心部は日本より西側に位置するにもかかわらず1時間それぞれ早くなっており,あとはモスクワの6時間おくれまで時間帯が刻まれている。

日本よりも西側に位置して時間帯が早くなる矛盾が存在しているのがロシアの時間である。さらにこれとは別に,1年のうちかなりの期間（3月～9月の6カ月近く）に夏時間による,1時間繰り上げ制度を導入しているのでいっそうおかしくなっている。

ロシアがこのような地域の日の出,日没と異なった時間帯をとっていることの理由は,どこにあるのであろうか。日付変更線の場所をみるとすぐ分かるのであるが,ロシアは世界中で一番早く「今日」を迎えることができるのである。それがカムチャツカやサハリンでは駄目で,極東の中心都市であるウラジオストック,ナホトカ,ハバロフスクが,日本より早く今日になっていることが必要なのである。ロシアは世界の情報をどの国よりも早くキャッチした,という実績を残す必要があるのではなかろうか。国民の生活リズムを犠牲にしてまで,国家の利益を優先させる必要性が,ここに存在するのではないか。

18. オビ川中流域のノボシビルスクに到着

20時20分（イルクーツク時間22時20分,モスクワ17時20分）にノボシビルスクに到着。20時50分に発車するまで30分間停車する。外気は到着時

14℃が，途中で13℃まで下がりすっかり秋である。オーバーコート姿も見られる。

　乗客の入れ替えが隣室であった。ニューカマー達は毛糸のセーターを着ている。シベリアは確実に秋に向かっている。ノボシビルスクはオビ川中流に位置し，シベリア鉄道の建設によって出来た町で，人口150万人，シベリア第一の都市である。

　駅のそばには，20階以上もあろうかと思えるビル街が見える。ここは科学技術の中心都市でもある。これまでの都市よりも，活気を感じさせる町である。ただ駅はホームのとりこわしなど改装途中なのか，放置なのか詳細は不明だがあまりよいイメージはない。

　ノボシビルスクを出発して30分，21時20分（ノボシビルスク時間）になり，どうにか夕刻らしくなった。それでもサマータイムの1時間が早すぎて，20時20分という感じである。

　モスクワから3,335kmの標識がノボシビルスクをすぎてすぐ見えた。一旦消灯したが，なかなか寝つけないので，再度おきあがって座りこんでいる。携帯のウィスキーボトルの残りをなめなめの記録である。先ほどまでうるさかった音楽がやみ，やっと静けさをとり戻した感じである。

　ノボシビルスク時間22時20分（モスクワ時間19時20分）であるが，外は闇ではない。薄暮よりはくらいが，まだ物体の確認は可能である。これは白夜のせいかも知れない。

　今，車窓から外を見ている。16年前，飽きるほど見た風景をさらに見直している。

19．政治体制が変更され，国民生活に目立った変化があったのだろうか

　16年前と今回，どこに違いがあるのか。ロシアは政治体制が変更され，国民生活に変化があったのか，ソ連邦解体による自由化があるが，ロシアの国民生活はよくなったのであろうか。列車で見る限りであり，断定することはできない。またウラジオストックとイルクーツクで各2泊して町を散策した。前回はモスクワ，レニングラード，ハバロフスクに宿泊したが，それほど自由に動いたわけではない。今回のウラジオストック，イルクーツクの滞

在は大いに参考になった。

　16年前は米国と並ぶ二大国の一つとしてとらえていた面があり，ロシアを大国として先入観をもって観た感がある。したがって多くのソ連圏内の現象を，プラスに評価していた面がありそうだ。しかし今回はそうした誇張した面はなくなり，反面マイナスの強調が存在しているのではないかと危惧している。

　すなわち列車でみても町を歩いても，ロシアの町は過去の遺物でしかなく，現在を，そして明日に飛び立とうとする町並みでは決してない，と言えるのではなかろうか。

　それは建物の手入れ，道路の舗装状況，駅舎の状況，これらのハード面をみる限り，どうにも仕様のない状況を訴えている。これがかつて軍事力，科学技術，経済力，教育文化のあらゆる面で米国と肩を並べた国かと思わせるものがあり，こうした状況がマイナス・イメージを加速度的に強くしているのではなかろうか。言い方をかえると開放後のロシアは，必要以上に外部に対して，マイナス・イメージを強くしている。

20．ハード面だけでなくソフト面でもロシアはおくれが目立つ？

　以上のようなハードの面からだけでなく，ソフトの面をみてもロシアはおくれをとっている。市場経済システムが採用されていることは大変よいことなのであるが，今ひとつぎくしゃくした面がある。例えばホテルにしろレストランにしろ，価格とサービス内容によって客を失ったり増加させたりするはずである。しかし外国人の観光客を一手に引き受けているインツーリスト社の割当てで，客の利用できる施設が決定するシステムになっている。したがって個々の施設（ホテル，レストラン等）が，客を増やす努力をしないといった構図になっている。

　観光案内書ではその都市を代表するホテルの部屋が，大変お粗末であったりする。ウラジオストック，イルクーツクの場合がそれである。部屋のドアの開閉がスムースでない，室内装備がきわめて質素，いやお粗末，窓の開閉が不自由，テレビのリモコンが効かない，シャワー施設が使いにくい（両方とも風呂桶はなかった）等々である。

21. 8月11日（月曜日）車内の食事と車内生活

　6時45分（ノボシビルスク時間）朝日が昇る。客室の小生のベッドから真正面に見える。先ほど30～60分ほど前，オムスクらしい町に停車したが，駅名の確認を行っていない。昨夜，時計を2時間おくらせて，ノボシビルスク時間にしたので，かなり生活時間に近くなってきた。モスクワ時間との差は3時間に縮まった。モスクワまではあと1日半で，明晩遅くに着く予定である。今夜と明晩も夕食を車内でとり，深夜の到着となる。

　昼の食堂車に行き，ギョウザ（水餃子風）を食う。中国式のギョウザは1枚の皮で包みこむが，ここのは多分，上下各1枚の皮で包んでいるのではないか。とはいっても薄っぺらではなく，ギョウザに厚みがある。スープの塩味が効きすぎていたが，まあまあの味であった。これで3日続けて昼食は食堂車でとったことになり，明日は最後の車中昼食になるだろう。

　初日の9日はつかれはてての食堂車で，2人ともチキンに落ち着いた。昨2日目は小生ひとりの昼食で牛肉，そして今日3日目となった。昨日は夕食抜きであったが，本日も軽くクラッカー程度にしておこうと思っている。

　今，午後6時30分。同室のOlegが夕食をとり始めている。例の通りインスタントラーメン，そして途中の駅の露店で購入したソーセージ，持ち込みのゆで卵といったメニューである。彼らは，われわれ日本人が気がつきにくい生野菜を食事時にとるから，栄養面で救われているようだ。日本人は四季に恵まれているので，三度三度の食事で生野菜をとることに，それほど困難性がない。それで，ついうっかりビタミン摂取に疎かになっていると言えよう。つまり彼らは季節的に生野菜の摂取不能な時期が存在するものだから，できるときに摂取しておこうとする行動をとっているのである。

22. バラエティーに富んだ食事を摂るロシア人

　この数日間，彼らといっしょの生活をし，食生活の一面を見てきた。決してぜいたくはしないが，バラエティーに富んだ食事になっていると見た。日本人ならカップラーメンだけで済ますところ，彼らは食事のなかに野菜，ソーセージ，卵といった副食を上手につかっている。こうした自然条件と闘う姿勢が，日常生活の中にもあらわれているようだ。

さて同室の Oleg, Natasha 兄妹が本日おそく下車する。モスクワへ1日ほど手前のベルミでの下車である。先ほど最後のウィスキーをかわしながら小生のスリムエースで記念写真を撮った。今，樫原さんの指南で五目並べの最中である。ロシアの陸軍大尉であるだけに覚えも早く，小生らとの交流がかつての英語力をとりもどさせているように，英語が飛び出している。

　この兄妹はどういう組み合わせであろう。Oleg は Natasha がかわいくて仕様がないらしく，妹の Natasha はしたい放題のことをしている感じである。Natasha は 15 歳で，小生との会話が行き詰まると "Sprechen du Deutsch？" とドイツ語で挑戦してくる始末である。かと言ってドイツ語ができるわけではなく，学校で習ったという程度の模様である。

23. 生活時間とかけはなれた，地方時間の採用

　また時間帯がずれている。現在ノボシビルスク時間で 21 時 45 分（モスクワ時間 18 時 45 分）であるが，外の陽は高くとても午後 9 時すぎ，10 時近くではない。すでにモスクワと同じ時間帯でもいっこうにおかしくないような陽ざしである。ここでモスクワ時間にするため 3 時間，手持ちの時計をおくらせることにする。したがって現在は 18 時 40 分（モスクワ標準時）である。陽は高く，ロシアの夜は長い。

　22 時 43 分定刻，Oleg と Natasha が下車するベルミに到着した。2 日間だが一緒の生活をした仲なので名残惜しい。Oleg の奥さんに博多人形の絵葉書をプレゼントする。

　8 月 12 日（火曜日），シベリア鉄道を下車する日の午前 4 時（モスクワ時間，以下同じ）である。本日深夜 11 時 30 分到着予定であるから，あと 19 時間余りで着くことになる。昨夜 10 時半すぎに同室の Oleg, Natasha 兄妹が下車したので，このコンパートメントは樫原さんと 2 人だけである。

24. あと 20 時間足らずで終点

　モスクワ時刻にしてから初めての朝なのであるが，夜明けがこんなに早いのは未だ経験していない。何度も書いたように，ロシアは夜おそく，そして朝の活動も遅いと感じていた。少なくとも極東地方，シベリア地域において

はである。しかしモスクワまで，あと20時間を切った（距離にしておそらく1,000km程度か？）時点の感じでは，朝は決しておそくなさそうである。

これは明日，明後日の朝をみて判断しなければならないが，ロシア人，あるいはモスクワっ子も，本当は朝が早く，働き者が多いのではなかろうか。東の空が真っ赤になった。4時30分，日の出が近いらしい。手前の平原（麦畑か？）に真白いモヤがかかっている。おそらく大気温度と地平面との温度差で，水分が地平面に降りた現象なのであろう。

25. 車掌から朝食のさし入れ

車掌からさし入れのボルシチが，本日の朝食になる。湯を汲みにいったら，料理ができたので食べて行けとの呼びかけがあり，"Net スパシーバ" と小生がていねいに遠慮気味に断ってきた。次に樫原さんが行き "Da スパシーバ"，もしくは "Da ポジャース" とでも言ったらしく，彼女はボルシチを差し入れてくれた。樫原さんはさらにおかわりを要求するといった行動となる。

そのボルシチはケチャップ味の牛肉のだしで，ジャガイモ，タマネギ，その他の噛むと甘いSomethingが入っていて大変に美味であった。スメタナもかくし味で入っていたのかも知れない。これも朝早い役得かも知れない。

26. シベリア鉄道のスピード

さてシベリア鉄道の時速が遅いとの話題になり，時刻表をもとに計算すると以下の通りである。

ウラジオストック⇔イルクーツク間（前半分 4,106km，時刻はすべてモスクワ時間）00:55発，09:39着 3days1hour44minutes = 73hours44minutes 時速 55.7km/h

イルクーツク⇔モスクワ間（後半分 5,191km）07:49発，23:30着
3days15hours41minutes = 87hours41minutes 時速 59.2km/h

全線（9,297km）時速 57.6km/h

シベリア鉄道全体でみると時速58km/h，ウラジオストック⇔イルクーツク（シベリア鉄道東部）が56km/h，イルクーツク⇔モスクワ（シベリア鉄

道西部）が59km/hとなり，これは決して速くはない。むしろ遅いと言える。もちろんこの計算には長時間停車（例えば給水時間，車両点検などの30分停車）を含んでの話である。鹿児島本線よりかなり遅いのではないか。

27. ギョウザ包みを手伝う

　11時30分，少々早目の食堂車で昼食をとった。今朝早くに車掌からの差し入れボルシチで済ませていたので，早く空腹を覚えたのだ。これで小生は4度目の昼食を，食堂車でとったことになり，今回で最後の食堂車になる。樫原さんの要望でチキンとなり，肉ダンゴのスープがサービスで付くことになった。この肉ダンゴは昨日のギョウザの具を丸めたもので，昨日の副産物である。それどころか，今日もさかんにギョウザを包んでいたので，2つ3つ包ませてもらった。

　具，麺とも事前に準備されていると見た。とくに麺は時間をかけて充分に練られていると見え，包むときに伸びがよかった。包み方は2枚で上下を合わせているのかと思ったら，1枚で上手に包んでいた。

28. 人気の高いポラロイドカメラ

　さて先程，樫原さんと将棋を指していた途中，1人の若者がトイレの前で小生が出るのを待っていた。「ポラロイド」で自分を写して欲しいとの要望であり，部屋に連れて来て写してやった。どこから聞き出したのか，小生がスリムエースを持っていることを知っていたのである。

　そのスリムエースで，食堂車でも子供達，女主人，乗客を写してやった。停車中のホームで見る限り，ロシア人でカメラをぶらさげているのはめずらしく，まだ自己用カメラを持ち歩くまで経済的に余裕がないのかと感じさせた。

　さらに単独でポラロイド写真を撮ってくれ，と言っていた男が，下車前に小生らの部屋を訪れ，一緒に酒を飲もうと来た。見れば9日にこの列車に乗り込んだとき，樫原さんが下の席確保のため車掌に手渡した，宮崎産焼酎を持っていた。このせまい車内で，品物が流通した結果，彼の手中に移ったことになる。

29. 終着駅を前に

　長いシベリア鉄道の旅もあと7時間で終点のモスクワに着く。旅行の構想段階，概略計画の段階，この旅行が実現するか否か，樫原さんも小生も半信半疑ですごしてきた。つい先月7月になり，最終意志決定をしても，可能性は100％とは言えなかった。しかし10日前に実現し，そしてあと7時間でメインの鉄道による移動は終了する。そして1日間のモスクワ観光とモスクワから成田への航空機による移動である。

　これで小生はシベリア鉄道を往復したことになる。途中で16年間の年月をおくが，世界最長の鉄道を上下乗りつくしたのは大きな記録の樹立になる。以下の研究テーマ候補には，いずれにも関心があり，テーマとして取り上げる可能性がある。

・シベリア鉄道の歴史
・ソ連・ロシア史（政治）
・ロシア共和国の人種
・ソ連・ロシアの極東政策
・ロシアの都市
・世界の鉄道とその歴史・役割
・わが国とソ連・ロシア

　いま8月12日午後9時，あと2時間30分でモスクワのヤロスラブリ駅終点に到着する。外は未だ明るい。あと1時間くらいは明るさが残るのではなかろうか。

　午後10時になったが，やはり外の様子は分かる。真っ暗ではない。明るさが残っている。午後11時10分。ついに9,297kmを乗り切ってしまう時間になった。先ほどから大都市の郊外らしい駅をいくつか通過している。全体として市内が暗い感じである。

　以下に，主としてクラスノヤルスク駅ホーム及び車窓からの風景などを題材に詠んだ句を挙げておく。なお，「牛骨」は筆者の俳号である。

「シベリアの車窓にも見る秋近し」牛骨
「アンガラに餌とる鳥や秋近し」同上
「白樺が一面被って秋近し」同上
「道もなく家なく畑なく秋の空」同上
「明日モスコー列車のなかにも秋の風」同上
「ウラジオの日本海にも秋の波」同上
「ハバロフスク故郷を想い秋の空」同上
「大河みて北極海に秋想う」同上
「駅頭に物売る老婆秋深し」同上
「物売りに乗客集う秋の風」同上
「秋の風出店賑わう停車駅」同上
「街角に物乞う老婆秋近し」同上
「寝台車三晩経るうち秋の色」同上
「茶を配る女車掌は秋姿」同上
「北国はすでに秋空道遠く」同上
「ロシアにも秋の気配か風の音」同上

第 三 部

1. モスクワ・ヤロスラブリ駅到着
8月13日（水曜日）

　昨夜，予定より15分ほど早目にモスクワ・ヤロスラブリ駅に到着した。ホームを移動していたら，前方からINTOURISTの看板を持った男が接近し，よくみるとかつてのウラジオストックと同じようにTSURUTA，KASHIHARAと書いた紙切れを持っている。小生らの出迎えである。

　ややしばらく歩かされ（地下道を渡る），乗用車に乗せられ，その男とは分かれ，別の男が運転しはじめる。出迎えの男からは，小生に「ホテルはどこか？」との質問があり，小生は当然知っているものと思い「インツーリスト！」と答える。相手は確認した模様である。約20分程度かかるとのこと。

20階建てのホテルインツーリストに到着した。16年前と場所は同じであるが，建物は新築されている。チェックインは何事もなく，605号室に収まる。ホテル前を数分間散歩し，90,000Pで各1本ビールを買い，部屋の風呂あがりに飲んだ。オランダ製のBAVARIAというアルコール分8.6％のビールであった。
　今朝は6時30分頃，目を覚ます。下の道路は雨上がりのようにぬれている。霜でも降ったのであろうか。外に出るとヒヤリとした。しかし陽が照ると，あたたかくなるのではなかろうか。
　朝食は2階のレストランで，コンチネンタル方式である。7時30分からであるが，大勢の人が列をつくっていて，早い時間は混雑するようだ。
　モスクワ見学初日。16年振りにモスクワの街並を歩くことになる。このインツーリストホテルは新築されており，旧館の面影はまったくない。以前はホテルの周辺で工事中だったような気がするが，いまも同じく工事中のようだ。
　明日のトランスファーサービスの予約（16時30分出発）をし，エアロフロートのリコンファームをエアロフロートの営業所で行い，レーニン廟に向う。カメラ持参のため手続き面倒であきらめ，グム百貨店，そしてクレムリンを見学する。

2．8月14日（木曜日）曇り空

　今回旅行の最終日である。昨日は，日本人カップルと小生らの4人で夕食をホテル3階のレストランでする。50米ドルの夕食で，スープ，ボルシチ，アントレーのコースになっており，アントレーは牛肉にする。
　バンドの演奏がついていて，最初に「サクラ，サクラ」から始まり，日本の曲を数曲演奏し，最後にテーブルの近くで，歌手が奏でた。
　昨夜は疲れて，ウィスキーを飲んで，ぐっすり寝た。どうも疲れが残っているようだ。樫原さんは朝食を済ませ，市内の見学に出かけている。小生はおくれて朝食に行き，Check out時間の12時まで部屋でゆっくりするつもりである。
　朝食はコンチネンタル方式できわめて簡素である。パン，チーズ，バター，

ソーセージ，野菜，牛乳，ジュース，果物，紅茶 etc. から勝手にテーブルに持っていく方式である。その朝食で，楽器メーカーの調律をしている日本人青年といっしょになった。カワイ楽器からの出張だそうだ。

　今，部屋でテレビの CNN を聞きながら，このメモを書いている。ロシア語で早口にしゃべりまくられてうんざりしている段階で，CNN の放送内容を聞き取れるわけではないが，英語を聞いているだけでほっとした気分になれる。韓国を旅行していて町中がハングルにあふれているとき，ハングル中毒に陥るのと同じように，ロシア語とロシア文字にはうんざりさせられる。それにしても CNN で日本のことが記事になることが少ない。伊良部が勝利投手になったらしい話が出るくらいである。

　ホテル1階のロビーバー（吹き抜けの天窓つきの部屋）でハイネケンビール（25,000P，0.33ℓ，アルコール分5%）を飲みながらの記述である。ビール1本500円が高いか安いか，ロシア人感覚では高いが，小生らの日常生活ではまあまあである。

　ビールラベルによると 40kcal/100mℓ とあり，1本飲むと 120kcal のカロリー摂取になるそうだ。この旅行もよくビールを飲んだ。昼食時にビール1〜2本，夕食でまた飲み，毎日4本ほどのビールになったのではないか。肉食と重なり，痛風の原因である尿酸値が高くなっている可能性がある。

　樫原さんが11時半頃帰ってきた。荷物をラゲージにあずけチェックアウト（定刻12時）をし，昼食をとった。ホテルの表側に附設されたようなカフェに入り注文となった。スープを2人前，樫原さんがサーモン，小生が野菜を注文したつもりであったが，間違って伝わったのか，あるいはこんなものなのか，予想した食事とは違っていた。

　スープはボルシチで，肉片，野菜，キノコをベースに油っこく味つけされ，スメタナが入れてあった。このボルシチは高度な味であった。実際に来た主菜の方は樫原さんのはギョウザ，小生のは野菜がベースであろうがチーズで固めて，たれをかけたような味と形であった。2人とも半分も食べずに残してしまった。

　樫原さんは未だミヤゲモノが足りないらしく，昨日見学したアルバート通りに出かけた。小生は少々疲れがあるので，用心のため行動に参加せず，ホ

テルのロビーで待機することにした。

　このホテルについて，先に16年前は古い建物であったと書いたが，その後分かったことによると，すでに1970年にこの建物になっているそうだ。小生の思い違いであるが，この１階ロビーからは当時の面影はまったく存在しない。確か１階は全面的に土産物店であったような気がする。

　昨日の夕食をとったレストランではキャッシュカードが通用せず，現金であればルーブル，米ドル，日本円いずれも可との話で，このロビーのバーではルーブルのみで米ドル，日本円は通用しない。また先程の昼食レストランではカードがOKで，他はルーブルのみである。また昨日の昼のレストランは米ドルで計算し，ルーブルでの支払いしか通用しなかった。そこでカードのことは質問しなかったのでわからない。

　このように大都市モスクワの代表的な国際ホテルで，どうもルーブルにこだわっている。さすがにカードの信頼は高いようであるが，米ドル，日本円にもう少しopenになるべきではなかろうか。

3. ロシア出国

　16時10分頃，トランスファーサービスの乗用車で，モスクワ空港に向かうことになった。16時ちょっとすぎ，インツーリストの事務室に行って用件を告げると何やら手書きのノートを調べ，ホテル玄関前に待機しているボルボの159に乗れ「Volvo159」とメモをくれた。玄関前は広場とか駐車場になっているわけではなく，単に道路のはしに勝手にクルマを止め，駐車場がわりに使用されているのである。Volvo159のナンバープレートはすぐわかった。

　途中に渋滞個所があり，40分強で空港に到着した。インツーリストの送迎サービス（トランスファーサービス）は実によくできている。Volvo159を見つけ，バウチャーの写し（コピー）を見せると，ちゃんと心得ていて，「エルポルト？」と行き先を確かめてから走り出した。

　モスクワ駅への出迎えにしても，今日の空港おくりにしても，サービスの内容はかなり密度の濃い，サービスである。独自でタクシーをつかまえたり，タクシー乗り場を探したりの作業は大変であるから，このトランスファー

サービスには本当に助かった。

　さてモスクワ滞在2泊で，ロシアから出国することになる。今日は昨日の飲みすぎがたたって少々きつかったので，今日に予定していた土産は何も買っていない。8月3日にウラジオストック経由で入国し，12日目のきょうモスクワ空港から出国することになる。どうやらこの旅行も無事に終了しそうである。

　19時20分発予定のSU575便は予定をすぎて20時近くに離陸した。ほぼ満席で95%程度か。半分以上が日本人客である。機内に入るとき12日ぶりに朝日，毎日，読売の日本の新聞を入手し，目を通した。

　食事はチキンとビーフの2種類準備されており，樫原さんがチキン，小生が牛肉を食った。熱が通っておりロシアにしてはサービスがよいと思った。

4．8月15日（金曜日）

　時計を5時間進めて日本時間にする。モスクワを離陸して間もなく6時間になる。あと3時間程で成田に着くはずである。離陸してからほとんどゆれもなくここまできた。

　現在，午前7時ちょっと前である。5時半頃，進行方向の左側で，太陽が昇った。飛行機は南東に向かっている。午前8時を過ぎて，機内の電灯がつけられた。今から朝食の配布がある模様だ。

　振り返ってみると，8月3日に福岡空港を出発して13日ぶりに本土を踏むことが出来た。奇しくもその日は52回目の終戦記念日であった。

久留米大学経済学部時代を振り返る

冨元　國光

はじめに

　私は，久留米大学に経済学部が創設されるということで，1988年4月1日に久留米大学商学部に赴任した。

　それ以前は経済企画庁に勤務し，日本の経済発展計画，国土総合開発計画（後で国土庁），国民生活・消費者行政，経済研究所でGDPの推計，景気観測などに携わっていた。久留米大学にきてみると，経済学部創設に関しては，商学部内に賛否論がありなかなか具体的な設立準備が進まなかった。

　当時，久留米大学には医学部と商学部があり商学部の中に経済学科があった。総合大学化の構想が進んでおり，1987年に法学部が創設され，次いで，文学部が創設される運びとなる中で，経済学部の創設は先送りとなってしまい，1994年に創設ということになった。その間6年間も諸般の事情で遅れてしまったことが強く記憶に残る。

1．経済学部での講義と研究

　講義は，「日本経済論」(受講学生約500～600人)，経済学概論（同500人），演習Ⅰ（同50人），演習Ⅱ（同50人），演習Ⅲ（同50人），演習Ⅳ（同25人），外国書購読（25人），医学部「経務学」（50人）を担当した。受講学生は合計1,350人程で，定期試験の採点には多大な時間を要し多忙であった。

研究成果
① NEW NET NATIONAL WELFARE の開発（1993 年 6 月発表）
② 福祉指標と GNP（1990 年 3 月）
③ 日本の経済計画と成長（1997 年 6 月）
④ 日本の地域開発政策（1995 年 10 月）
⑤ 現代日本の豊かさ―その中の不安と希望―（1997 年 7 月）
⑥ 望ましい公的年金水準の選択（1999 年 3 月）
⑦ 日本と東アジアの景気動向（2000 年 2 月）
⑧ 著書『成熟社会の経済政策』（2000 年 4 月）
⑨ 少子高齢化社会の社会保障の課題（2012 年 8 月）

2．学会活動など
次の学会に入会し研究した。

① 景気循環学会（理事）1990 年に久留米大学で全国大会を開催した。
② 統計研究会
③ 日本計画行政学会
④ 生活経済学会
⑤ 日本地域学会
⑥ 九州経済学会
⑦ 西日本理論経済学会

3．大学行政事務など
　広報委員，就職委員，入試委員などを担当し，関東地区，近畿地区，大阪地区，九州地区などへ出張し，学生募集，就職斡旋活動などを行った。

4．課外活動
　久留米大学バレーボール部の監督を引き受けた。当時，九州地区大学バレーボール協会には六十数校があり，久留米大学はその中で第 5 部グループにあった。これをスポーツ推薦入学制を採用して優秀な学生を集め，毎年優

勝を重ねて4年間で第1部グループ（6校）までに持ち上げることができた。

部長・顧問は櫻井浩先生で一緒に各地での試合に遠征することが楽しかった。私が学生時代にバレーボール部の主将を務め，全国大学大会に出場した経験を有しており，これが監督としても役立った。

5．社会活動と公開講座

久留米市の環境委員会の座長を引き受け，生活環境・公害調査などを行った。また，久留米市幹部職員養成研修で，毎年，「日本経済の現状と課題」「豊かさの経済指標」等について講義した。

また，大分県の依頼で生涯学習講座を担当し，「豊かさの本質」をテーマとして大分市，別府市，中津市，竹田市などで講演を行った。

6．国際交流活動

経済学部発足を記念して「中国社会科学院」との間に「経済社会国際シンポジウム」を開催することになり，第1回研究会が中国・北京市で開催された。久留米大学から学部長の木下悦二先生をはじめとして主な教授（冨元，駄田井，鈴木，櫻井，鶴田，原田各先生，他）が出席した。これを機会に「日・中交流協定」が結ばれ，毎年シンポジウムが行われることとなった。以来，2014年までに19回のシンポジウムが開催されている。

主な研究発表・現地視察は次の通りである。

① 1996年8月　中国北京市，第1回シンポジウム，「日本の経済計画と経済成長」発表
② 1997年11月　久留米大学，第2回シンポジウム，「日本の国土総合開発計画」発表
③ 1998年9月　中国懐柔県，第3回シンポジウム，「日本型福祉国家の社会保障」発表
④ 1999年9月　久留米大学，第4回シンポジウム，「日本経済の現状とアジア経済の展望」発表
⑤ 2004年1月　久留米大学創立10周年記念シンポジウム，「東京オリン

ピックと日本経済」発表
⑥ 2006 年 8 月　中国貴州省凱里市，第 11 回シンポジウム出席
⑦ 2007 年 11 月　久留米大学，第 12 回シンポジウム出席
⑧ 2008 年 10 月　中国河北省，第 13 回シンポジウム出席，雲南省視察
⑨ 2009 年 10 月　中国上海，成都，九塞溝視察
⑩ 2010 年 8 月　中国北京，第 15 回シンポジウム，「少子高齢化社会の社会保障の課題」発表，山西省視察
⑪ 2011 年 8 月　中国新疆ウイグル自治区視察
⑫ 2012 年 8 月　中国河南省鄭州市，第 17 回シンポジウム出席，河南省視察
⑬ 2013 年 10 月　久留米大学，第 18 回シンポジウム出席，中国寧夏回族自治区視察
⑭ 2014 年 8 月　中国長春市，第 19 回シンポジウム出席，延辺朝鮮族自治区視察

その他の国際交流
① 1991 年 6 月　韓国ソウル大学，全南大学，「日・韓シンポジウム」
② 1996 年 12 月　台湾台北市，「日・台景気循環学会」座長・司会
③ 1997 年 3 月　中国雲南省チワン族自治区に駄田井先生，櫻井先生と同行し，広西大学，広西行政学院，広西民俗学院，百色市で「日本の経済計画と経済成長」について講義。行政学院から「客員教授」の称号を貰う。
④ 1998 年 7 月　中国雲南省広西行政学院，広西民族学院で講演，桂林視察
⑤ 1999 年 10 月　福岡で「日本・台湾・韓国，景気シンポジウム」を開催した。テーマは「東アジアの景気と九州経済の進路」，発表者は台湾行政院政務委員 郭宛容氏，台湾経済研究院長 呉栄義氏，韓国釜山大学経済学部長 李海珠氏，そして福岡国際大学教授 冨元國光（司会）。
⑥ 2000 年 2 月　欧州オランダ，イギリス，ドイツ等の「都市開発整備」を視察した。櫻井先生，鶴田先生，駄田井先生同行。

⑦ 2000 年 3 月 韓国全州大学学生交流，バレーボール親善試合，櫻井先生，鶴田善彦先生が同行。

　以上，経済学部で私が関与した主な国際交流について記述した。特に中国との交流には，木下先生をはじめ，駄田井先生，鈴木先生，櫻井先生，鶴田先生，中村先生，原田先生，江藤先生，松石先生，岩本先生が参加されて，懇親会が盛大で楽しかったことが思い出される。また，広大な中国各地を視察し，数多くの少数民族の文化等に接することができたことは幸いであった。

　なお，中国社会科学院との交流については経済学部卒業生の王橋さん，趙煜文さん，夏広軍さんに大変お世話になったことにお礼申し上げたい。また，中国雲南省，広西チワン族自治区では経済学部卒業生の凌経球さん，黎克林さんにお世話になったことをお礼申し上げたい。

　経済学部在任中の記憶が深い出来事について，とりとめもなく記述しました。

おわりに

　久留米大学経済学部創設期の一人として，経済学部が将来どのように発展できるかが気になっていましたが，皆さんの努力により，時代を先取りした改組も進み，順調に発展し，20 周年を迎えたことは誠に喜ばしいことと存じます。

　これからも経済学部がさらに発展することを切に期待いたします。

経済学部とともに駆け抜けた日々

松尾 匡

駄田井先生って貫禄あったよね
　久留米大学経済学部設立20周年と聞いて気づいたのですけど，駄田井先生って僕よりちょうど20歳上なんですね。ということは，僕はなんと今，経済学部作った当時の駄田井先生と同じ年齢になっているということで！
　当時の駄田井先生って，すごい貫禄に見えたんだけど。なんかとっても頼れるオヤジに見えたけど……。山岸涼子の聖徳太子の漫画『日出処の天子』の蘇我馬子みたい……って言ってもわからないですか。NHK大河ドラマ『草燃える』の北条時政って言ったらどうかな。それか，モノクロ映画『白い巨塔』の，田宮二郎演じる財前助教授の，舅の財前医師って感じ。わかるかな。
　ああ……今の自分にはとても及びもつかないわ。
　僕が大学院出たての27歳で最初に久留米大学に来た時は，学部ができる2年前でしたけど，早速駄田井先生に目をかけてもらったのが運の尽き。ついでに今のカミさん（教員休憩室の職員だった）と目が合ったのも運の尽きで，両方から使われる日々が始まったわけですけど，駄田井先生に連れ回されたら，なんかあのころからもう地元の「一族郎党」率いているって雰囲気でした。
　あんな真似は今の自分にはとてもできないと，こないだ本人に言ったら，「そら酒飲まんからや」って。
　ああそうかもしれない。当時，西日本社会経済研究会（「西社研」，後の九州技術文化研究所）の総会があるからって言われて，まだ会員の自覚もない

のに，そもそも会の存在自体よく知らないのに，いきなり会計監査しろって言われて……。なんといいかげんな監査人事と思いながら始めたら，それが飲み屋の領収書ばっかりなんですけど……。会員名簿に並んでいるのが，商店主とか社長夫人とかで，まあそれが目的の会なんだから適正なんだろうと納得しました。

九州独立で何か企画しろ

久留米大学に来たばかりの当時，駄田井先生が言い出して，主にその西社研の「一族郎党」たちと始めたのが「九州独立運動」。

当時まだ佐賀大にいた大矢野先生も巻き込まれたんですけど，大矢野先生の台湾かどこかの友人がその話をどこかで聞きつけて，ほら，「チベット独立」とかシリアスな話があるじゃないですか，向こうからしたらそんなイメージがあるもんだから，向こうで会った時に「危ないことはやめろ」とか真顔で心配されたそうです。大矢野先生がそれに対して，「いやこれは駄田井先生が言い出したことだから」と言ったら，とたんに冗談と理解して「なら安心だ」って。

「駄田井＝いいかげん」の公式は世界に通用するという話でした。

でその「九州独立」の思いつきを言い出したとき，僕に，何か企画しろというご下問が下ったのでした。何かないかなあ……って考えてたら，あっそうだそうだ。

当時『ウルトラマン研究序説』って本が一部でブームになっていました。ウルトラマンが実在するってことを前提にして，各分野の専門家が本格的な学術論文の体裁で各章を執筆してある冗談本です。後年柳田理科雄が『空想科学読本』シリーズでやるようになった，体重やら速度やらの公表設定を真に受けた自然科学的分析の章もあるし，石油コンビナートが怪獣に襲撃された事件の，経済損失の波及効果を真面目に計算した章もあります。

これがあまりに面白かったので，参議院選挙が迫っている時でしたけど，本についている読者葉書に，「怪獣被災者援護法の制定を公約に掲げて参議院選挙に出馬するべきだ」と書いて出したら，後日研究室に編著者から，おもしろがって電話がかかってきました。続編を出したいので，そのときには

執筆協力してくれということでした。それでまあ、スペシウム光線を3分の期限ぎりぎりで出すのはなぜかということを、T＝3分として動学的最適化計算で出す、知能のある宇宙人相手の場合はゲーム論にして計算するってアイデアを考えていたのですけど、その後とんと連絡が来ず、結局企画はポシャッたみたいですね。残念。「仮面ライダー」でもいいならば、ショッカーの革命組織としての効果性を、レーニンの『何をなすべきか』などをもとに検証するというアイデアも考えていたのに。

　ともかく、この本がおもしろくて印象に残っていたので、その真似を思いついたのです。

　20XX年、すでに九州が独立しているということを前提にして、各分野の専門家が、本格的学術論文の体裁で各章を執筆する論文集！　各章の案としてあげたのは、「独立九州のマクロ経済パフォーマンス」とか「標準九州語選定問題」等々。

　「九州駐留自衛隊は自衛隊の海外派兵にあたるかどうか」ということを、憲法九条問題を絡めて議論する章があったらおもしろかろうと思ったのですが、その後の現実の展開は「九州」なんかはるかに超えて進んでいて、今となったら当たり前すぎて何もおもしろくないですね。もはや「拡大解釈」どころか「縮小解釈」。事実はパロディより奇なりです。

　それで、巻末には、独立九州の国旗、国歌、憲法を載せる。元首は女性で職名は「卑弥呼」。25歳で引退……とか当時は思ってたけど、今なら40歳でも45歳でもまだまだいけるぞ。

　でもせっかく意気込んで企画書作ったのに、採用されなかった。ぐっすん。

新入生研修合宿を立ち上げろ

　さて、まだ就職1年目の何もわからないときに拝命したのが、新入生の研修合宿を始めるから企画・運営せよという仕事でした。当時はまだ商学部経済学科の時代で、学科の1年生全員の合宿です。総勢300人ほど。

　文学部とか法学部とかが始めたもので、うちもやろうという話だったのですけど、やってるとこ見てると企画・運営している教員は相当大変みたい。こっちは僕一人しか担当者がいないし、そもそもあんな大変なことはとても

できませ〜ん。他の教員もあまりこんなことに労力かけたくないみたいだし。

そこで，上級生から委員を選んで，ほとんど学生に企画運営をやらそうということになって，僕が一人で実行委員会の立ち上げをやったわけです。もう，時期から場所からみんな学生に決めてもらって，企画もほとんど丸投げしたのですけど，中心になった5, 6人の委員は本当によくやってくれて，いざ本番となるとその他の委員もみんなすごく積極的に動くの！ それで以降毎年，基本的に学生の自主的な企画運営で実施されるようになりました。大学というところは教員が世話を焼くところではなくて，学生が自主的にものごとをやるところだということを，入ったばかりのところでガツンと見せつける効果があってよかったと思いました。

この当初立ち上げ時に学生たちが工夫したノウハウが引き継がれていったのですけど，まだ携帯電話がない時代に考えられた「トランシーバー連絡」が，その後僕が担当を離れて何年もして学生たちの間に携帯電話が普及しきった時代になっても，なお生き続けていることにびっくり。なんでも新入生はあれを見て「かっこいい」とか思って委員になるそうで，ファッションというかステータスというかになっていて，やめられないそうです。

ゼミ連設立

この実行委員会が，学部ができて数年後に，世利ゼミがインゼミ大会に出るためにやっていた業務を合わせるということで，「ゼミナール連合会」（略称「ゼミ連」）に発展しました。もっとも当初はそういうわけで，合宿などを担当する下級生ゼミ代表の「イベント委員会」と，インゼミなどの学術企画を担当する上級生ゼミ代表の「学術委員会」の二本立てで，全体事務をまわす書記局が総括して，代表として「議長」がいるという構成の組織だったのですが，ほどなく学術的企画は休業状態になって「学術委員会」の存在は忘れられ，いつしか「イベント委員長」が単に「委員長」と呼ばれて全体の代表のようになったようですけど。

このゼミ連設立の頃はカリスマリーダーのもと，ノリノリの中心メンバーたちがいてパワフルだったもので，学部長だった駄田井先生が調子に乗って

いろいろ企画を持ち込んでいました。ジャズ喫茶とかフリーマーケットだとか。よせばいいのにまともに引き受けてやり遂げるものだから，巻き込まれた下級生が引いてしまったりしちゃった。

このとき駄田井先生は，「電波少年のTプロデューサー」と呼ばれました。当時，日本テレビの「進め（進ぬ）！　電波少年」という番組で，無名の芸人がヒッチハイクで大陸縦断するなど無謀な課題に挑戦する企画が大当たりしていたのですが，幾多の困難をくぐり抜けてやっと課題を達成したと思ったら，「Tプロデューサー」こと土屋敏男プロデューサーが，一層輪をかけて大変な課題を言い渡すというシーンが「お約束」になっていたのです。企画を成功させて「やったー！　終わったー！」と思ったら，駄田井先生がまた輪をかけてすごい企画を持ち込んでくるのが，その「Tプロデューサー」そっくりだと。

そんな当時，ゼミ連幹部の学生たちが，酒類を運んでいたら，職員の人から「おい何大学で酒運んでんだ」と見とがめられたのですが，「あ，これ学部長から言われて……」と言ったら，「ああ駄田井先生ね」と許されたとか。「学部長4人いるのになんでわかったんだろう」って，……そらわかるわ。

関西弁が公用語

設立当時の経済学部は，学部長が木下悦二先生，駄田井先生は教務委員長で事実上副学部長みたいなものでしたけど，この2人とも，何年九州にいるんだかわからない長年の九州暮らしにもかかわらず，関西弁が全然抜けないの。だから，教授会は延々関西アクセントが続き，僕も大学院時代5年神戸にいただけなのに，つられて関西アクセントで発言してしまいます。なんか関西弁が学部の公用語みたいでした。

あのころ，西日本経済理論学会（現「応用経済学会」）の大会が久留米大学で開かれた時に，主催校だから報告者出せということで，僕が報告したのですが，その報告がバリバリ関西なまりだったらしい。しかもあとで懇親会の場で，神戸出身の大阪大学出の人に，僕のアクセントは神戸ではなくて大阪だと言われました。いやそんなはずはない。5年間神戸にいて，たしかに，週1回大阪に通ったことはあるけど，そんな接点はないはずだと一生懸命抗

弁したのですが，納得されません。

あとでよく考えてみたら，久留米にきてからうつったんだなと。ちなみに駄田井先生は，ディープ大阪の出身です。

「三助」結成

さて，学部ができて，一段落したら持ち上がってきたのが，新学科を作ろうという話。なんでも旅館の社長さんから観光学科を作ってほしいとの提案があったそうで。

僕は，「観光」だけでは狭すぎるから，福祉や医療も含めた，人間を相手にする経済を扱う学科にしようと提案しました。それが，工業中心の時代に替わる新時代の地域経済の中心になるだろうと。その担い手は営利企業だけでなくて，NPOや協同組合などが活躍するようになる。そういう地域経済のあり方を研究し，それを担う人材を供給する学科にしようと駄田井先生に話したら，琴線を刺激したのかノリノリですやん。

学部全体もそんなコンセンサスになったように理解したのですけどね。それでそのためにまず非営利組織論の担当が必要ということで，伊佐さんが採用されたという流れになります。早速，僕は伊佐さんを誘って，文学部社会福祉学科の保坂先生をヘッドに担ぎ上げて，「夢トーク塾」と称する研究会を立ち上げました。そして，地域のNPOや協同組合，福祉事業体の関係者を集めて，「協働と参画の地域づくりをめざして」と掲げて，月に1回各自の取り組み報告などを行う研究会を始めたわけです。

そしてほどなく，地域資源開発やNGOの専門家で，非常勤で来てらした西川芳昭さん（現・龍谷大学）が，正式に移ってきて，まちの人たちから「三助」と呼ばれることになる助教授トリオが誕生することになります。

三助がまず取り組んだことで目立ったことは，久留米の中心市街地にタウンモビリティを導入する試みでした。これは，イギリスで「ショップモビリティ」という名前で始まった事業で，中心市街地に電動スクーターや電動車椅子を置いて貸し出し，高齢者や障害者でも楽に中心市街地を利用できるようにしようとするものです。

これは，NPO「高齢者快適生活づくり研究会」代表の吉永美佐子さんが

音頭をとっておられて，始まったばかりの「夢トーク塾」で話して下さったのに私たちが食いついたのでした。中心商店街問題について，大型店出店規制でもなく大資本歓迎でもない第三の解決を示して見せたことが，行政依存でもなく営利資本依存でもない，草の根の市民参加の社会システムを求める僕の展望に合致していたわけです。

　私たちは，商店街の人たちや市民，学生などで作られた実行委員会にたずさわっていくとともに，アンケート調査やその分析などを行いました。そして，イギリスに行って，ショップモビリティの実地の見学をしてきました。特に，バーミンガムから特急で30分の距離にある人口25万の元工業都市，ウルヴァーハンプトン市のショップモビリティ事業との交流は，久留米市と非常に似通った条件にあることが参考になるとして，その後もしばらく続きました。

　このイギリスのショップモビリティ視察はじめ，「三助」で，各地のまちづくりの視察をしたときの報告ホームページが今も経済社会研究所のサイト内に残っています。

　http://www.std.mii.kurume-u.ac.jp/keishaken/htmls/matidukuri/sansuke/index.html

　このタウンモビリティは，その後，2003年6月に久留米の中心市街地に開業し，久留米大学の学生も恒常的にボランティアに参加しています。

公開講義「市民参加のまちづくり」開始
　ところで，駄田井先生の自宅で奥様の手料理をごちそうになっているとき，新学科の名前をどうするかという話になりました。「観光学科」ではイメージが狭いし，ちょっと俗っぽいというわけです。それで僕は，「観光学」をもう少し高尚っぽく言い換えたらということで「文化経済学科……または文化産業学科でどうでしょうか」と言ったわけです。

　すると駄田井先生，「文化経済学か……ええなあ」とシミジミおっしゃる。あっこれはまずかったかも，と思ったけど後の祭りでした。その後どんどんこの名前に入れ込んでいかれて，NPOや協同組合が担う地域ヒューマンエコノミーという当初のコンセプトを離れ，文化学と経済学の間というような

イメージに先生の新学科構想が変わっていく印象が……。

　危機感を抱いた私たちは，嬉野の旅館から資金を出してもらっていた冠講義「観光学」の最終年度を3人でジャックしました。これは，学生だけでなくて，一般市民も受講できる公開講義で，あちこちのユニークな観光事業にたずさわっておられる人たちや観光学の専門家を毎回呼んで話をしてもらっていたものです。これまでに，由布院のカリスマ中谷健太郎さんはじめ，駄田井人脈をフルに使った有名人が次々と演壇に立ってきました。

　僕は，ペイペイのまだわけがわからない当初から，言われるままに，この講義の司会をやらされていたのですが，駄田井先生の新学科イメージの変化に合わせて，呼んでくる講師が，風水師とか新国劇とかに変わっていって，これはおかしいぞと。

　それで，冠講義の最終年度は三助が手を挙げて担当になり，「市民参加のまちづくり」と題して，各地のNPOや協同組合，市民参加型まちづくりにたずさわっておられるかたがたを呼んで，話をしてもらうことにしました。営利市場や行政とはまた別の，市民が自発的に参加して納得づくで担う経済システムが，今各地で勃興しているのだ——このことを市民にアピールし，我が経済学部が目指すフィールドはこれなのだとイメージづけようと思ったのです。

　この半年の講義が好評を呼びましたので，冠講義は終わったのですが，学部のカリキュラムに元からある「文化経済学特講」をこれにあてることにして，次年度以降もこの公開講義を続けることにしました。毎回お呼びしたのは，前節で触れたタウンモビリティ導入運動の吉永さんはじめ，由布院，滋賀県長浜，金沢市民芸術村，静岡県のグラウンドワーク三島，犯罪防止NPO「ガーディアンエンジェルス」などの全国的有名どころを含む事例の実践家や関係者でした。最初の頃は，遠来の講師をお呼びするのにあわせて，「夢トーク塾」などの主催で地域の人向けのシンポジウムや研究会を開き，情報提供と交流に努めました。

　その後，主にこの公開講義の講演者に執筆してもらって，2001年に，創成社から『市民参加のまちづくり』と題して出版することになりました。これも好評をいただき，その後，公開講義が理論編やコミュニティビジネス編

に手を広げていくのに合わせて，初版の改訂版である「事例編」に加えて，「戦略編」「英国編」「コミュニティビジネス編」，そして昨年出版された「グローカル編」と，シリーズを重ねてきました。

「カッパマネー」宣伝を阻止せよと……

さて，ちょうど学部ができるのと前後して，駄田井先生が音頭をとって，「筑後川流域連携倶楽部」ができました。まあ当初は僕は，大きなイベントに一参加者としておとなしく参加するぐらいで，基本的に浅見さんや伊佐さんや西川さんに任せて，遠巻きにしてなるべく関わらないようにしてたんですけど。「環境系は担当外」とか言ってですね。

ところがそんなおり，駄田井先生が「地域通貨作るぞ」と言い出したのです。

話を聞いていてもどう考えても成功するとは思えませんでしたし，ちゃんとやろうとしたら，ものすごい手間がかかりそうでしたから，最初，絶対に巻き込まれないようにしようと逃げていました。介護事業などで，元気な頃に介護ボランティアをしたら，あとで介護が必要になったらその分サービスを受けられるとか，その手のやつをちゃんと責任を持って組織したら，細く長く持続する仕組みができるかもしれないとは思いましたが，駄田井先生に言わせれば，そんな難しいことを考えることはいらないと。筑後川の清掃ボランティアに参加した学生に，「ホラぁ」と渡して，それをラーメン屋で割引券として使うというようなイメージのようです。それはそれ自体，なんとなく話が回りそうな気はするのですけど。でもこんなので，介護ボランティアのシステムがうまく組織できるとは思えないのも正直な気持ちです。

しかし駄田井先生は，思いついたら人に相談するより前にまずやっちゃいます。通貨単位は「カッパ」と決めて，さっさと印刷までしてしまいました。

そうするうちに，中心商店街周辺でまちづくりをやっている市民グループが，当時流行り出していた「エコマネー」と称する地域通貨の提唱者の加藤敏春さん（当時通産省）を，講演に呼ぶことになりました。どうやら，そのグループで，商店街あたりで使えるような地域通貨システムを導入したいと考えておられるようでした。

そしたら，たまたまそのリーダーに会った時，「加藤さんを呼んだら，駄田井先生が来るだろう」と聞いてきます。「来るでしょうね」と答えたら，「そしたらカッパの宣伝をするだろう」と。「するでしょうね」と答えたら，そうなったら久留米地域での地域通貨はカッパだということになってしまうから，ついてはそれを阻止せよとの，どう考えても実行不可能なミッションが下ってしまったのでした。

困りました。こんなミッションからは逃げたかったのですが，その人と駄田井先生との両方につながっているのは，伊佐さんか僕しかいません。しかも，その加藤さんの講演の日というのは，たまたま伊佐さんの結婚式の日だったのです。ああ結局僕が行くしかない。

で実際行ってみたら，案の定駄田井先生が来て，案の定カッパの宣伝をしたのでした。阻止なんてできるはずがないよ。

「エコマネー」というのは，加藤さんが主宰する「エコマネーネットワーク」という団体が，厳格な基準で認証する，地域通貨の登録商標みたいなものなのですけど，駄田井先生は当時「エコマネー」という言葉を地域通貨の別名ぐらいに思っていて，印刷したカッパ券にも「Eco-money」と書いてあったりします。それを駄田井先生は，懇親会の席で何の悪びれもせずニコニコと加藤さんに渡していたのですが，まあ先生の性格は一言二言話せばわかるのでしょう。加藤さんは何を咎めるわけでもなく，苦笑して歓談していらっしゃいました。

地域通貨に2種類ある理由

で，その席で，加藤さんから，出身地の富山県高岡市での地域通貨の取り組みの話を聞き，僕は実際に高岡に行って話を聞いてくることになったのです。そしてわかったのは，高岡には2種類の試みが互いに独立にあるということ。一つは加藤さんのエコマネー系で，エコマネーは各自の口座に記帳するのが基本です。これでコミュニティの中の互いの助け合いを広めていこうというものです。他方で，商工会が関与している別のシステムがあって，これは，観光客を案内する観光ボランティアに対して発行される紙券で，商店街で割引券として使えます。観光客を商店街につれてきてもらうことを期待

したものです。

　これを見て、なんでこの2種類があるのだろうと考えて、帰りの列車の中ではたと気づいたわけです。地域通貨に、口座に記帳する方式と、紙券方式の2種類があるのはなぜか、実は2種類必ず出現するのだという理由がわかったのです。

　市民どうしのお互いの助け合いを広めようという目的のものは、各自の口座に記帳するタイプのものが多いです。あるいは手形方式になります。これは、通帳や手形帳こそどこかのNPOが管理機関として発行しているかもしれませんが、実際に通貨を発行するのは取引当事者の市民になるからです。サービスの受益者が負債を負うことで通貨が発行され、サービスの提供者がそれを受け取るわけです。したがって、通貨は原則として無制約に発行されます。そして、市民全体の通貨の合計は、常に相殺されてゼロになります。つまり、債権債務の円環が閉じるということです。

　他方、受益者が特定されない、いわゆる「公共財」のための貢献に対して発行される地域通貨もあります。「商店街のにぎわい」とか「筑後川の清掃」などですね。これは、受益者が不特定多数なので、当初のサービス提供に対して、負債を負う人が出ません。したがって、このサービス提供者が地域通貨を受け取って、それを何かに使って自己の労役の元をとっても、今度はその人に何かを提供して地域通貨を受け取った人に負担が先送りされるだけです。こうして地域通貨が流通していっても、負担がどんどん先送りされるだけで、相殺されない最終負担者が必ず出てきます。相殺されてゼロになることはない。債権債務の円環が閉じることはなく、「頭としっぽ」が必ずあることになります。

　したがって、このシステムは、地域通貨を割引券として一方的に引き受けて、自分では使わない最終負担者が必ず必要になります。つまり、「協力店」の確保が鍵になるわけです。それゆえ、当初の通貨発行時のサービス提供は、最終負担者があらかじめ納得するイベントでの活動に限られることになります。誰か一市民の個人的な必要のために発行するわけにはいかないわけです。どんどん限りなく協力店に持ち込まれても困りますから、発行量も、最終負担者があらかじめ納得する量でないといけません。

だから，この地域通貨は，管理機関が一元的に責任を持って発行するほかなく，その証明のために紙券の形をとるほかないわけです。
　そこで僕は，商店街周辺の市民グループで作ろうとしている地域通貨は，市民相互の助け合いを目的とした口座方式のものにして，筑後川流域連携倶楽部の「カッパ」は筑後川関連の環境ボランティアで発行されるものにして，住み分ければいいのだと悟ったわけです。やったこれでうまく解決だぞと。

駄田井先生はみんなから愛されているのです
　そのあと，もうカッパの印刷はとっくに済んだあとだったのですが，遅まきながら，そのシステムをどうするかという会議が，筑後川流域連携倶楽部で開かれました。たぶん駄田井先生は，円経済圏に対抗してカッパ経済圏を筑後川流域で作るなどと称して，あらゆることをこのカッパでやろうという構想を出してくるだろうと予想したので，その大風呂敷を切り縮め，筑後川関連の環境ボランティアで発行される役割に限定しようと，僕は意気込んで会議の席に座ったわけです。
　そしたら，駄田井先生からレジュメが配られて，本人曰く。
　「IMFに対抗し……」
　IMFときたか！
　ああ，「燕雀安ンゾ鴻鵠ノ志ヲ知ランヤ」とはこのことだ！　自分の卑小さと駄田井先生の偉大さを身に染みて感じた瞬間でした。
　最終負担者が出るという点について，駄田井先生は，最初は「そしたらその店はまたどこかでカッパ使えばええやないか」と言って納得されなかったのですが，一生懸命説明しているうちに理解され，結局こちらの意図どおりに，カッパシステムは筑後川関連の環境ボランティアに対して発行されるものとして発足することになりました。
　しかしそのときにも，協力店がどれだけ出るかが鍵ということでしたけど，困ったことになかなか増えなかったですね。こっちも忙しくて余裕がない中で，環境系にまで手を広げるつもりがなかったのに巻き込まれてしまって，早く足を洗おうとなるべく逃げていましたけど。
　結局，筑後川流域連携倶楽部が何かカッパを引き受けるようなものを供給

して，自ら最終負担者になれば，協力店に負担させなくていいし，カッパ発行イベントや発行量に自由が利きます．これができれば問題解決するわけです．

これを認識した駄田井先生は，その後一度，リサイクル事業をやってカッパを引き受けて流通させるアイデアを企画しています．企画書を見せられたのですが，読んでみるとなかなかよくできていて，問題なく回りそうです．おかしい．駄田井先生が一人で考えたことが，こんなうまくいくはずがない，と一生懸命注意深く検討してみると……

人件費がない！

そうだった．駄田井先生には人件費という概念があるはずないのでした．これはやばいと真っ青になって企画を潰してしまったのでした．すみません．

そういえば，筑後川流域連携倶楽部もNPO法人ですけど，NPOって言葉が出だしたとき，日本語で「非営利組織」というと，何かおカネを対価として受け取ってはいけないようなニュアンスがあって，ボランティア団体みたいなイメージを持たれてしまい，そうじゃないということを説明するのに苦労した経験があります．

「非営利」と言ったときに否定されるのは，出資の見返りとしての剰余配当だけです．もちろん事業をやっておカネをもうけていいわけです．そこで働いた人に高額の報酬を払ってもいい．

じゃあ，なんて言えば誤解がないのだろうということになって，「非搾取法人」がピッタリくるんじゃないかという話になりましたけど．……しかし，現実のNPO法人には「超搾取法人」があると言って，大笑いになったものでした．

「古典的左翼映画に出てくる悪徳資本家に最近ますます風貌が似てきた」とか言うと，みんな「誰やそれ！」「誰やねん」とか，何で急に大阪弁になるんや！

金沢市民芸術村に感化されて

カッパシステム同様の，公共財供給ボランティアに対して発行される地域

通貨で，比較的うまくいっているところは，発行主体が何か施設を持っていて，その利用券として使えるケースが多かったです。何か生産物とか労働サービスとかで引き受けると，一回一回引き受けるたびに限界費用が確実にかかってしまいます。それに対して，施設の利用ということになると，発行した地域通貨全体に対して，発行主体に持ち込まれる比率はもともとそれほど高くないですから，引き受けの限界費用は現実にはほぼゼロですむことになります。

筑後川流域連携倶楽部にも何かそんな資源があればうまくいくのですけど……ということを考えていたとき，こんなことがありました。

さきほど述べた公開講義で毎年お呼びしていた人の中に，金沢市民芸術村の「村長」を当時務められていた細川紀彦さんがいらっしゃいます。

金沢市民芸術村は，金沢市が市内の大和紡績の工場跡地を買い取って作った，市民のための芸術文化の練習・発表施設で，大正時代の歴史的建造物の倉庫数棟をそのままの形で改装して作ってあります。それらがそれぞれ，演劇や音楽や美術などの練習・発表に利用されているのです。利用料は極めて安く，しかも施設は利用者の自主管理に任されています。24時間365日年中無休で，夜中の方がフル稼働。夜中はだだっぴろい広場も含めてたった3人の警備員さんで目が届くはずもないのに，当時ですでに1997年の「開村」から5年ほどたっていましたけど，盗難，破壊，落書きなどが1件もないという驚くべきパフォーマンスをあげています。

これは利用者である市民が企画・運営に参加する，これからの地域行政のあり方のモデルケースであると考え，毎年，この立ち上げを担った細川さんを公開講義にお呼びしたのでした。

この細川さんを二度目に公開講義にお呼びしたとき，駄田井先生に，学部長交際費で昼食の接待をお願いしました。私たちはご相伴にあずかったわけではありませんので，お二人の間でどんなお話がされたのかわかりませんが，駄田井先生は細川さんのお話に，いたく感化されたらしいのです。にわかにその後，

「文化芸術村つくるぞ」

とか言い出しました。

荒木町にある久留米大学の研修施設が，バタバタに老朽化していて，敷地内雑草生い茂っていて，法人も持て余しているから，これを改修して，市民のための芸術文化の練習・発表施設にするというのです。24時間365日年中無休，利用者自主管理（笑）。
　法人は金がかかるなら嫌がるだろうけど，こっちでボランティアとか出すならOKするだろうと言うのです。こ……これは恐ろしい。法人が拒否するのを祈るほかない。
　と……思っていたら，思いついてしまいました！
　当時久留米市内に劇団が4つほどあったのですけど，どこも練習場所に困っています。いつも高い金出して借りて，ヒーヒー言っている。このような練習施設に対するニーズが高いことは間違いありません。吹奏楽団とか琴とか太鼓とかバンドとか考えるとさらに需要は見込めます。
　そしたら，劇団には大道具さんとかいるわけですから，建設ボランティアを募れば，必要を感じて進んで働く人がかなりいるに違いありません。草刈りだの整地だの，物資の搬入だのといったことだったら，大道具さんとかでなくても，団員みんなやれるかもしれない。このような施設を望む人たちの中には，労力を提供することはできなくても，資金を貸すぞという人もいるでしょう。
　そしたら，建設ボランティアを募って，その労役の報酬は，施設の利用券で払えばいい。建設資金のための私募債を発行して，その利子分も施設の利用券で払えばいい。施設ができたあかつきにも，その運営のためにいろいろなボランティア作業が必要になると思いますが，それも施設の利用券で払えばいい。
　施設を利用したい人はたくさんいると見込まれますので，この利用券は，地域通貨として流通できることになります。限界費用ゼロのサービス提供で発行主体が最終的に引き受けることが可能な，理想的な地域通貨になるわけです。しかも建設費は安くつき，資金調達もできて，法人側の負担は少なくて済む。
　しかしこれを本気で事業立ち上げて実現しようとすると，生半可なエネルギーではすまないぞ。さあ，これを駄田井先生に言うべきか，言わざるべき

か。
「言いたい……」「……でも言うたらあかん」「言いたい……」「……でも言うたらあかん」
と心の中でしばらく葛藤していました。

でもやっぱり言ってしまった〜。駄田井先生を喜ばせたいという誘惑に勝てなかった……。

とはいえ、結局法人が賛同せず、話は流れてしまいました。まあ、本当にやることになったら大変なことになったと思いますので、とりあえずはよかったということで。

荒木の研修施設は今はどうなっているのか知りませんけど、このアイデアは今でも十分実現可能なものだと自負しています。荒れたまま遊ばせておくぐらいならばやる価値はあると……。もう今では部外者になって仕事が降ってくる恐れがないので平気でいくらでも言いますけど。

「六ツ門大学」へのかかわり

ところで公開講義は、2003年から、それまで同様の各地の事例紹介のリレー講義を前期にやるのに加えて、後期に「理論編」と称して、いろいろな専門家が一歩掘り下げた考察をするシリーズを始めました。営利市場でもなく、行政でもない、草の根の市民参加型事業経済の勃興は、ようやく久留米でも認知が進んできた感じがありましたが、今度は、これらの試みの経験が重なるにつれて、いろいろな行き詰まりや課題、変質などが見えてきていました。これを冷静に振り返って、解決の方向を探ろうという時期がきたと思ったのです。

さらに2004年、中心市街地の六ツ門町に、商店街の人たちなど市民有志の実行委員会の主催で、「六ツ門大学」と称する講座事業が始まりました。そこで、私たちの公開講義もそこに持ち込んで、2004年度の後期から、僕が久留米大学にいた2007年度まで、六ツ門大学で実施しました。

これで義理ができてしまったもので、僕は六ツ門大学の実行委員会にかかわることになり、開設準備やらイベントやらの作業を街の人たちと一緒にしたりしていたのですが、そんなことをしていると流れでピン講座を1つ持て

ということになってきます。でもそれでなくてもいろいろ大学の仕事やらなんやらが降り掛かっていて毎日大変です。それで思いついて言ったんです。
「ノーギャラなら『資本論』の講座ですね」
当然,「そんなの人が来るわけない！」というつっこみが一斉に入るのを期待していたのです。それで話が立ち消えになってしまうなら OK。もっと人の入りそうな面白いのにしろというならば,「ならギャラを」という作戦でした。
そしたら,
「『資本論』？　それおもしろいかもしれんねえ」
おいおい, 意味わかっとるんかい。『資本論』だぞ『資本論』。
「学生の頃買ったまま, 読まずにおいとる人がいっぱいおろうけんねえ」
うわ〜, わかって言ってるんだ。ここは久留米だぞ〜, 教育委員会が「君が代」の音量調査するようなところだぞ, 市の補助金の心配する者とかおらんのかぁーと, 心の中で叫んでいるのもむなしく, 話が進んでいってしまいました。
というわけで, それ以来六ツ門大学の講座をノーギャラでもつことになりました。さすがに『資本論』は半年でやめましたけど, 景気の話とか, ミクロ経済学とか「商人道」とかゲーム理論による制度の説明とか, 半年ずついろいろな話を毎週主に退職者のかたがた相手にしてましたら, わかりやすく説明するためのツボなどもなんとなくわかった気になりまして, ここで扱った多くのネタはその後本になっています。

薬物防止シンポジウムから始まり……

この 2003 年度から 2005 年度ごろというのが, 自分にとっては一番活動範囲の拡大が著しかった頃で, 2003 年には,「夢トーク塾」に参加していた市議会議員が引退して, 後継者に僕の住んでいる町の, これまた「夢トーク塾」に来てもらっていた NPO 事業家が出馬することになって, 選挙運動に巻き込まれているうちに当選し, 以後後援会活動が入ってくることになります。
2005 年には, 学部の学生委員長の仕事がまわってきて, 市の男女平等政策審議会の審議委員にも委嘱され, 久留米市合併後の「巨大議会」の解散運

動にもちょっとかかわることになり……という中，西川芳昭さんが，大学院時代のお師匠の要請で名古屋大学に転出することになり大変でした。

駄田井先生が学部長の頃は，プロジェクトの資金繰りに困ると，最後に駄田井先生に泣きつくと必ずなんとかなったので，「三助」からは「駄田井の小槌」と言われていたのですが，2002年には任期が切れてしまいました。それでも，JICA勤めの経験のある西川さんがいる間は，さすがにこういうことの勘所を摑んでいて，なんとかしのいできたという感があります。

しかし，西川さんが身近にいなくなると，そんな知恵も働かなくなったので，困ってしまいました。3人は「桃の木の下で義兄弟の杯を交わした」と称していましたので，一度「関羽が曹操のところに行っているみたいで，やりにくくてしょうがない」と西川さんにメールしましたら，西川さんからの返事が，「劉備さんへ」というタイトルになっていて，そんなこと書いたら誰が張飛か決まってしまうじゃないか！

それでこんなとき，どういう経緯だったか忘れましたけど，公開講義で毎年お呼びしている，「ガーディアンエンジェルス」の小田啓二理事長が来られる機会に，薬物防止のシンポジウムをしようということになって，「夢トーク塾」がらみのつながりで保坂先生ヘッドで作った比較文化研究所の「福祉コミュニティ部会」から，原田経済学部長（当時）肝いりでできた地域貢献スキーム「筑後川流域なんでも相談会」に話を持ち込んで資金を取り付けて実現することになりました。かくして，薬物対策本部の人や，久留米地区で夜回りや少年更正に取り組んでいるNPO「ドラッグ＝ポイズン」の水落隆博さん，薬物依存者の自助更正グループの人，小田理事長で，キャンパスでシンポジウム「ドラッグに負けないコミュニティづくりを目指して」が開催されました。僕は，看板持って走り回った上に総合司会やら懇親会の司会やらをして激動の一日でした。

これ自体は，市民200人が集まって活発に質疑が出て，懇親会も含めて大変盛り上がって終わり，新聞でも報道されました。それはとてもよかったのですが，資金繰りのために作ったこのイベントのスキームはその後も残り，毎年何かで企画調整したり看板持って走り回るということになりました。もともと公開講義がらみや，産業経済研究所（現・社会経済研究所）関係での

シンポジウムがしょっちゅうありますので，一時期は2ヶ月に1回はシンポジウムしている印象でした。しかも，保坂先生のプロジェクトは，ついにはいつの間にか大学に各種市民団体を集めてお祭りをする壮大なアニュアル・イベントへと発展したのですけど，……ああこの原稿は，経済学部20周年がテーマだから関係ないですかそうですか。

人が主体的に生きる社会を目指す学部

　このうえ，授業の準備もすごいエネルギーかけていましたから，こうやって振り返ってみると，毎日壮絶な充実ぶりだった感じがしますが，2008年度に立命館大学に移籍しまして，今の毎日を考えてみると，まあ輪をかけて忙しいですねえ。個人的な仕事が勝手に増えているせいもありますが，しかし大学の仕事が，なかなか自分で意義を感じて思い通りに進められるようなものではないので，よけい多忙感が強いのだと思います。

　離任する前の評議会で，学長や居並ぶ学部長はじめ役職者のみなさんの前で挨拶したとき，移籍先もかなりハードに働かされるという噂だと言ったあと，「今度は入院でお世話になります」というオチで終わって大ウケしましたけど，どうやらこのほど冗談ですまない展開になって，年度末には本当にお世話になります。いや別に大したことではなくて，急ぐ必要も何もなく，何の心配も要らないのですけど，まあ，ストレスは溜まっていたかもしれません。

　それに比べると，久留米大学にいたときのいろいろな仕事は，駄田井先生たちにコキ使われた被害者みたいな顔をしてましたけど，実は結構自分で意義を感じて喜んでやっていたところがあります。もとを正せば自分が仕込んだものだったりしてね。

　久留米大学では，ミクロ経済学やマクロ経済学を担当していましたけど，本当はマルクス経済学者のつもりです。別に講義担当については不満はなかったし，心から進んで教えていたのですけど。

　マルクスが資本主義的生産関係を批判した要点は何だったかというと，僕の理解では，日々の生産のあり方，経済の回り方が，暮らしや労働の現場の事情を離れて個人個人の自由にできないものになって，個々人に押し付けら

れるものになっていることへの批判だと思います。その点からすると，営利企業も国家・行政の管理も同じ穴のむじな。国営中央指令経済のソ連型体制は国家資本主義体制と呼ばれるべきものだと思います。

　社会主義——と呼ぼうが何と呼ぼうが，ともかく，マルクスが展望した未来社会——は，暮らしや労働の現場の個々人が，進んで意思決定に参加して，合意で回すことができる範囲内から始まるものだと思います。NPOや協同組合，市民参加型行政，コミュニティビジネスなどの織りなす，草の根の参加型事業経済のコミュニティは，この萌芽なのだと思います。

　近代資本主義的生産関係の萌芽は，中世封建社会の胎内でブルジョワ経済として生まれ，次第に拡大発展して，十分メジャーな生産関係になったあとで，封建的な政治体制を打ち倒して確立されました。日本の封建的生産関係の萌芽も，古代律令制の胎内で地方の事実上の地主小作関係として生まれ，次第に拡大発展して，十分メジャーな生産関係になったあとで，鎌倉に自前の政治体制を打ち立てました。これが，マルクスの唯物史観の見方だと思います。

　だとすれば，資本主義体制の次の体制が確立される日は，今日その萌芽である草の根の参加型事業経済が次第に拡大発展して，十分メジャーな生産関係に育ったあとのことだというのが，マルクスの唯物史観にそった見方だと思います。それは，百年も二百年も先のことかもしれません。しかしそのことを自覚して今，身の回りから新しい経済システムの創出に取り組むことに意義があるのだと思います。

　このような僕の見方は，僕の金沢大学の学部生時代の指導教官の藤田暁男先生と，在学中も卒業後も頻繁に議論する中で練り上げられたものです。藤田暁男先生は，もともとマルクス経済学の原論学者ですけど，90年代には日本の先駆的な非営利協同セクター研究者として，その後の社会的セクター論，連帯経済論の礎を築きました。久留米大学に来てしばらくして，駄田井先生に藤田暁男先生を講演に呼んでもらって，参加型事業経済の理論と，スウェーデンにおける福祉協同組合経済の勃興を話してもらったことがあります。

　そんなことも含め，もともとこちらから働きかけて，自分の望む方向へ

の学部づくりを実現していったという側面が実はあります。その意味では，ハードではあったけど，とても幸せな仕事をさせてもらっていたと思います。

　立命館では，マルクス経済学の原論の入門講義を担当していますが，行ってみて人生ではじめて「近経とマル経の対立」というものを経験しました。マル経側で採られている僕は，ミクロやマクロに口も手も出せないという状態です。いまだにこんな対立が残っているということが驚きでしたが，学問やイデオロギーの対立というよりはむしろ，互いに，相手は自分たちのことを攻撃したがっていると思い込んでいる敵愾心だけで対立しているような気がします。

　久留米大学にいる間は，主流派経済学というものは，リベラルで多様性に寛容で，社会進歩を希求するものだと思っていましたよ。西日本経済理論学会で世話になった九州大学の近経も，政策志向が強く，あの学会では以前から，現実の経済では放置すると何らかの不都合が起こるから，それを解決するためにはどのような政策をとればいいかというようなモデル分析ばかり発表されていた印象があります。

　参加型事業経済の織りなすコミュニティを分析し，あるべき方向性を打ち出すことは，今僕が言ったような，マルクス経済学由来の社会体制論的分析だけでなくて，具体に徹したケーススタディあり，社会学的分析あり，統計分析あり，様々なアプローチがあると思います。その中には，決定や責任の配分をどのようにすればいいかを分析するなどの応用ミクロ経済学的分析もあるでしょう。産業連関などによる経済効果分析や，アンケート結果などのミクロ計量経済分析も考えられます。このような取り組みを支える公財政のあり方はどうあるべきか，景気の影響はどうか，これらの経済にとって望ましい景気対策のあり方はどんなものか等々は，マクロ経済学，財政学，金融経済学などのアプローチが必要になり，国際比較や国際労働移動，観光，フェアトレードなどでは，国際経済学的なアプローチが役に立つでしょう。

　久留米大学経済学部こそ，このような取り組みをするにふさわしいところだと思います。

　久留米大学経済学部は，設立以来ずっと，マル経だの近経だのという不毛

な対立なく，一致して地域を向いて，地域の人々のために貢献することを目指しつつ，その中から世界に通じる普遍性を探り出すことを，根本的な姿勢としてきたと思います。学生も，このような取り組みが担えるよう，主体的にいろいろな活動にチャレンジすることを積極的に応援してきたと思います。ここまでやっているのは実はあまりない例で，本当に誇るべきことだと，離れてはじめてわかります。

　渦中にいると大変ですけどね。他人事として無責任に言っちゃってもうしわけないけど，ずっとこの姿勢を貫いてがんばってほしいなと思っているわけです。はい。

執筆者一覧 (五十音順)

秋本 耕二（あきもと こうじ）
久留米大学経済学部教授
担当科目：基礎経済原論，経済変動論，経済数学など

池田 太郎（いけだ たろう）
久留米大学経済学部講師
担当科目：基礎経済原論，国際経済論，上級マクロ経済学など

伊豆 久（いず ひさし）
久留米大学経済学部教授
担当科目：金融論，金融概論など

岩本 洋一（いわもと よういち）
久留米大学経済学部准教授
担当科目：文化経済学，文化経済学概論，文化産業論など

浦川 康弘（うらかわ やすひろ）
久留米大学比較文化研究所研究員

王 彦風（ワン イェンフン）
久留米大学比較文化研究所研究員

木下 悦二（きのした えつじ）
元久留米大学経済学部教授，九州大学名誉教授

江 虹（ジャン ホン）
現上海商学院外国語学部教員，久留米大学大学院比較文化研究科修了

櫻井 浩（さくらい ひろし）
元久留米大学経済学部教授
担当科目：韓国経済論など

曹 峙偉（ツァオ ジーウェイ）
久留米大学大学院比較文化研究科修了

高畑 雄嗣（たかばたけ ゆうじ）
久留米大学経済学部准教授
担当科目：日本経済論，経済学概論，情報処理など

鶴田 善彦（つるた よしひこ）
元久留米大学経済学部教授
担当科目：計量経済学など

冨元 圀光（とみもと くにみつ）
元久留米大学経済学部教授
担当科目：日本経済論など

原田 康平（はらだ こうへい）
久留米大学経済学部教授
担当科目：金融工学，プログラミング，コンピュータ概論など

松尾 匡（まつお ただす）
現立命館大学経済学部教授，元久留米大学経済学部教授
担当科目：経済学概論など

山下 純一（やました じゅんいち）
久留米大学経済学部教授
担当科目：上級ミクロ経済学，資源経済論など

山田 和敏（やまだ かずとし）
久留米大学経済学部教授，経済学部長
担当科目：計量経済学など

低成長時代の経済学
—— 20年を振り返って ——

2015年6月10日　初版発行

編　者　久留米大学経済学部
　　　　20周年記念誌編集委員会

発行者　五十川　直行

発行所　一般財団法人　九州大学出版会
　　　　〒814-0001 福岡市早良区百道浜3-8-34
　　　　　　　　　九州大学産学官連携
　　　　　　　　　イノベーションプラザ305
　　　　電話　092-833-9150
　　　　URL　http://kup.or.jp/
　　　　印刷／城島印刷㈱　製本／篠原製本㈱

Ⓒ 久留米大学経済学部20周年記念誌編集委員会, 2015

ISBN978-4-7985-0162-8